가치 인터넷 시대가 온다,
크립토 소셜

CRYPTO SOCIAL

가치 인터넷 시대가 온다, 크립토 소셜

앨런 테일러 지음 | 백숭기 옮김

예문아카이브

2020년은 한 마디로 다크호스 같은 해였다. 중국 우한에서 발생한 바이러스가 세계 곳곳으로 퍼졌다. 바이러스가 가져온 사회 · 정치적 긴장은 경험해보지 못한 힘이었다. 이는 소셜 미디어의 전환점이 되었다. 페이스북과 트위터가 코로나19와 관련된 오보와 대선 결과를 검열하면서 집중 포화를 맞았다. 페이스북 피드는 개인적 일기장, 각종 밈, 자신의 편견을 노골적으로 드러내는 수백만 명의 아마추어 정치 분석가들을 위한 발언대가 되었다. 실제로 몇몇 소셜 미디어 플랫폼들은 현직 대통령을 추방하고 그의 계정을 잠갔다. 가짜 뉴스, 가짜 소셜 미디어 계정, 데이터 침해 행위는 전 세계 수백만 명의 개인정보를 손상시켰다. 이것이 우리가 소셜 미디어 플랫폼이 소유하길 바라는 힘일까? 만약 그들이 세상에서 가장 힘 있는 사람을 침묵시킨다면 그걸로 끝일까? 그들은 또 누구를 침묵시킬까?

INTRO

기술이 생활 깊숙이 자리 잡고 있는 문화적 가치를 변화시키는 속도를 고려할 때, 우리는 소셜 미디어에 우리가 진정 원하는 게 무엇인지 물어봐야 한다. 그것은 우리의 믿음과 행동, 자유와 법에 어떤 영향을 미칠까? 또한 소셜 미디어 플랫폼의 콘텐츠에서 창출되는 수익을 플랫폼과 크리에이터, 큐레이터 간에 어떻게 분배해야 할까? 이는 크립토 소셜 미디어 기업가들이 해결하려는 문제들이다. 옹호자들은 블록체인 기술을 가리키며 그 기술이 모든 사람에게 혜택을 제공한다고 지적한다. 모두가 기꺼이 블록체인에 들어서기만 한다면 말이다.

최근까지 암호화폐는 주로 시간이 남아도는 소수의 디지털 괴짜들, 금융계 반역자들, 그리고 자유지상주의를 꿈꾸는 이상주의자들에게나 관심있던 물건이었다. 본서는 과대광고의 밑바탕에 있는 사실과 비트코인 트렌드를 유지하는 이데올로기를 해체한다. 또한 새로운 플랫폼, 각 프로토콜의 강점과 약점이 어떻게 기술에 내재되어 있는지 보여준다.

크립토 소셜 미디어가 현재의 소셜 미디어를 대체할 것인가, 아니면 단편적인 인원만을 끌어들이는 틈새 상품으로 남을 것인가? 이것이야말로 본서에서 다루어진 궁극의 물음이다.

CONTENTS

PART 01

블록체인 기술의
실제적 적용

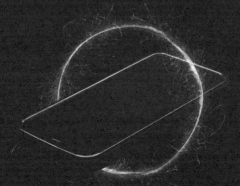

원시인들은 아르고스 Argos 에서 중국 황하 강둑에 이르기까지 기나긴 여정을 떠나기 위해 동그랗고 굴러가는 물체를 발명했다. 바로 바퀴이다. 그 당시, 많은 전리품과 큰 무역 레버리지를 통해 더 멀리 그리고 빨리 이동할 수 있다는 사실은 큰 수익을 얻을 수 있다는 걸 의미했다. 바퀴의 발명은 문명을 위한 큰 진보임이 입증되었다.

진취적인 기상을 지닌 개개인들은 역사를 통틀어 당면한 문제들을 파악하고 이를 창의적으로 해결해왔다. 이는 종종 혁신과 개선으로 이어졌다. 1440년대, 요하네스 구텐베르크Johannes Gutenberg는 인쇄술의 발전과 함께 매스 커뮤니케이션 시대를 열었다. 인쇄술로 인해 일간지와 월간지, 그리고 수많은 책들이 출판되었다. 그 이후 개발된 많은 글꼴들이 오늘날 웹 출판에도 고스란히 사용되고 있다.

21세기
문제들과
그에 대한 해결책

새로운 기술은 우리를 괴롭혀왔던 문제들을 해결하는 것 이상의 역할을 한다. 때때로 기술은 사람들이 가지고 있는지도 몰랐던 문제들마저 해결한다. '탈중앙화 소셜 미디어'가 그렇다. 그러나 기술은 양날의 검이기 때문에 종종 하나의 문제를 해결함과 동시에 또 다른 문제를 만들어낸다. 후에 누군가 나타나 새로운 문제를 해결할지라도 그 과정은 몇 년이 걸릴 수 있다. 블록체인 기술이 해결하겠다고 약속하는 문제 역시 이러한 특징을 갖고 있다.

중앙화의 문제

오늘날 젊은 세대는 중앙화된 기관에 익숙하지 않다. 이들은 권위에 대한 강한 불신을 가지고 있는데, 현대사를 조금만 들여다보면 그 이유를 어렵지 않게 알 수 있다. 밀레니얼 세대는 일생 동안 S&L 사태, Y2K 위기, 세계무역센터 테러, 2008~2009년 금융 위기, 몇 번의 팬데믹을 겪었다. 이때 중앙 시스템은 문제의 핵심이거나, 문제를 해결하는 데 효과적이지 못했다. 금융 부패 사건에서 경찰의 만행에 이르기까지 중앙의 권위는 타락했으며, 미디어를 '민주화'해야 할 중앙화된 소셜 미디어 플랫폼은 소수에게 권력을 쥐여주었다.

잡지〈Inc.〉에 실린 기사는 탈중앙화의 세 가지 이점을 다음과 같이 설명한다.

① 중앙의 권위에 대한 신뢰는 굳이 신뢰가 필요 없는 기술로 대체된다.
② 시스템을 구성하는 노드의 수에 따라 시스템상의 실패가 기하급수적으로
   감소한다.
③ 누군가를 추방하거나 검열하는 트위터 같은 권위는 존재하지 않는다.

인간은 실수투성이다. 직권 남용이나 오용으로부터 자유로운 개인이란 존재하
지 않는다. 액튼 경의 말을 인용하자면 "권력은 부패한다. 절대 권력은 절대적으로
부패한다." 탈중앙화는 다른 모든 사람들에게 권력을 나눠줌으로써 기득권들의 권
력을 빼앗는다.

데이터 소유권의 문제

페이스북이 일으킨 케임브리지 애널리티카 Cambridge Analytica 스캔들은 데이터 보
안의 중요성을 상기시켰다. 페이스북과 트위터에 몰려든 많은 사람들은 해당 플랫
폼이 자신의 개인 정보를 보호해줄 거라고 가정하거나 이를 당연시 여겼다. 사실
은 플랫폼들이 그렇게 할 수 없다.

데이터 침해 외에도 다른 문제가 있다. 당신의 데이터가 당신이 동의하지 않는
용도로 사용되는 경우 어떤 일이 발생하게 될까? 예를 들어, 개인 정보를 수집하는

어떤 플랫폼이라도 이를 쉽게 팔 수 있다. 심지어 여러 번 팔릴 가능성이 높다. 해당 정보를 사들이는 구매자는 당신이 관심 있는 제품을 가지고 있을 사람으로부터 당신이 지지하지 않는 정당에 이르기까지 그 범위가 다양하다. 쉽게 말해, 제품이나 서비스가 무료라면, 다름 아닌 당신이 제품이라는 것이다.

어느 날, 당신은 웹사이트에 접속하여 당신의 이메일 주소를 제공하는 대신 어떤 파일을 다운로드를 받는다. 얼마 안 가 디지털 우편함으로 동의 확인 이메일과 소개 메일, 말하지도 않은 각종 혜택을 약속하는 후속 메일이 와있다. 졸지에 당신은 무수한 기업들과 평생 가는 관계를 맺게 된 것이다. 이제 그 관계를 끊어달라고 적극적으로 요청해야 하는 당사자는 당신이 되었다. 당신에게 그럴 힘이 남아 있다면 말이다. 이미 우리는 이러한 상황이 익숙하다.

당신이 방문하는 웹사이트에 대해서도 생각해 보자. 당신은 의사, 주정부, 연방 정부, 은행, 신용카드 회사, 교회 및 비영리 자선단체와 웹을 통해 사업을 진행하고 있는가? 그렇다면 여기저기 공유한 데이터는 모두 누군가의 서버에 저장되어 있다. 이런 서버들은 전 세계에 여러 개 있다.

탈중앙화된 블록체인 기술은 위의 문제들을 해결한다. 블록체인 기술을 통해 중요한 데이터를 자신만 제어 가능한 단일 파일이나 데이터 소스로 포장해 암호화로 안전하게 유지할 수 있으며, 동의하지 않은 사람과 공유되는 것을 방지할 수 있다. 페이스북과 구글이 그 데이터로 돈을 버는 대신 이제 당신이 돈을 벌 수 있다.

데이터 보안의 문제

해킹이 불가능한 플랫폼이란 없다. 일부 서버가 다른 서버들보다 보안이 강화될 수는 있지만, 비밀번호는 쉽게 짐작할 수 있고 이중 인증2FA도 얼마든지 뚫릴 수 있다. 현재 사용 중인 (사실상 모든)형태의 데이터 보안에는 약점이 있다. 반면, 블록체인 기술은 데이터 보안을 유지하기 위해 반드시 맞춰야 하는 공개키와 개인키를 활용해 전혀 다른 방식으로 데이터 보안에 접근한다.

데이터 보안 전문가들은 비밀번호가 여덟 글자 이상으로 길어야 하며, 최소 한 개의 소문자나 대문자 혹은 특수 문자를 포함해야 한다고 말한다. 이러한 규정이 적용되는 이유는 비밀번호를 추측하거나 해킹하기 어렵게 만듦으로써 데이터를 더욱 안전하게 만들기 때문이다.

이런 작업 없이도 블록체인이 제공하는 암호 보안은 훨씬 우수하다. 블록체인 기술의 보안 프로토콜은 위의 방식을 차용해 암호 보안을 강화한다. 비트코인의 공개키와 개인키는 256비트의 암호를 사용하며 30~65자 길이의 문자열을 포함한다표1.1 참고. 탈중앙화된 블록체인 솔루션들은 종종 10진법 체계와 반대로 16진법 체계를 사용한다. 이러한 복잡성은 대개 무작위로 만들어져 저장된 데이터의 보안 수준을 높인다. 비밀번호가 복잡할수록 해킹이나 추측은 그만큼 더 어려워진다. 블록체인 기술은 이처럼 복잡성을 증가시켜 보안을 보장한다.

투명성의 문제

중앙화는 통제 하에 있는 사람들에게 이른바 방호벽을 친다. (드러나지 않은)고위직들은 다른 사람들이 중요한 결정을 내릴 때 사용할 수 있는 어떤 사실들을 숨긴다. 이런 조치는 약간의 이익을 줄지는 몰라도, 유리한 위치에 있는 소수에게 중앙화된 권력이 편중되는 부작용을 낳는다. 그리고 많은 경우에 있어 그 '소수'는 자신

키 사이즈 Key Size	가능한 조합 Possible Combinations
1-bit	2
2-bit	4
4-bit	16
8-bit	256
16-bit	65536
32-bit	4.2×10^9
56-bit	7.2×10^{16}
64-bit	1.8×10^{19}
128-bit	3.4×10^{38}
192-bit	6.2×10^{57}
256-bit	1.1×10^{77}

키 사이즈 Key Size	해독 소요 시간 Time to crack
56-bit	399 seconds
128-bit	1.02×10^{18} years
192-bit	1.872×10^{37} years
256-bit	3.31×10^{56} years

표1.1 256비트 암호화는 해독하기 매우 어렵다. 성공하기 위해서는 아무리 강력하고 빠른 컴퓨팅 시스템이라도 수많은 가능한 숫자들의 조합을 일일이 테스트해야 한다. 사실, 조합의 수는 10에 그 자체를 77배 곱하고 그 결과값에 1.1배를 곱한 것과 같다.

의 이익이 부합하는 데만 관심을 갖는다.

구글은 오랫동안 자사의 검색엔진 알고리즘을 비밀에 부쳤다. 그들은 세상에 "가치 있는 콘텐츠를 검색 로봇에게 입력하라."라고 떠벌이지만, 정작 그게 정확히 무엇을 의미하는지 명시적으로 지시하지 않는다. 검색엔진 최적화 전문업체들과 웹사이트 카피라이터들은 어떻게 세계에서 가장 크고 성공적인 검색엔진 상에 콘텐츠가 색인화되고 순위가 매겨지는지를 일일이 추측해야 한다. 이러한 불투명성은 스팸을 방지하고 사람들이 검색 결과를 가지고 게임을 벌이지 못하게 만드는 데 효과적일지 모르지만, 분명 싫고 넘어가야 할 불편한 진실도 있다. 만약 검색 알고리즘이 그들의 주장처럼 그렇게 훌륭하다면, 왜 최종 결과를 조작하기 위해 하루에도 수백 번씩 수정되어야 할까? 페이스북의 알고리즘은 이용자들이 볼 뉴스피드를 대신 결정한다. 왜일까? 플랫폼의 이용자들 자신이 보고 싶어 하는 것을 알고 있다고 믿지 않는 걸까? 우리는 페이스북의 알고리즘이 어떻게 작동하는지 공개적으로 선언하는 것이 그들의 이익에 반하는 것이라는 주장을 이해할 수 있다.

중앙화는 종종 소수의 남용이나 부당한 이익을 초래하는 근본적인 불투명성을 가지고 있다. 사실상 세계의 모든 나라가 자국의 경제를 관리하는 권위 있는 중앙기관을 가지고 있다. 이는 경제를 안정적으로 유지하고 모두에게 이익이 된다고 하지만, 경제는 여전히 불황과 불경기, 실업과 불안정으로 요동치고 있으며, 온갖 땜질식 처방에도 불구하고 여전히 인플레이션과 디플레이션에 놓여 있다. 중앙은행은 진정 누구를 보호하고 있는 걸까?

이에 반해 블록체인 기술은 더 큰 투명성을 전달할 수 있다. 각 거래내역은 누구나 언제든지 감사할 수 있는 공개 장부에 기록된다.

접근성의 문제

모든 거래는 블록체인에 고스란히 기록된다. 비트코인은 2009년부터 중단 없이 운영되어 왔으며, 제네시스 블록이 만들어진 이후 거래들은 모두가 볼 수 있도록 빠짐없이 기록되었다. 정보가 투명하고 안전하기 때문에 (심지어 블록체인을 이용하지 않는 사람이라도)사용자의 평판이 깎이거나 사생활이 침해당하지 않고도 모든 거래를 일일이 확인하고 분석할 수 있다.

소유권의 문제

2016년에만 2,600만 명만 16세 이상의 신원이 도용당했다. 신원 도용은 은행 계좌에서부터 교육 보고서에 이르기까지 그 어느 때 보다 다양하게 발생한다. 범죄자들은 얼마든지 다크웹에서 한 번에 단돈 몇 달러에 수천 명의 개인 정보를 구매할 수 있다.

블록체인 기술은 신분을 안전하게 지킴과 동시에 증명하며, 신상 소유자들이 자신의 개인 정보에 대해 더 많은 통제권을 갖도록 하는 데 쓰인다. 더 중요한 것은 익명을 쓰고 싶거나 혹은 온라인상에서 교류할 때 실명을 숨기고 싶은 경우 더 쉽게 그렇게 할 수 있다는 점이다.

빠른 지불과 현금 전송의 문제

페이팔에서 당신의 은행 계좌로 돈을 송금하는 데 보통 3~5일이 걸린다. 해외 송금은 일주일 혹은 그 이상 걸릴 수도 있다. 이에 비해 비트코인 거래는 10분이면

된다. 다른 블록체인 거래는 더 빠르다. 그들 중 몇몇은 몇 초 안에 돈을 송금할 수 있다.

당신이 네브래스카에서 사업체를 운영한다고 가정해보자. 스페인 고객과의 거래를 위해 느려 터진 20세기 방식으로 달러나 유로를 송금하는 대신, 고객에게 송장을 보내고 몇 분 안에 비트코인이나 수천 개의 다른 암호화폐 중 하나로 결제를 받을 수도 있다.

소셜 미디어와 관련하여, 당신과 당신의 고객이 같은 플랫폼을 사용할 경우, 크립토 소셜 플랫폼을 통해 결제를 요청하고 몇 초 안에 돈을 받을 수 있다.

중개의 문제

소매점에서 쇼핑하고 신용카드로 결제하려는 경우, 당신은 다양한 선택지를 갖고 있다. 몇몇 이름을 열거하자면 비자카드, 마스터카드, 디스커버카드 등이다. 이때 결제 대금은 은행에서 소매상에게 직접 가지 않는다. 결제는 신용카드 회사를 거치며, 회사는 그 거래를 중개했다는 명목으로 수수료를 빼간다.

결제를 암호화폐로 한다고 가정해보자. 비트코인은 현금 없이 P2P로 결제하도록 설계되었다. 즉, 상인이 간단히 자신의 지갑 공개키를 당신과 공유하고, 당신은 스마트폰에서 직접 그 상인의 지갑으로 비트코인을 보낼 수 있다. 만약 상인이 다른 암호화폐를 받겠다고 하면, 당신은 다른 암호화폐를 가지고 지갑 대 지갑, 그러니까 당신 지갑에서 그의 지갑으로 똑같이 송금할 수 있다.

이런 종류의 시나리오는 은행이나 보험, 부동산, 돈을 교환하는 모든 산업에서 얼마든지 일어날 수 있다. 뿐만 아니라 당신이 블록체인 기술로 확보한 의료 카드가 있다면 병원을 찾았을 때 몇 초 만에 관련 기록만 의사에게 전송할 수도 있다. 블록체인 기술은 본래 P2P 형태로 구현되기 때문에 불필요한 중개자를 잘라낸다.

해결책이 필요한 그 밖의 문제

블록체인 개발자들에게 소셜 미디어는 이용자가 겪는 문제의 해결책을 모색하는 또 하나의 비즈니스 분야로 꼽힌다. 여기에는 중앙화, 프라이버시 문제, 데이터 보안, 신원 소유권, 투명성, 접근성 등이 포함된다. 이들 중 어떤 문제라도 해결될 만큼 기술이 완비되는 건 시간문제이다. 실제로 거의 목전에 두고 있다.

블록체인 기술의
특성과 이점

블록체인 기술의 기본적인 특성과 이점을 제대로 알지 못하면, 그것이 어떻게 활용되고 있으며 그 기술이 현실에서 어떻게 적용되는지 이해할 수 없다. 문제의 핵심을 건드리기에 앞서, 그러한 이해의 토대를 마련하고자 한다.

블록체인의 정의

간단히 말해서, 블록체인은 데이터를 배열하는 새로운 방법이다. 오늘날 대부분의 사람들은 데이터베이스, 즉 컴퓨팅 시스템을 위해 데이터가 구성되고 정리되는 방식에 익숙하다. 그러나 문제는 해킹이 쉽다는 점이다. 2020년 1분기에만 80억건 이상의 데이터 기록이 노출되었다. 무려 15년간의 기록이다.

데이터베이스에 저장된 기록들은 테이블 단위로 구성된다. 속성 상 테이블은 변경이나 편집이 가능한 정보들을 담고 있다. 이와 대조적으로 블록체인 상의 정보는 암호기술이라는 보안 조치가 된 블록들로 구성되어 있다. 즉, 블록체인은 정보를 다른 것으로 변환하는 암호 함수인 '해시'에 의해 한데 묶인 '블록들의 체인'이다. 그림 1.2 참고.

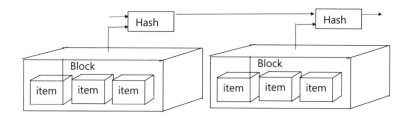

그림1.2 블록체인은 블록들이 연결된 체인이다. 각 블록은 해시에 의해 보호되는 데이터를 담고 있다. 데이터 잠금을 해제하려면 이용자는 개인키와 공개키를 페어링 해야 한다.

블록에 저장된 정보를 이해하기 위해서는 누구라도 코드에 대한 키를 가지고 있어야 하며 해시를 원래의 데이터로 다시 변환할 수 있어야 한다. 설계상 각 블록에 포함된 정보는 변경이 불가능하다. 이를 전문 용어로 '불변성'이라고 한다.

블록체인의 용도

암호화폐가 블록체인 기술이 사용되는 가장 널리 알려진 분야지만 유일한 방법은 아니다. 다양한 종류의 블록체인이 있으며 종류에 따라 장단점이 있다.

퍼블릭 블록체인은 세계 어디서든 누구나 접속이 가능하다. 반면 프라이빗 블록체인은 초대를 받아야만 접속이 가능하다. 사이드 체인은 주요 블록체인에서 확장된 것으로, 주요 블록체인과 독립적으로 작동하며 연결할 수 있다. 하이브리드 블록체인은 퍼블릭 블록체인과 프라이빗 블록체인의 특징을 모두 담고 있으며 중앙화나 탈중앙화, 또는 이 둘의 조합일 수 있다.

비트코인은 블록체인 기술을 처음으로 적용한 사례다. 처음에는 탈중앙화 장부로 시작했지만 점점 중앙화되어 가고 있다. 실제로 2020년 1월 현재, 네트워크를 구동하는 컴퓨팅 파워의 49.9%가 중국 내에 소재한 5개 주체에 집중되어 있다. 비트코인을 채굴하는 비용이 올라갈수록 비트코인 블록체인은 더욱 중앙화될 가능성이 높다.

스마트 컨트랙트는 이벤트 트리거(특정 행동이 발생하였을 때 작동)되었을 때 실행되도록 정의된 매개 변수를 가진 컴퓨터 프로그램이다. 이들은 블록체인 개발자들, 특히 (금융서비스를 새로운 방식으로 전달하기 위해)블록체인 개발이 많이 이뤄지고 있는 금융업계 내에서 인기가 높다.

일부 블록체인 이용자들은 비디오게임을 하며 디지털 자산을 모으고 있다. 예를 들어, 2017년에 '크립토키티'라는 게임이 인기를 끌었다. 그 해 12월 한 개당 10만 달러에 팔리기도 했다.

블록체인 기술은 에너지 무역, 공급망 관리, 다이아몬드 채굴, 항체 검사 추적, 프로비넌스, 보험 상품 배송, 위조 탐지 같은 분야에도 응용된다. 각국 정부는 투표와 기록 보관, 서비스 배포에도 블록체인 기술을 사용한다. 2016년 이후로 블록체인 기술을 기반으로 한 소셜 미디어 프로젝트가 100건 이상 진행 중이다. 그들 중 상당수는 실패작이지만, 일부는 이용자들 사이에서 소소하게 인기가 있다.

블록체인 기술의 활용 사례가 시시각각 증가하고 있다. 2020년, 블록체인 기술에 들어간 투자가 전 세계 기준으로 30억 달러에 이르렀다. 2025년에는 397억 달러 수준까지 성장할 것으로 예상된다. 더 많은 사람들과 사업체들, 그리고 대기업들이 블록체인 기술에 대해 배우고 그것을 어떻게 구현해야 하는지 터득하고 나면 기술과 관련해 더 많은 실험이 진행될 것이다. 이 중 일부는 인기를 끌고 일부는 그렇지 못할 것이다. 그럼에도 블록체인 기술이 곧 사라질 것 같지는 않아 보인다.

인터넷은 세계를 하나의 글로벌 시장으로 묶었다. 블록체인 기술은 지구를 예전과는 완전히 다른 연결된 지구촌으로 탈바꿈시킬 것이다.

　다음에 설명한 블록체인의 기능과 이점은 우리가 상상하는 것보다 많은 면에서 이 기술이 유용할 수 있음을 보여준다.

블록체인 기술의
특성

전문가들은 블록체인의 주요 특징으로 여섯 가지를 꼽는다. 또한 정도에 따라 세 가지 다른 특징으로도 나눌 수 있다. 아래는 크립토 소셜 미디어 기업들이 블록체인 개발에 어떻게 접근하는지 더 잘 이해할 수 있도록 이런 기능을 아홉 가지로 간략히 요약한 것이다.

불변성

불변성은 블록체인 상에 기록된 트랜잭션거래을 변경할 수 없다는 걸 뜻한다. 한 번 기록된 거래는 영영 되돌릴 수 없다. 예를 들어, 철수가 영희에게 5비트코인을 보내고 영희가 자신의 디지털 지갑으로 받으면 해당 거래에 대한 기록이 만들어지며, 일단 기록이 되면 취소할 방법이 없다. 철수가 영희가 아닌 서현이에게 비트코인을 보내려고 했다면 그것은 철수 편에서 실수한 것이다. 그는 지불금의 전부 또는 일부를 철회할 수 없다.

정리하자면, 불변성은 제삼자가 개입하여 거래를 취소하거나 돈을 다른 지갑으로 보낼 수 없도록 한다. 실수는 돌이킬 수 없다.

탈중앙화

탈중앙화는 어떤 개인이나 단체도 기술을 통제하지 않는다는 것을 의미한다. 미국의 우편 서비스는 중앙화되어 있다. 우체국은 서비스의 전반적인 운영을 책임지는 우정국을 두고 있다. 만약 우편 배달에 문제가 생겨 관할 우체국에 연락을 하면 우정국 관할 책임자가 응답한다. 페이스북도 마찬가지다. 플랫폼 관리 방식을 책임지는 한 명의 책임자가 존재한다. 중앙화된다는 것은 한 개인 또는 일군의 사람들이 전체 조직이나 네트워크의 업무를 관리하고 있음을 의미한다. 반면, 블록체인 기술에는 그런 구조가 존재하지 않는다.

블록체인 기술은 여러 컴퓨터 '노드'를 기반으로 작동한다. 이때 노드는 네트워크 상에서 트랜잭션 승인을 위해 프로그래밍된 합의 프로세스를 따른다. 중간에서 통제하는 개인이나 주체는 따로 없다. 합의 메커니즘에 관해서는 나중에 논의하겠지만, 여기서 탈중앙화를 이해하려면 여러 대의 컴퓨터 _{종종 수천 대}가 블록체인의 네트워크를 구성한다는 사실을 이해하는 게 중요하다.

네트워크 상에 있는 컴퓨터들과 블록체인을 소유하거나 통제하는 조직 사이에는 중요한 구분이 있어야 한다. 어떤 경우에는 블록체인 배후에 조직이 있을 때도 있다. 이 조직은 블록체인을 소유하거나 이를 작동시키는 특정 프로세스를 정의할 수 있다. 이론적으로 해당 조직은 트랜잭션 수준에서는 블록체인에 영향을 미치지 않는다. 그러나 네트워크 관리 과정에서 문제를 일으킬 수 있다. 이 문제가 해결되지 않으면, 포크라고 불리는 분열로 이어질 수 있고, 이로 인해 하나의 블록체인에서 두 개의 블록체인이 갈라질 수 있다.

블록체인은 본질적으로 탈중앙화되어 있지만, 블록체인을 소유하거나 관리하는 조직은 그렇지 않을 수 있다.

향상된 보안성

개발자들은 향상된 보안성에 대해 이야기할 때, 블록체인 기술이 본질적으로 일반 디지털 자산보다 안전하며, 해당 보안 프로토콜을 깨기 위해 더 많은 컴퓨팅 파워가 필요하다고 한다.

로그인할 때 암호를 입력하면 서버의 해당 암호 기록에 따라 해당 이용자가 액세스된다. 이때 암호가 길고 복잡할수록 해커로부터 더 안전하게 계정을 보호할 수 있다. 하지만 페이스북은 중앙화된 플랫폼이기 때문에, 범법자들이 보안을 깨기 위해 사용할 수 있는 공격 지점은 단 한 곳뿐이다. 당신이 설정한 비밀번호가 얼마나 강력하든지 상관없이 그 공격 지점은 해커들이 당신의 계정에 침입하는 걸 용이하게 만든다.

2FA도 블록체인 기술과 비교했을 때 상대적으로 보안이 취약하다. 2FA를 통해 이용자가 플랫폼에 로그인하려고 할 때, 중앙화 플랫폼이 5자리 또는 6자리 코드의 문자를 휴대폰으로 전송할 수 있도록 위임할 수 있다. 자신의 휴대폰에 액세스할 수 없는 이용자는 차단된다. 2FA가 하나의 비밀번호보다는 더 안전하겠지만, 영악한 해커들에 의해 쉽게 뚫릴 수 있다.

당신 집을 생각해 보자. 당신 집에는 현관문과 뒷문, 그리고 네 개의 창문이 있다. 외부에서 침입할 수 있는 지점은 총 여섯 개다. 하지만 당신 집은 오직 정문에만 보안 시스템을 갖추고 있다. 좀 더 명확히 설명하기 위해 상황을 단순화하자면, 아무리 복잡한 비밀번호가 포함된 보안 시스템을 갖추고 있더라도 좀도둑은 그 시스템을 쉽게 해킹해 집에 무단으로 침입할 수 있다.

이때 만약 도둑이 길고 복잡한 다중 문자 '개인 암호'와 '공개 암호'를 일치시켜야 한다면 어떨까? 동시에 적어도 문들 중 하나와 집 창문들 절반에 대한 보안 요구 사항을 충족해야 한다면 분명 도둑에게 더 복잡한 일이 될 것이다.

다시 한 번 말하지만, 도둑은 당신 집에 침입하기 위해 다음의 기준들을 모두 만족해야 한다.

① 당신의 길고 복잡한 '개인 보안 코드'를 알고 있거나 추측해야 한다.

② 이를 길고 복잡한 당신의 '공개 보안 코드' 공개적이기 때문에 모두가 알고 있는 와 일치시켜야 한다.

③ 당신 집에 있는 두 개의 문 중 하나의 보안 장치를 파괴해야 한다.

④ 당신 집에 있는 창문 네 개 중 최소한 두 개에 대한 보안 요건을 충족시켜야 한다 당연히 당신 집에 창문이 많을수록 도둑에게는 그만큼 더 침입이 어려워질 것이다.

이는 블록체인 보안이 작동하는 방식과 다소 유사하다. 개인 코드와 공개 코드의 구성요소는 보안 전문가들이 암호학이라고 부르는 것에 의존한다. 여기서 현관과 창문이 우리가 탈중앙화라고 부르는 것이다. 도둑이 침입할 수 있는 단일한 지점이 없고 집에 들어가려면 적절한 허가를 받아 출입문의 50%와 창문 50%에 대한 보안 메커니즘을 깨야 하기 때문에, 도둑이 집에 들어가기 위해서는 넘어야 하는 장애물들이 많다. 이러한 장애물들의 수는 보안을 강화하고 집을 보다 안전하게 만든다. 그만큼 도둑이 침입에 성공할 가능성은 적어진다.

분산 장부

장부는 회계 도구다. 세상에는 여러 종류의 장부가 있지만, 일반적으로 장부는 차변 debits 과 대변 credits 이라는 두 가지 항목을 기반으로 한다. 13세기부터 사업체들은 소위 복식부기複式簿記라고 불리는 회계 시스템을 사용해왔다.

컴퓨터가 등장한 뒤에도 이러한 복식부기 시스템은 크게 바뀌지 않았다. 달라진 것이라고는 금융 자료가 종이 기록에서 디지털 기록으로 이동했다는 것 정도다. 하지만 블록체인 기술은 이러한 복식부기 시스템을 뒤집어 놓는다.

복식부기에는 중개인이 필요하다. 오늘날 중앙은행 시스템은 이러한 복식부기 장부를 기반으로 구축되었다. 대출이 이루어질 때, 거래 장부의 한쪽엔 대변이 반대편엔 차변이 기록된다. 이런 차입과 대출 시스템, 즉 중개인을 두고 은행 계좌에 돈을 넣어두는 시스템은 신뢰가 부족할 때 와르르 무너지고 만다. 대출을 받기 위해 은행에 자신의 돈을 넣어두는 계주計主들이 정작 은행을 믿지 못한다면 대출은 존재하지 않게 될 게 뻔하다.

하지만 블록체인 상의 분산 장부는 중개자인 은행을 완전히 제거한다. 블록체인 기술은 네트워크 상의 모든 컴퓨터 노드에 분산되어 있는 장부에 트랜잭션을 기록한다. 예를 들어, 1,000명의 블록 검증자가 특정 트랜잭션을 승인하면 해당 트랜잭션은 각 블록 검증자의 컴퓨터에 즉각 기록 및 저장된다.

철수가 영희에게 5비트코인을 보냈던 예시를 기억하는가. 이번엔 철수와 영희, 그들의 친구 스무 명이 해당 거래를 승인해야 한다고 가정해 보자. 개인은 공평한 투표권을 갖고 있고, 거래에 대한 찬성과 반대를 표결에 부칠 때 모든 과정은 익명으로 처리된다. 거래가 승인되기 위해 필요한 건 적어도 유권자 50%의 투표이다.

철수와 영희는 각각 찬성표를 던졌지만 서현이는 기권했다. 나머지 19표 중에서 무기명 승인이 10표, 반대가 9표로 거래가 성사됐다. 철수가 서현이에게 비트코인을 보내려고 했음에도 불구하고 12표의 승인으로 철수의 거래가 승인되고 영희는 최종적으로 5개의 비트코인을 받게 된다.

이 사례에 등장하는 투표자 한 사람 한 사람을 컴퓨터로 대체하면 블록체인을 곧바로 이해할 수 있다. 물론 서로 다른 종류의 합의 메커니즘이 있는데, 그 부분은 나중에 설명하도록 하겠다. 간단히 말해서, 이는 분산 장부 기능이 블록체인에서 어떻게 작동하는지 대략적으로 설명한 것이다.

신속한 전송

오늘날 은행 시스템에서 은행 간 송금의 소요시간은 단축됐지만, 해외 송금은 여전히 많은 시간을 필요로 한다. 반면 블록체인 전송은 몇 분 이내로 끝난다. 때로는 몇 초 이내로 끝나기도 한다.

블록체인 거래는 해외 송금의 용도로 매우 중요해졌다. 빠르게 변하는 오늘날 세계와 글로벌 경제에서, 한 나라의 시민이 다른 나라로 이주하여 고국에 있는 가족들에게 돈을 송금하는 게 매우 흔한 일이 되었다. 블록체인 기술은 그 과정을 더 간단하고 빠르게 만든다. 그 이유는 앞서 언급한 기술의 모든 특징과 다음에 논의할 내용; 즉 합의에서 찾을 수 있다.

합의

합의는 네트워크 상의 컴퓨터들이 특정 사안에 결정을 내리는 데 사용하는 과정이다. 컴퓨터는 인간과 같은 방식으로 승인 결정을 내리지 않는다. 컴퓨터는 1과 0을 다루고 있기 때문에 정치 및 개성과는 전혀 상관이 없다. 간단히 말해, 블록체인 네트워크 상의 컴퓨터들은 수학적 계산 문제를 풀기 위해 경쟁한다. 네트워크 상의 한 컴퓨터가 문제를 풀면 거래를 승인한다. 이 일은 블록체인과 채택된 합의 메커니즘의 유형에 따라 몇 분 또는 몇 초 안에 발생할 수 있다. 충분한 수의 컴퓨터가 수학적 계산 문제를 풀면 체인상에 블록이 생성되고 그 블록 내의 모든 트랜잭션이 네트워크에 의해 승인된다.

늘어난 컴퓨팅 용량

전체 네트워크는 하나의 컴퓨터가 자체적으로 달성할 수 있는 것보다 더 많은 컴퓨팅 용량을 차지한다. 블록체인 네트워크 상의 여러 컴퓨터가 동시에 작동하거나, 분산 장부를 최신의 상태로 유지하기 위함이다. 컴퓨팅 파워는 네트워크 상의 모든 노드들의 컴퓨팅 파워를 기반으로 기하급수적으로 증가할 수 있다.

P2P 상호 거래

이것은 어쩌면 불필요해 보일 수도 있지만, 블록체인 기술의 P2P 구성요소는 다른 기능, 특히 탈중앙화 및 분산 장부 기능을 확장한 것이다.

블록체인 상에서 거래를 진행하는 중개인이 필요 없기 때문에 참여자들은 다른 구성원의 방해나 강요 없이 상호 교류할 수 있다. 예를 들어, 철수가 영희에게 5비트코인을 보낼 때, 다른 당사자가 거기에 배 놔라 감 놔라 할 필요가 없다. 돈은 중간 과정에서 참여자 없이 철수의 지갑에서 영희의 지갑까지 네트워크를 따라 원활하게 이동한다.

민팅

민팅화폐 주조은 돈을 버는 행위를 말한다. 블록체인은 블록체인 네트워크에서 사용되거나 다른 암호화폐와 바꿔 거래할 수 있는 암호화폐를 갖고 있기 때문에 이러한 디지털 화폐 단위를 만드는 방법이 있어야 한다. 민팅은 그 과정에 사용되는 용어다.

다양한 민팅 메커니즘이 존재한다. 한 가지 인기 있는 주조 방법은 채굴마이닝이라고 불린다. 채굴자들은 수학적 계산 문제를 풀어서 블록을 만든다. 해당 블록 내에 생성된 데이터는 특정 수의 트랜잭션을 포함하며 보안 강화를 목적으로 암호화된다. 그럴 때마다 참여자들의 참여도에 따라 암호화폐가 주조되고 서로 다른 참여자들 사이에서 유통된다.

블록체인 기술의
이점

홀륭한 영업사원이라면 소비자들이 제품의 특징만 보고 구매하지 않는다는 사실을 알고 있을 것이다. 고객은 특징이 만들어내는 '이점'을 구매한다. 그러나 아쉽게도 많은 블록체인 개발자들이 특징에만 집중한다. 블록체인에 열광하는 이들은 이 기술이 갖는 이점으로 다음의 것들을 강조한다

- 레버리지한 컴퓨팅 파워 : 블록체인은 네트워크 상의 여러 대의 컴퓨터에서 구동된다. 각 네트워크 참가자는 다른 참가자의 컴퓨팅 파워를 등에 업고 이를 활용하여 자신의 컴퓨팅 파워를 높일 수 있다. 이건 자발적으로 이루어지는 것이다.
- 자산 보호 : 암호화 기술은 네트워크 보안과 네트워크의 각 노드를 강화하여 각 참가자에게 소중한 자산과 정보를 도난당할 수 없다는 확신을 심어준다.
- 데이터 보안 : 블록체인 기술은 불변성을 갖추고 트랜잭션은 불가역성을 띠고 있기 때문에 이용자는 해당 데이터가 변조되지 않았다고 믿을 수 있다.
- 끊김 없는 트랜잭션 : P2P 송금은 며칠이 아닌 몇 분 또는 몇 초 만에 이루어진다.

- 더 많은 컴퓨팅 리소스에 대한 액세스 : 날씨 또는 기타 이벤트로 인해 특정 지역의 네트워크 노드가 오프라인 상태가 되면 다른 지역의 네트워크 컴퓨터는 중단 없는 연결을 보장하는 데 필요한 전원과 리소스를 제공할 수 있다. 다시 말해서, 몇 개의 네트워크 노드의 중단이 전체 네트워크에 장애를 일으키지는 않는다는 것이다. 네트워크의 모든 컴퓨터는 확장된 컴퓨팅 파워를 갖고 있다.

- 재정적 자유 : 미국 달러를 사용할 수 없거나 환전이 어려운 나라에 거주하는 이용자라도 그가 어디에 살든 사용하기 쉬운 암호화폐를 이용해 얼마든지 사업을 벌일 수 있다. 만약 변동성이 심하거나 인플레이션이 닥치거나 가치가 없는 통화를 가진 나라에 산다면, 그들은 보다 안정적인 대안을 선택할 수 있다.

- 중개자 없음 : 블록체인 기술은 P2P 상호 교류를 촉진한다. 두 명의 이용자가 업무상 계약을 체결하고자 할 경우 다른 제3자가 개입하지 않고 일을 처리할 수 있다.

- 낮아진 장벽 : 화폐와 커뮤니케이션, 데이터 및 기타 자산들이 정부의 개입 없이 국경을 넘어 자유롭게 오갈 수 있다.

- 투명성 : 누구나 블록체인에 접속해 거래 내역을 감사하고 들여다 볼 수 있다.

- 신뢰를 필요로 하지 않는 기술 : 기술 자체가 각 당사자의 이익 보호를 보장하기 때문에 개인이 거래를 시작하거나 상호 교류하기 위해 서로를 신뢰할 필요가 전혀 없다.

블록체인 기술은 풍요로운 사고방식을 보장한다. 과거에는 사람들이 자원을 함께 공유해야 했고 (돈을 포함한)가치 있는 것들에 대한 희소성을 감수해야 했다. 그러나 만약 누군가가 어떤 목적으로든 토큰을 만들 수 있고, 그 토큰들이 가치를 창출하고 저장할 수 있다면, 자원 부족은 과거의 문제가 될 것이다. 블록체인 기술의 특성과 참신함 때문에 널리 받아들여지거나 편견과 선입견, 오해를 뒤엎는 것이 매우 힘든 여정일 테지만 말이다.

이제 블록체인 기술의 단점을 알아보자.

블록체인 기술의
단점

여기서 신기술의 단점을 언급하지 않고서 찬양 일색으로 도배하는 건 공정하지 않은 처사일 것이다. 모든 장점에는 단점이 있기 마련이니까 말이다. 1980년대 인기를 끌었던 글램메탈밴드 포이즌Poison 의 가사를 인용하자면, "가시 없는 장미란 없으니까. B. Michaels. 1988년. "Every Rose Has Its Thorn," Track 8 on Open Up and Say ... Ahh! Enigma Records. "

- 이해하기 어려운 새 기술 : 블록체인 기술에는 고유의 언어가 존재한다. '해시 hash'나 '머클 merkle' 같은 용어들은 대부분의 사람들이 일상적으로 쓰지 않는다. 불변성과 탈중앙화가 뭔지 이해할 수 있는 사람도 거의 없을 것이다. 눈에 보이지도 않는 '블록의 사슬'을 이들에게 아무리 설명해 줘도 암호화 보안이나 내재된 블록체인 특성들을 이해하기란 여간 힘들다.
- 신뢰하기 어려운 기술 : 블록체인 기술은 이해하기 어렵기 때문에 그 이점을 의미 있게 전달하기가 까다롭다. 사람들은 이해하지 못하는 것을 신뢰하는데 어려움을 겪는다.
- 장점과 단점은 동전의 양면 : 장점과 단점이 같은 포장지로 묶이는 경우가 많다.

불변성은 분명 좋지만, 이는 실수가 용납되지 않는다는 뜻이기도 하다.

- 영구적 차단 : 집 열쇠를 잃어버리면 수리공을 부르면 된다. 반면 스팀잇 키를 잃어버리면 회복이 불가능하다. 자신만이 접근할 수 있는 수백만 개의 암호화폐를 디지털 지갑에 보관했다가 비밀번호나 키를 잃어버리면 자산을 영영 잃게 된다. 브라우저가 비밀번호를 기억하도록 설정하면 브라우저가 얼마든지 해킹 당할 수 있기 때문에 보안이 뚫릴 수 있다. 탈중앙화는 자기 스스로 보안에 신경 쓰는 데 높은 수준의 경계심을 요구한다.

  샌프란시스코에 사는 컴퓨터 프로그래머 스태픈 토머스 Stefan Thomas 는 이 사실을 힘들게 배웠다. 10년 전, 영상을 만들어준 대가로 비트코인을 받은 그는 전자지갑의 개인키를 까먹어서 코인을 인출하지 못하는 난감한 상황에 빠진 인물로 유명하다. 당시 비트코인 1개의 가격은 2~6달러 수준이었는데, 의뢰인은 작업비로 토머스에게 7,002개의 비트코인을 건넸다고 한다. 그동안 토머스는 여덟 차례 암호를 입력했으나 모두 실패로 돌아갔다. 비트코인 개인키가 들어 있는 장치는 열 번의 비밀번호 오류가 감지되면 자동으로 모든 내용을 암호화하기 때문에 이제 그에게 남은 기회는 단 두 번뿐이라고 한다.

- 느린 웹사이트 로딩 속도 : 많은 블록체인 웹사이트의 로딩 속도가 느리다. 어떤 경우에는 대기 시간이 말도 안 될 정도다.

- 더딘 발전 속도 : 필자는 개발자가 아니기 때문에 블록체인 기술과 관련된 기술적 난제를 잘 모른다. 하지만 발전이 더딘 경향이 있다는 사실은 확인했다. 사실 발전 속도가 느린 이유는 작은 변화 하나 하나가 합의 과정을 거쳐야 승인되기 때문이다.

블록체인 기술에는 뚜렷한 단점이 있다고 생각하지만, 그 단점보다 장점이 더 크다고 생각한다. 지금은 21세기고 새로운 습관을 배워야 할 때다. 진보는 쉽지 않지만 반드시 필요하다.

———— SUMMARY ————

블록체인 기술은 인터넷을 탈중앙화로 만들고 그 과정에서 20세기의 문제들(중앙화, 데이터 소유권과 보안, 투명성, 접근성, 신원에 대한 통제권, 더 빠른 결제와 송금, 중개자 문제)을 해결하겠다고 약속한다. 새로운 데이터 정렬 방식을 활용하는 이 초기 기술은 컴퓨터 보안을 강화하는 동시에 컴퓨팅 네트워크 상의 합의 메커니즘을 통해 명령어와 제어를 탈중앙화한다.

블록체인 기술의 근본적인 이점은 컴퓨팅 파워를 활용하여 자산을 보호하고, 데이터 보안을 강화하며, 인터넷을 통한 원활한 금융 거래를 촉진하는 동시에 중개자 없이 금융 자유를 제공하고, 서로 다른 국가의 당사자 간의 통신 및 자산 교환의 장벽을 낮춘다. 그리고 P2P 상호 거래에서 신뢰가 필요 없는 기술을 사용하여 투명성을 높인다. 이 기술에는 분명 단점이 있지만 이러한 단점들을 상쇄하고도 남는 장점이 있다.

PART 02

분산화의 문제는
무엇인가

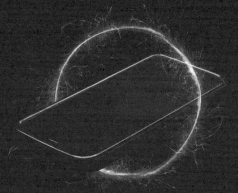

탈중앙화 개념을 제대로 파악하지 않고서는 블록체인 기술이 무엇인지 이해하거나 어떤 잠재적 영향을 미치는지 충분히 인식하기 불가능하다. 아이디어는 기술 자체의 속성 속에 쌓여 있다. 그것들은 햇빛과 태양에너지, 또는 개울과 흐르는 물처럼 떼려야 뗄 수 없는 불가분의 관계다. 즉, 하나가 다른 하나로부터 생겨나는 것이다.

현대인들은 탈중앙화를 쉽게 이해할 수 있는 언어로 치환할 수 있는 경험 자체가 없다. 수천 년 동안 중앙화의 속성인 명령하고 통제하는 작업에 너무 매몰되어왔기 때문이다. 그럼에도 불구하고, 탈중앙화라는 개념이 완전히 새로운 건 아니다. 고대는 본래 탈중앙화된 사회였다. 성경학자들은 히브리인들이 왕을 세우자고 주장하기 전의 히브리인들끼리 모여 살던 작은 나라 구조에 익숙하다. 이스라엘은 부족들, 즉 12지파가 통치하던 국가였다. 각 부족에서 위기 때 지도자 역할을 했던 사사들이 있었지만, 당시 중앙 정부 같은 건 없었다.

블록체인에 관한 한 모든 기능들은 함께 돌아간다. 불변성과 탈중앙화, 보안 강화, 분산 장부, 신속한 결제, 합의, 컴퓨팅 용량의 증가, P2P 상호 거래 및 화폐 주조 모두 함께 나란히 진행된다. 일부 블록체인은 이러한 아홉 가지 특성을 모두 가지고 있지 않지만, 처음 여섯 가지 특성은 필수적이라 할 수 있다. 그들 중 하나를 제거하면 블록체인은 존재할 수 없다. 각 기능들은 블록체인이라는 전체 패키지의 일부를 이룬다. 그리고 이익은 그 모든 기능들로부터 나온다.

탈중앙화 소셜 미디어는 이런 패키지를 가져와 이용자가 자신의 신원에 대해 더 많은 통제력을 갖고 계정을 더 안전하게 지키며 일부 중앙화 플랫폼의 검열이나 보복에 대한 두려움 없이 자신의 콘텐츠를 갖고 수익을 창출할 수 있는 능력을 제공하는 데 적용하려고 한다.

오늘날
인터넷 권력 구조는
중앙화되어 있다

탈중앙화는 네트워크의 모든 리소스에 대한 제어권을 이용자들끼리 나누는 것이다. 어느 한 개인이나 집단이 독단적으로 결정을 내리지 않는다. 이미 탈중앙화된 금융, 파일 스토리지, 게임, 시장, 조직, 컴퓨팅이 있다. 그렇다면 소셜 미디어라고 탈중앙화되지 말란 법 없지 않을까? 이런 주장이 어떤 사람들에게는 놀라움으로 다가올지 모르겠지만, 인터넷은 탈중앙화된 네트워크로 시작된 이래 줄곧 그 근본에서 벗어난 상태에 머물러왔다. 인프라와 아키텍처에 있어서 인터넷은 여전히 탈중앙화되어 있다. 인터넷의 기본 구성요소인 전송 제어 프로토콜/인터넷 프로토콜TCP/IP과 파일 전송 프로토콜FTP, 단순 메일 전송 프로토콜SMTP을 소유하거나 제어하는 사람은 없다. 그러나 여러 큰 조직들은 웹 자체와 웹의 사용 방식에 대해 일정한 통제력을 행사하고 있다. 예를 들어, 국제 인터넷 주소 관리 기구ICAAN는 도메인 이름 발급, 일반 최상위 도메인TDL, 국가 코드 TLD의 승인 등을 관리하는 비영리단체다. 구글은 어떤 웹사이트가 검색결과 상위에 뜰지 통제한다.

구글은 2020년 11월 데스크톱 검색 시장의 69.80%, 모바일 검색의 93.96%를 점유했다. 같은 맥락에서 2020년 3분기 페이스북의 핵심 제품군인 페이스북과 왓츠앱, 인스타그램, 메신저 중 매달 최소 한 개 이상을 사용하는 사람이 32억 천만 명에 달했다. 2019년 9월, 아마존의 모바일 앱에서 쇼핑을 즐긴 모바일 이용자는 1억 560만 명으로, 두 번째로 인기 있는 전자상거래 쇼핑 앱인 월마트 이용자보다 거의 두 배에 달했다. 오늘날 거의 20억 개의 웹사이트가 있다는 사실을 고려하면 이건 정말 놀라운 통계치다.

인터넷의 유래

1930년대에 앨런 튜링 Alan Turing 이라는 이름의 남자가 디지털 컴퓨팅 기계의 개념을 고안해냈다. 지금으로 따지자면 원시적인 스캐너에 불과했다. 2차 세계대전 동안 튜링과 영국 블레츨리 파크에 있는 정부암호학교 Government Code and Cypher School 에서 활동하던 또 한 명의 암호분석가는 콜로서스 Colossus 라고 불리는 디지털 컴퓨터를 만들었다. 당시 그 컴퓨터는 나치 독일의 무선 통신을 가로채서 그 내용을 해독하는 데 사용되었다. 1945년, 미국은 야포의 거리를 계산하기 위해 전자수리적분계산기 Electronic Numerical Integrator and Computer, 줄여서 에니악 ENAAC 이라고 불리는 최초의 디지털 컴퓨터를 만들었다. 세월이 흐르면서 디지털 컴퓨터 연구는 계속되었고 기계들은 크기와 성능, 그리고 속도 면에서 괄목할만한 성장을 이뤘다. 1952년, IBM은 최초의 대량 생산이 가능한 전자식 컴퓨터를 만들면서 비즈니스 컴퓨터의 시대를 열었다. IBM 701 모델은 빠른 연산을 실행할 수 있는 능력 때문에 미 국방부의 과학자들이 선호하는 컴퓨터가 되었다.

컴퓨터에 대한 의존도가 높아짐에 따라 수천 개의 국가 기관 및 글로벌 기업, 대학 및 정부 기관들이 일상 업무에서부터 국방 및 과학 업무에 이르기까지 다양한 작업을 수행하고 처리하기 위해 컴퓨터를 사용했다. 이러한 주체들 중 다수는 비즈니스 및 정부의 업무를 놓고 긴밀하게 협력했지만, 그들이 쓰던 컴퓨터는 서로 통신할 수 없었다. 서로 다른 지리적 위치에서 때로는 수백, 수천 마일 떨어져 있는 주요 인력들이 보다 효율적으로 작업을 수행할 수 있도록 이들을 네트워크로 연결할 필요성이 대두되었다.

아파넷의 개발

1960년대 중반까지 WAN 광역 통신망 이 표준이었다. 국방고등연구계획국DARPA이라는 이름의 국방부 기관은 자체 WAN을 갖는 것이 군에 큰 이익을 가져다주는 것으로 보고 1962년 고등연구계획국 네트워크, 즉 아파넷ARPANET 프로젝트를 위탁했다.

아파넷은 패킷 스위칭과 TCP/IP 프로토콜 기술을 이용해 국방부와 대학 연구 컴퓨터가 WAN을 통해 군사·국방 목적의 정보를 공유할 수 있도록 했다. 아파넷은 또한 냉전 기간 동안 기술적 우위를 갖는 데 중요한 또 다른 특징을 가지고 있었는데, 바로 탈중앙화였다. 아파넷을 연결하는 작업은 1969년에 이르러서야 완성되었고 국방부의 네트워크 프로그램은 이듬해에 공식적으로 시작되었다. 1975년, 의회는 아파넷을 제어하는 국방통신국 DCA 을 창설했다.

국방 자산을 관리하는 중앙 부서가 따로 있었지만, 네트워크 상의 컴퓨터들은 위아래 계층이 따로 없었다. 모든 컴퓨터들은 네트워크에서 동등하게 간주되었고 네트워크에 대한 접근도 동등했다. 네트워크의 분산화는 잠재적인 통신 공격에 대한 방어 수단이었기 때문에 이점으로 간주되었다. 만약 네트워크의 한 노드가 어떤 종류의 공격에 의해 다운된다 하더라도 다른 노드들이 느슨해진 부분을 잡아

내고 통신이 중단되는 사태가 일어나지 않는다. 이런 조치는 냉전이 한창일 때 이루어졌고, 그래서 중앙화는 매우 현실적인 위협이었다.

아파넷은 정부 소유의 자산이었기 때문에 비영리적 활동에 사용이 제한되어 있었다. 정부기관과 대학 연구팀이 아파넷을 널리 사용한 이유가 바로 그것이다. 그러나 시간이 지남에 따라 연구 및 방위 계약에 관여한 주요 기업들도 아파넷에 참여하게 되었다. 그러면서 몇몇 정부기관들은 자체적으로 WAN을 개발하기에 이르렀다.

1980년대 중반까지 슈퍼컴퓨터가 여러 정부 기관을 장악해왔고, 개인용 컴퓨터 또한 미국 내 많은 가정에 자리 잡았으며, 주정부 및 지방정부, 비영리단체 및 민간기업의 컴퓨터를 네트워크로 묶기 위한 공공과 민간의 파트너십이 체결되었다. 1980년대 후반, 전 세계 주요 국가들이 그들만의 네트워크를 생성했다. TCP/IP 프로토콜과 패킷 스위칭 기술을 통해 독립적인 WAN이 서로 연결되어 있는 네트워크들의 네트워크를 갖고 있있는 곳도 있었다. 이로써 이용자들에게 그들의 네트워크들을 함께 연결하는 것이 서로에게 이익이 될 것이라는 사실이 명백해졌다.

유즈넷의 정의

1979년, 듀크대학교 학생 몇 명이 세계적으로 탈중앙화된 게시판 시스템을 구상했다. 전 세계 컴퓨터의 노드 간 연결을 설정함으로써 누구나 관심 있는 다른 사람과 문자로 대화를 나눌 수 있게 한 것이다. 이 시스템은 이용자 네트워크 user network를 의미하는 유즈넷 Usenet 이었다.

유즈넷 시스템은 몇 가지 면에서 혁명적이었다. 첫째, 그것은 인터넷보다 앞서 개발되었다. 둘째, 그것은 오늘날 고도로 디지털화된 웹에 필수 구성요소인 초고속 인터넷 연결 시스템인 DSL 디지털 가입자 회선 이전 시대에 만들어졌다. DSL 이전 컴퓨터 시스템은 모뎀과 라우터를 이용한 전화 접속 서비스밖에 없었다. 그것이 유즈넷의 원시적 기술에 들어간 전부였다. 셋째, 그래픽 콘텐츠에 의존하지 않는 아스키 ASCII 문자 메시지를 전달하는 데 중점을 두었다. 이 때문에 이메일과 비슷하지만 일 대 다 수신자 구성요소를 갖추고 있었다.

유즈넷이 우리에게 준 또 다른 유산은 인터넷 언어였다. FAQ, 스팸, 플레이밍 Flaming, 다중계정 Sockpuppet, 잠복자 Lurker, 트롤 Troll 등, 현대 인터넷 용어의 대부분이 유즈넷 시대의 유물이다.

유즈넷 그룹은 조정된 뉴스그룹과 조정되지 않은 그룹으로 나뉜다. 뉴스그룹 운영자는 수신되는 모든 메시지를 수신 및 승인한 후 뉴스그룹에 게시할 수 있다. 조정되지 않은 뉴스그룹은 승인하는 주체 없이 구성원의 메시지를 자동으로 게시한다. 유즈넷 뉴스그룹이 인기 있었던 인터넷 이전에는 대부분의 뉴스그룹은 조정되지 않은 그룹이었다. 원시 컴퓨팅과 네트워킹 기술의 한계로 인해 뉴스그룹은 일반적으로 저장용량이 제한되어 있었다. 필연적으로 메시지들은 작게 유지되어야 했고, 그래서 많은 뉴스그룹들은 메시지의 크기를 제한했다.

유즈넷과 아파넷이 결합하는 데 그리 오랜 시간이 걸리지 않아 두 시스템 이용자가 나란히 상호 교류할 수 있었다. 그러나 저작권 침해와 범죄 행위 조장 문제에 더해 온라인 게시판과 인터넷 포럼의 발전으로 인해 유즈넷은 도태되었다.

커뮤니케이션 프로토콜

인간과 마찬가지로 컴퓨터가 서로 의사소통을 하기 위해서는 같은 언어를 이해할 필요가 있다. 컴퓨터 언어를 '프로토콜'이라고 한다. 현대의 인터넷은 세 가지 주요 네트워킹 프로토콜로 실행된다. TCP/IP와 FTP 그리고 SMTP가 그것이다.

TCP/IP는 1970년대 빈트 세르프 Vint Cerf 와 밥 칸 Bob Kahn 에 의해 만들어졌다. 처음에 그들은 아파넷의 프랑스 버전인 (시클라디스 CYCLADES 의 패킷 교환 네트워크를 기반으로 한)TCP 전송 제어 프로그램을 만들었다. TCP/IP의 IP 부분은 별도로 개발되었으나, 두 사람은 1975년 이들을 결합하여 세계의 거의 모든 컴퓨터를 아파넷에 연결할 수 있게 했다. 또한 오늘날 라우터가 한 컴퓨터에서 다른 컴퓨터로 정보를 전달하기 위해 사용하는 파일 공유 프로세스인 패킷 스위칭 packet switching 기술과 TCP/IP 기술을 함께 결합하였다. 그들은 인터넷의 근본 토대를 만들었다.

FTP는 1971년 매사추세츠공과대학교의 한 연구원에 의해 개발되었다. FTP는 컴퓨터 네트워크의 클라이언트와 서버 간에 데이터 파일을 보내는 데 사용되는 파일 전송 형식이다. 웹사이트 개발자와 디자이너가 웹사이트를 만들어 월드와이드 웹에 게시할 때 사용하는 형식이기도 하다. 인터넷 기술에서 클라이언트는 서버상의 정보에 액세스하는 개별 컴퓨터다. 이 서버는 클라이언트가 인터넷에 액세스하는 동안 사용할 수 있는 기능을 제공하는 컴퓨터 또는 프로그램이다.

TCP/IP 이전에는 네트워크 제어 프로그램 NCP 이라고 불리는 또 다른 네트워킹 프로토콜이 있었는데, 이는 아파넷을 용이하게 하였다. 처음에 FTP는 NCP에서 실행되었다. 1980년에 이 기능이 변경되면서 FTP가 TCP/IP에서 실행되기 시작했다. 이것은 네트워크 사용자들이 웹사이트를 만들고 게시하기 위해 미래의 월드와이드웹에 필요한 개발이었다.

이메일을 사용해본 적이 있다면 한번쯤 SMTP에 대해 들어본 적있을 것이다. SMTP는 1982년에 처음 개발되었다. SMTP 이전에 아파넷을 통해 전자메일을 보내는 것이 다소 투박했기 때문에 이 기술이 필요했다. (오늘날 사용되는 다른 전자메일 네트워크 프로토콜도 있지만)송신자와 수신자가 동시에 월드와이드웹에 연결되어 있을 때 SMTP가 전자메일을 보내고 받는 데 가장 효율적이다.

1985년까지 오늘날 우리가 사용하는 DNS 도메인 네임 시스템 와 URL 유니폼 리소스 로케이터 시스템이 만들어졌다. DNS는 인터넷에 연결된 컴퓨터의 전화번호부와 같다. 사람이 만든 컴퓨터 호스트 이름을 IP 주소로 변환해 네트워크 상에서 컴퓨터가 서로를 보다 효율적으로 식별할 수 있도록 해준다. 안타깝게도 DNS 이름은 외우기 어렵기 때문에, URL 시스템은 IP 주소를 브라우저 내 웹사이트 주소로 변환하여 사람들이 인터넷을 더 쉽게 사용할 수 있도록 한다. 이 두 가지 발전으로 인터넷은 우리가 현재 월드와이드웹이라고 알고 있는 상업적인 거대 기업으로 전환하기 위한 준비를 갖추게 되었다.

월드와이드웹의 개발

반드시 이런 근본적인 인터넷 기술들을 이해해야만 월드와이드웹www이나 블록체인 기술을 이용할 수 있는 건 아니다. 그러나 이러한 기술들이 어떻게 개발되었는지를 이해하면 이용자는 전반적인 컴퓨터의 발달, 특히 컴퓨터 네트워킹의 진화에 대해 더 잘 이해할 수 있게 된다. 만약 당신이 인터넷을 이용한다면, 당신은 거대한 전 세계 컴퓨터 네트워크에 연결된 셈이다. 블록체인은 이러한 네트워크에서 확장된 것에 불과하다.

탈중앙화와 그 중요성에 대한 큰 그림을 이해하기에 앞서 먼저 월드와이드웹의 개발과 웹이 어떻게 탈중앙화에서 중앙화로 전환되었는지를 한 번 파보도록 하자.

월드와이드웹을 개발한 책임자는 팀 버너스 리Tim Berners-Lee라는 영국의 컴퓨터 과학자다. 그는 하이퍼텍스트 전송 프로토콜HTTP 이라는 것을 개발했는데, 이는 월드와이드웹 리소스들이 웹상에서 정보를 주고받기 위해 사용하는 통신 프로토콜의 일종이었다. 이 정보에는 이메일과 웹사이트 콘텐츠, 웹사이트 간 링크, 시청각 콘텐츠, 쿠키 등이 포함되어 있다.

버너스 리는 스위스 제네바에 있는 유럽핵연구위원회CERN 의 연구원으로 경영진을 설득해 메시Mesh라는 하이퍼링크된 정보관리 리소스를 개발할 수 있도록 하는 프로토콜을 공개적으로 발표했다. 그것은 1989년 3월의 일이었다. 그는 1990년에 '월드와이드웹'이라고 불리는 최초의 웹 브라우저를 만들었다. 그는 1991년 8월 첫 번째 웹사이트를 발표하기 위해 HTML 편집기였던 자신의 브라우저를 이용했다. 처음부터 버너스 리가 CERN의 사내 이용을 위해 월드와이드웹을 개발하고 이를 탈중앙화하는 게 그의 의도였다는 사실이 분명했다. 그는 "CERN 환경에서 실용적인 시스템이 되기 위해서는 여러 가지 명확한 실용적 요구사항들이 있다."라고 썼다. 그가 밝힌 요구사항들은 다음과 같은 것들이 있었다.

- 네트워크 전반에 걸친 원격 액세스

- 이종 간 접속(다른 유형의 시스템에서의 액세스)

- 비(非)중앙화 : 그의 말을 빌리자면, "정보 시스템은 작은 규모로 시작하여 성장한다. 그들은 또한 고립된 채 시작했다가 이윽고 합쳐진다. 새로운 시스템은 중앙 통제나 조정 없이 기존 시스템을 서로 주거나 받거나 연결할 수 있어야 한다."

- 기존 데이터에 대한 액세스
- 공개 정보에 개인 링크를 추가하고 링크에 사적으로 메모를 달 수 있는 기능
- 추후 그래픽 첨가
- 데이터 분석
- 라이브 링크

만에 하나 마음에 아직 일말의 회의적인 시각이 남아있을 경우를 대비해서 버너스 리는 2015년 월드와이드웹이라는 아이디어를 어떻게 구상했는지 설명하는 짧은 글을 하나 썼다. 거기서 그는 월드와이드웹을 처음에 인콰이어 Enquire 라고 불렀는데, 이를 만들기 위해 거쳤던 과정을 기술했다. 그는 그 글에서 '탈중앙화 decentralized'라는 단어를 두 번 사용했다. 첫 번째 사례는 1페이지에서 찾을 수 있다.

"인콰이어 코드의 첫 번째 비트가 나를 훨씬 큰 어떤 것으로 이끌었던 것은 아이디어와 기술, 그리고 사회의 탈중앙화되고 유기적인 성장을 아우르는 하나의 비전이었다."

그가 '탈중앙화'라는 단어를 두 번째로 쓴 것은 16페이지에 이르러서였다.

"이 시스템은 또 다른 하나의 기본 속성을 가져야 했다. 즉 그것은 완전히 탈중앙화되어야만 했다. 그것이야말로 어디서든 새로운 사람이 다른 누구에게든 접근권한을 요청하지 않고도 시스템을 이용할 수 있는 유일한 방법일 것이다. 그리고

그것이 시스템이 확장될 수 있는 유일한 방법일 것이고, 그래서 더 많은 사람들이 그것을 이용할 때, 그것은 침체의 늪에 빠지지 않을 것이다. 이것은 훌륭한 인터넷 스타일의 엔지니어링이었지만, 대부분의 시스템은 여전히 모든 것이 연결되어야 하는 일부 중앙 노드에 의존했고, 결국 그 용량은 전체 시스템의 성장을 제한했다. 나는 새 링크를 추가하는 작업이 사소한 일이기를 원했다. 만약 그렇다면 링크의 웹이 전 세계에 고르게 퍼질 수 있을 것이다."

버너스 리는 계속해서 다음과 같이 썼다.

"내가 중앙 링크 데이터베이스를 도입하지 않는 한 모든 것이 끊어짐 없이 매끄럽게 확장될 것이다. … 하이퍼텍스트가 무엇이든 절대적으로 가리킬 수 있다면 가장 강력할 것이다. 모든 노드와 모든 문서는 … 근본적으로 동등할 것이다. … 각각은 하나의 주소를 갖게 될 것이다. … 그들은 모두 같은 공간, 즉 정보 공간에 함께 존재하게 될 것이다."

버너스 리의 비전과 나카모토의 비전은 둘 다 탈중앙화의 질을 그들의 창작물의 근간으로 아우른다는 점에서 유사했다는 건 사실이다. 하지만 오늘날 월드와이드웹을 보면 과연 탈중앙화되어 있을까? 많은 면에서 그렇지 않다. 왜 그런지 한번 살펴보자.

그림 2.1 인터넷의 기본 아키텍처는 탈중앙화되어 있어 전 세계 어디에 있든지 웹브라우저가 전 세계에 있는 서버에 저장된 정보뿐만 아니라 다양한 서버를 통해 인터넷에 접속하는 것을 가능하게 해준다.
(출처: 팀 버너스 리의 원래 프로토콜에 들어있던 다이어그램을 기초로 재작성함)

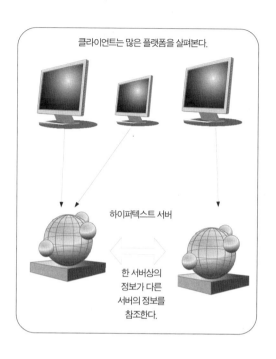

클라이언트는 많은 플랫폼을 살펴본다.

하이퍼텍스트 서버

한 서버상의
정보가 다른
서버의 정보를
참조한다.

말도 많고
탈도 많던
1990년대

월드와이드웹이 제 궤도에 올라서는 데까지는 오랜 시간이 걸리지 않았다. 버너스 리는 1991년 8월에 첫 번째 웹사이트를 선보였다. 출시 1년 뒤 10개에 그쳤던 웹사이트는 1993년 중반에 무려 130개로 늘어났다. 넷크래프트와 인터넷라이브스탯이 집계한 자료에 따르면, 월드와이드웹 역사상 가장 큰 성장세를 보인 해는 1993년 6월부터 1994년 6월까지로 당시 2,738개의 웹사이트가 존재했다. 같은 해, 월드와이드웹의 이용자 수는 1,400만 명에서 2,500만 명 이상으로 급증했다.

웹이 확장되기 위해서는 브라우저가 필요하다. 1991년과 1993년 사이에 몇몇 브라우저들이 초창기 우위를 점하기 위해 경쟁했다. 대부분은 유닉스UNIX 운영체계에 기반을 두었다. 이는 대부분의 PC가 윈도우라는 운영체계상에서 작동했기 때문에 일상적인 유저들에게는 그다지 실용적이지 못했다. 초기 브라우저가 안고 있던 또 다른 단점은 그래픽으로 되어있지 않다는 점이었다. 그 점은 초기 윈도우 기반 PC로 집에서 인터넷에 접속하는 사람들을 번거롭게 만들었다. 1993년 9월, 모자이크Mosaic라고 불리는 브라우저는 연구 과학자와 경영자, 대학교수 이외의 일반 사람들이 일상에서 사용할 수 있는 자체 월드와이드웹을 만들었다. 그것은 인터넷의 성장을 부채질했다.

1994년 10월, 넷스케이프는 '네비게이터 Navigator'라는 브라우저를 출시해 매우 인기를 얻었다. 같은 해 야후!는 '제리와 드이비드의 가이드 투 더 월드와이드 웹 Jerry and David's Guide to the World Wide Web'이라는 이름으로 출범했다. 그것은 웹사이트를 목록화하는 것이 목적이었다. 야후!는 세계 최초의 웹사이트 디렉터리였다. 창립자 제리 양 Jerry Yang 과 데이비드 필로 David Filo 의 이름을 딴 이 회사는 중앙화 온라인 데이터베이스를 만들기 위한 최초의 시도 중 하나였다.

첫 번째 웹사이트 디렉터리 이전까지는 웹사이트를 색인화하는 용도로 검색엔진을 만들려는 시도가 대략 두 번 있었다. 첫 번째는 '점프스테이션 JumpStation'이라는 웹사이트로 최초의 웹크롤러, 즉 로봇을 사용하여 인터넷을 크롤링하고 웹페이지를 색인화했다. 그러나 자금 문제로 1년도 채 지나지 않아 폐쇄되고 말았다. 다른 프로젝트는 이보다 성공적이었고 보다 탈중앙화된 형태를 띠었다.

1995년, 마이크로소프트는 자사의 브라우저인 '인터넷 익스플로러'를 개발했는데, 이는 넷스케이프 내비게이터의 면전에 도전장을 던지며 1990년대 후반 그 유명한 브라우저 전쟁에 불을 지폈다.

당시 넷스케이프의 내비게이터는 브라우저 시장의 72%를 점유하고 있었다. 마이크로소프트는 벌써 인터넷 익스플로러의 네 번째 버전을 깔고 있었다. 넷스케이프가 윈도우95용 브라우저를 출시하기 원했을 때, 마이크로소프트는 이를 저지하려고 발버둥 쳤고 미국 법무부는 소송을 제기했다. 결국 브라우저 전쟁의 1라운드에서 마이크로소프트가 승리를 거두었지만, 이는 당시 세계 최대 기업과 경쟁해야 하는 긴 싸움의 서막에 불과했다.

넷스케이프와 마이크로소프트가 우위를 점하자, 1995년에는 알타비스타 AltaVista 라는 작은 회사가 웹크롤러를 사용하여 자사 브라우저를 출범시켰고 빠르게 세계에서 가장 인기 있는 검색엔진이 되었다. 점프스테이션이 실패한 지점에서 알타비스타는 따로 유저가 제출한 데이터 없이도 웹사이트를 색인화하는 소프트웨어 프로그램을 사용하는 데 성공했다. 야후는 2003년에 그 회사를 인수했지만, 경쟁에서 밀리며 2013년 결국 문을 닫았다. 그 시점 구글은 세계 최고의 검색엔진이 되었다.

구글은 1998년에 출범했다. 그 무렵 소수의 검색엔진들이 알타비스타를 왕좌에서 끌어내리기 위해 피 튀기게 경쟁하고 있었다. 그들 대부분은 유즈넷 시절부터 내려온 유산인 키워드 색인화에 기반한 원시적인 검색 모델에 의존하고 있었다. 그러나 래리 페이지 Larry Page 와 세르게이 브린 Sergey Brin 은 여타 웹페이지들에서 나온 백링크의 숫자와 품질을 기반으로 그들만의 검색 알고리즘을 만들었다. 이 검색엔진은 6천만 개의 웹페이지를 색인화했고, 그것들 중 최선의 검색 결과를 제공하기 위해 최소한 한 명의 인터넷 저널리스트가 고용되었다. 구글은 시기를 잘 맞췄다. 페이팔이 1년 뒤 출시되면서 수백만의 열렬한 인터넷 유저들에게 온라인으로 돈을 전송하고, 결제를 하고, 온라인 사업을 더 효율적으로 운영할 수 있는 방법을 제공했다.

마이크로소프트와 넷스케이프가 브라우저 시장에서 우위를 차지하기 위해 경쟁할 때 투자자들은 웹 기반 비즈니스에 열광적으로 돈을 뿌려댔다. 금리는 낮고, 경제는 호황이며, 닷컴 회사들은 진영을 가리지 않고 돈을 펑펑 쓰고 있었다. 그들 중 많은 이들이 순손실을 기록하고 있었지만, 아이디어만큼 미래가 밝을 거라는 희망을 품고 있었다. 실제로 아마존은 창업자 제프 베조스가 이 기간을 8년 정도 잡았음에도 불구하고, 단 6년 만에 이익을 실현해냈다. 그러다 2000년에 거품이 싹 꺼졌다.

순위	회사	산업	시총
1	마이크로소프트 Microsoft	IT Tech	1조 500억 달러
2	아마존 Amazon	IT Tech	9,430억 달러
3	애플 Apple	IT Tech	9,200억 달러
4	알파벳 Alphabet	IT Tech	7,780억 달러
5	페이스북 Facebook	IT Tech	5,460억 달러
6	버크셔해서웨이 Berkshire Hathaway	다양 Diversified	5,070억 달러
7	알리바바 Alibaba	IT Tech	4,350억 달러
8	텐센트 Tencent	IT Tech	4,310억 달러
9	비자 Visa	금융 Financial	3,790억 달러
10	존슨앤존슨 Johnson & Johnson	소비재 Consumer Goods	3,760억 달러

그림2.2 1999년, 마이크로소프트는 5,830억 달러 이상의 시가총액을 가진 세계에서 가장 큰 회사였다. 위 도표에 나온 것처럼, 2019년에는 시총이 1조를 넘어섰다. (출처: VisualCapitalist.com에서 나온 자료를 바탕으로 수정함)

추락의 원인이 된 것은 벤처캐피털들이 자신들이 이해하지도 못하는 기술에 도박을 하면서 불합리한 돈 잔치가 벌어졌기 때문이다. 이러한 낙관주의는 월드와이드웹이 인쇄기 이래 가장 위대한 발명품이라는 열정에서 비롯되었다. 아이디어가 훌륭할수록 사업은 건전한 모델과 탄탄한 재정 전략이 필요하다. 그러나 많은 인터넷 기업들은 그러지 못했다.

월드와이드웹은 1999년 말까지 3백만 개 이상의 웹사이트로 성장했다. 거의 3억 명의 이용자가 로그온했다. 1년 뒤, 1,700만 개 이상의 웹사이트와 4억 명 이상의 월드와이드웹 이용자가 생겨났다. 여전히 거품이 꺼지고 수천 개의 인터넷 사업체들이 고꾸라졌다. 이들 틈바구니 속에서 살아남은 생존자들 중에는 이베이와 구글, 페이팔, 야후! 그리고 (당시까지 수익을 내지 못했던)아마존이 있었다. 이들은 오늘날 지구상에서 가장 큰 회사들 중 하나로 부상했다. 각 기업이 성공하는 데 기여한 건 그들의 상품을 갈망하는 시장에 자신들을 효율적이고 효과적으로 포지셔닝할 수 있도록 만든 비전과 비즈니스에 대한 중앙화 접근 방식이었다.

향후 20년 동안 새로운 중앙화 인터넷 거물들이 생겨날 것이며, 그 중 일부는 소셜 미디어 회사들일 것이다. 유튜브는 두 번째로 큰 검색엔진이자 세계 최대 동영상 공유 사이트지만, 결국 구글이 소유하게 되었다. 페이스북은 최대 소셜 미디어 기업이지만, 수익이 커지면서 논란의 구렁텅이에서 쉴 새 없이 헤매는 듯하다. 우리가 이 지점에서 과연 어디로 가게 될지 궁금하지 않을 수가 없다.

웹이 탈중앙화되지 않는 이유

오늘날 지구상에서 가장 큰 회사들은 정부들의 파트너 또는 경쟁자로 자리매김하고 있다. 2020년 말과 2021년 초에는 도널드 트럼프 당시 미국 대통령의 플랫폼 '검열'에 항의하기 위해 사람들이 페이스북과 트위터를 무더기로 떠났다. 대부분은 트럼프 지지자들이었지만 그의 정치와 정책, 성격 등이 마음에 들지 않는 사람들조차 검열에 반대했다. 인터넷에 대체 어떤 일이 일어난 걸까? 왜 인터넷이 탈중앙화된 소통의 도구로서 본래의 위치에서 소수의 손에 중앙집중화된 현재의 권력으로 전락했을까? 우리가 이 상황을 어떻게 고칠 수 있을까?

팀 버너스 리가 지적했듯이, 여러 시스템들이 지향하는 자연스러운 경향은 합병이다. 토마스 제퍼슨도 비슷한 말을 했다. 독립선언서를 쓴 그는 한때 "사물의 자연스러운 진보는 자유가 양보하고 정부가 입지를 다지는 것"이라고 말했다. 만약 그가 오늘 다시 살아난다면, 미국의 제3대 대통령이었던 그는 자유에 가장 큰 위협이 민간 시민들로부터 오고 있다는 사실에 간담이 서늘해 하지 않을까?

1980년대 초부터 인터넷 이용자들은 망중립성 net neutrality, 모든 네트워크 사업자와 정부가 인터넷상의 모든 데이터를 동등하게 취급하고, 사용자와 내용, 플랫폼, 장비, 전송 방식에 따른 어떠한 차별도 하지 않아야 한다는 것이라고 불리는 개념을 놓고 논쟁을 벌여왔다. 일찍이 1994년 브로드밴드가 막 깔리던 초창기에 앨 고어 상원의원은 월드와이드웹에 들어온 모든 사람에게 공정한 대우와 동등한 기회를 보장하는 정책에 대한 우려를 표명했다. 당시 그가 무슨 말을 하는지 이해하는 사람은 거의 없었다. 고어는 자신의 정치 경력 내내 딱딱하고 고압적인 것으로 명성을 떨쳐왔다. 사실 그는 그다지 영감을 주는 사람은 아니지만, 인터넷 운영에 대한 그의 통찰력은 대부분 과소평가되고 오해되어 왔다. 그는 1990년대 초반에 이미 대부분의 사람들보다 훨씬 앞섰고, 인터넷 서비스 공급자 ISP가 어떻게 특정한 계층의 사람들, 혹은 특정한 종류의 콘텐츠가 공정하게 대우받기 어렵게 할 수 있는지 예견했다. 그가 내놓을 수 있는 특별한 해결책은 없었지만, 그는 적어도 문제를 꿰뚫어 보았다.

2004년, 연방통신위원회 FCC는 인터넷의 자유를 유지하기 위한 일련의 지침을 수립했다. 그 원칙들이 일련의 검증을 받기까지 그리 오랜 시간이 걸리지 않았다. 2007년 AP통신은 실험을 실시하여 컴캐스트가 일부 비트토렌트 트래픽을 차단하고 있음을 확인하였다.

우리가 알다시피, 비트토렌트는 P2P 파일 공유 서비스다. AP통신이 실시한 실험에는 비트토렌트 소프트웨어를 사용하여 흠정역 KJV 성경을 다운로드 받는 작업도 포함되었다. 왜냐하면 흠정역 성경이 '저작권이 없는 작품'이기 때문이다. 이 실험은 2009년 컴캐스트가 어떠한 잘못을 인정하지 않은 채 집단소송 당사자들에게 1,600만 달러를 지급하면서 합의로 이어졌다. FCC는 이미 2008년 8월에 컴캐스트가 일부 고객의 대역폭을 불법적으로 제한했다고 판결한 바 있다.

FCC는 2013년 연방법원이 ISP가 1934년 만들어진 통신법에 따라 공동 통신사로 분류되지 않았기 때문에 망중립성 규칙을 시행할 권한이 없다고 판결했을 때 자가당착에 직면했다.

이러한 차질은 FCC를 처음 단계부터 다시 시작하게 만들었다. FCC가 법원의 명령을 위반하지 않고 망중립성을 강제할 수 있도록 새로운 규칙에 대한 제안이 발표되었다. 본질적으로 이 새로운 규칙들은 '인터넷 패스트 레인'에 대한 계획을 포함하였는데, 이 계획에서는 일부 콘텐츠 대부분 대기업의 콘텐츠가 다른 모든 콘텐츠들이 슬로우 레인을 사용하는 동안 우대받을 수 있었다. 이 조처에 빅테크 기업들은 격노했다. 구글과 마이크로소프트, 이베이, 페이스북을 포함한 100개 이상의 인터넷 회사들이 FCC 위원장에게 이 규정에 반대하는 서한을 보냈다.

빅테크가 '인터넷에 대한 중대한 위협'으로 간주한 것에 대한 우려에도 불구하고, FCC는 3대 2의 투표로 새로운 규칙을 통과시켰다. 인터넷 회사들은 2014년 9월 10일 새로운 규칙 하에서 인터넷이 어떻게 구동될지 보여주기 위해 의도적으로 서비스를 늦추었다. 참여한 웹사이트들은 트위터와 레딧, 넷플릭스, 비메오, 킥스타터, 텀블러, 그 밖의 많은 회사들이 포함되었다. 한 달 후 버락 오바마 당시 대통령은 망중립성을 유지하기 위해 광대역통신을 통신 서비스로 분류할 것을 FCC에 요청했다. 도널드 트럼프 미국 대통령은 트위터에 글을 남겼다. "오바마의 인터넷 공격은 또 다른 톱다운 방식의 권력 장악이다. 망중립성은 공정성 원칙이다. 보나

마나 보수 언론을 겨냥할 것이다."

2015년 첫 3개월 동안 의회에서 공화당과 민주당은 망중립성을 놓고 논쟁을 벌였고 3월에 그에 대한 최종 규칙이 발표되었다. 예상대로 몇몇 ISP들이 그 문제를 법정까지 끌고 갔다. 3명의 배심원단은 ISP가 공익사업이라는 생각을 유지하면서 FCC의 손을 들어주었다.

도널드 트럼프 당시 대통령은 취임 직후인 2017년 그간 망중립성을 목소리 높여 반대해 온 아지트 파이 Ajit Pai 를 FCC 위원장으로 임명했다. 파이는 자리에 앉자마자 망중립성 폐지에 나섰고, 2018년 6월 11일 폐지가 최종 확정되었다. 하지만 문제가 완전히 종결된 건 아니었다. 몇몇 주들은 트럼프 대통령의 비판을 첨부하여 망중립성을 위한 그들만의 규칙을 만들었다. 망중립성에 대한 싸움은 대체로 당파적인 논쟁이었다. 민주당은 망중립을 선호한다. 공화당은 대기업들이 원하는 대로 할 수 있는 자유를 원하고 있는데, 이는 종종 중소기업과 소비자들을 거칠게 다루는 것을 의미한다. 양쪽 모두 좋은 논점을 가지고 있고 어느 쪽도 상대방을 신뢰하지 않는다. 그러나 정부든, 기업이든, 아니면 다른 조직과 공공자산을 놓고 경쟁하는 단일 중앙집중식 대형기관이 있다면, 가장 큰 패배자는 항상 자신을 위해 싸울 수 없는 사람들일 것이다. 이 경우에는 평범한 인터넷 이용자들을 의미한다.

'돈이 말을 한다 money talks'라는 옛 속담도 그와 관련된 것이다. 양측 모두 거액의 이익으로 자금을 조달한다. 결국 자신을 위해 싸울 돈이 없는 자들만 돈을 끌어들일 수 있는 자들의 식탁에서 떨어지는 부스러기를 떠안게 된다.

중앙화가
우리를
실패시켰는가?

중앙집중화는 분명 좋은 점이 있다. 상품 운송이 필요한 상황에서 국가 주도 하에 생겨나는 도로와 다리, 범죄 혹은 재해 발생 시 빠르고 효율적으로 사건사고를 처리하는 것들이 그러하다. 그러나 중앙집중화는 남용될 수도 있다.

미국 독립선언서는 북아메리카의 식민지 주민들에 대한 영국 국왕의 학대에 대응하여 작성되었다. 1953년, 미 육군은 실험 사실을 알리지 않고 자원하지 않은 사람들을 대상으로 생화학무기 실험을 실시했다. 2004년 아부 그라이브 Abu Ghraib 교도소 학대 사건에는 미군과 민간 계약자들이 연루되어 수용소에서 적군 포로들에게 모욕을 주었다. 이것들은 단지 몇 가지 사례에 지나지 않는다.

학대가 항상 정부의 손아귀에서 나오는 건 아니다. 알려진 바와 같이, 기업과 개인 모두 때로 공격적이거나 태만할 수 있다. 1989년 3월, 유조선 엑손 발데즈는 천만 갤런 이상의 원유를 프린스 윌리엄 사운드 Prince William Sound 에 흘려 해양생물에 막대한 피해를 입혔다. 마이클 밀켄 Michael Milken 은 1980년대 정크본드 신용등급이 낮은 기업이 발행하는 고위험 부실 채권 를 팔고 미국 증권법을 위반한 것으로 악명 높은 금융가다. 2021년 초, 주식 투자 앱 로빈후드 Robinhood 는 레딧 이용자 그룹이 공모하여 가격을 끌어올리기 위해 주식을 사들이자 게임스톱 주식에 대한 거래를 중단했다. 이는 일부 이용자들, 특히 로빈후드에서 돈을 빼서 로빈후드 광고를 보여주길 중단한 인기 유튜버 필립 드프랑코 Philip DeFranco 를 격분시켰다. 비트코인의 오랜 후원자였던 드프랑코는 이제 유튜브와 경쟁하는 암호화폐의 후원자가 됐다.

다양한 계층의 자유주의자들과 사이퍼펑크, 급진주의자들, 블록체인 옹호자들은 종종 중앙집중화가 악하거나 신뢰할 수 없다는 증거로 이러한 학대와 남용들을 지적한다. 문제는 탈중앙화가 이 문제들 중 어느 하나라도 해결할 수 있느냐다. 완고한 블록체인 옹호자들은 이 기술이 문제를 해결하고 인간들 사이의 신뢰를 불필요하고 쓸모없게 만들 것이라고 주장하며 블록체인 기술을 맹신한다. 그러나 문제는 모든 기술은 인간의 마음에서 나온다는 것인데, 이는 곧 신뢰할 수 없고, 불완전하며, 실수투성이인 인간의 족적을 지니고 있다는 걸 의미한다. 건전한 회의론이 궁지에서 벗어날 수 있다.

그럼에도 탈중앙화를 위해서는 할 말이 남아 있다. 중앙집중화된 헤지펀드 억만장자들이 게임스톱 주식을 150% 공매도했을 때, 다시 주가를 상승시켰던 건 반격에 힘을 합친 소규모 투자자들의 탈중앙화된 그룹이었다. 로빈후드 사건이 이토록 짜증나는 이유는 중앙집중화가 그 무수한 개미들을 때려눕힌 또 다른 사례기 때문이다. 암호화폐 마니아들이 기꺼이 코드에 통제권을 넘기는 이유가 바로 여기에 있다.

기술의 '신뢰성'은 네트워크 상의 모든 사람들이 그들이 누구고, 그들이 얼마나 많은 부를 가졌는지, 또는 그들의 이름이 무엇인지에 상관없이 똑같이 대우 받는다는 것을 의미한다. 그것이 과연 달성될 수 있는지 없는지가 문제지만 말이다.

블록체인이
중앙화 문제를
어떻게 해결할까?

트위터의 공동설립자이자 전 CEO인 잭 도시 Jack Dorsey 는 자신이 현직 대통령의 계정을 정지시켰음에도 불구하고, 플랫폼에서 사람들을 추방할 수 있는 힘을 갖고 있지 말았어야 했다고 믿고 있다. 그는 그러한 금지조치가 "자유롭고 개방적인 글로벌 인터넷을 갉아먹을 수 있다."고 말했다. 도시는 또한 결제회사인 스퀘어의 CEO이자 설립자이며 동시에 비트코인 투자자다. 탈중앙화가 분명히 그의 생각 속에 있다는 의미다.

2019년, 트위터는 블루스카이 Bluesky 라고 불리는 탈중앙형 소셜 네트워크에 대한 연구에 자금을 지원한다고 발표했다. 이 발표가 매우 흥미로운 이유는 가장 큰 중앙집중형 소셜 네트워크 중 하나인 트위터가 탈중앙화를 실험하고 있다는 점이다. 그것은 트위터에 대해 많은 것을 말해줄 뿐만 아니라, 인터넷의 현재 상태에 대해서도 많은 것을 말해준다. 그것은 벽이 쳐진 정원의 콜라주가 되었다.

웹을 탈중앙화시키는 것에 대한 논의는 프로토콜과 플랫폼 간의 차이와 직접적 관련이 있다. TCP/IP는 프로토콜이다. 그건 아무도 소유하지 못한다. 아무도 통제할 수 없다. 반면에 페이스북과 트위터는 플랫폼이고 우리는 누가 그것들을 통제하고 있는지 너무나 잘 알고 있다.

블록체인은 프로토콜도 가지고 있다. 대표적인 블록체인 프로토콜로는 비트코인과 이더리움, 리플, 이오스, 라이트코인, 폴카닷 등이 있다.

블록체인은 데이터를 저장하는 안전한 방법이다. 프로토콜은 데이터의 통신 방식을 결정하는 규칙 또는 지침의 집합이다. 만약 아무도 그것을 소유하지 않고 아무도 그것을 통제하지 않는다면, 아무도 누군가 그 위에 무엇을 짓는 걸 막을 수 없다. 일단 애플리케이션이 구축되면 누구도 무너뜨릴 수 없다. 이것은 언스토퍼블 도메인 Unstoppable Domains 의 콘셉트기도 하다. 이는 모든 암호화폐 지갑을 주인의 이름이 적힌 하나의 주소로 동기화할 수 있는 블록체인 도메인을 판매하는 기업이다. 각 도메인 이름은 개인키에 해당한다. 개인키가 안전하다면, 개인키를 제어하는 사람은 누구든지 도메인 이름을 제어하며, 그 누구도 도메인 이름을 등록 취소하거나, 삭제, 제거, 금지, 압수 및 은닉할 수 없다.

물론 브라우저는 사람들이 웹사이트나 도메인 이름을 보는 것을 언제나 막을 수 있지만, 최종 사용자는 어떤 브라우저를 사용할지 선택할 수 있기 때문에 탈중앙형 인터넷에 준비가 되어 있는 사람이면 누구에게나 아무런 문제가 되지 않을 것이다.

플랫폼을 통제하는 사람이 콘텐츠를 통제하는 것이다. 페이스북은 알고리즘과 인간 편집자를 동원해 도메인 내의 모든 것을 통제한다. 트위터 역시 도메인 내의 모든 콘텐츠를 통제한다. 구글은 어떤 웹사이트가 검색 쿼리의 상위권에 오르고 어떤 광고가 표시되는지 통제한다. 아마존은 본질적으로 온라인 소매업을 통제한다.

레거시 소셜 미디어는 항상 광고주들에게 신세를 질 것이다. 광고주의 이익에 위협이 되는 것으로 간주되는 모든 것은 편집이나 차단, 삭제 및 퇴출의 대상이 된다. 사람들은 그들이 플랫폼에 가입할 때 동의하지 않았던 정책들에 반대하는 것만으로도 그들의 수입 수단을 잃을 수 있다.

블록체인 기술은 경쟁과 협력 프로토콜의 구현을 통해 인터넷을 다시 탈중앙화의 본성으로 되돌림으로써 이러한 현실을 뒤집어 놓겠다고 위협하고 있다. 그리고 소셜 미디어도 그러한 위협의 일부가 될 수 있다.

——————— SUMMARY ———————

현대 인터넷의 기술 인프라가 여전히 탈중앙화되어 있는 것에 무색하게 인터넷의 권력은 몇몇 대기업과 이들을 통제하는 사람들의 손에 집중되어 있다. 본래 초기 인터넷은 권력 구조뿐만 아니라 인프라에서 탈중앙화되어 있었다. 그런 기술적 축복의 상태로 돌아가기 위해서는 인터넷의 핵심 기술의 개선이 절실한 상황이다. 그것이 바로 블록체인 혁명이 할 수 있는 부분이다.

소셜 미디어 플랫폼이 어떤 이유로든 이용자들의 금전적인 이용을 불가하게 하고 플랫폼에서 떠나게 할 수 있다면, 탈중앙화에서 얻을 수 있는 이점을 반드시 되찾아야 한다. 최근 일련의 사건들은 그것이 사실이라는 것을 증명했다.

레거시 소셜 미디어의 주요 권위적 인물들은 자신들이 너무 많은 권력을 갖고 있다는 사실에 동의한다. 심지어 문어발식으로 과도하게 영역을 확장하고 자체 이용자를 착취하면서도 플랫폼이 탈중앙화 프로토콜에 대한 전환과 자체적으로 암호화폐를 출시할 계획을 직접 세우고 있다.

탈중앙화는 모든 사람에게 동일한 혜택을 약속한다. 다시 한 번 말하지만, 탈중앙화가 모든 활용 사례에 들어맞지 않을 수 있지만, 자유로운 미래를 생각하는 사람이라면 적어도 일부 활용 사례에서는 탈중앙화를 수용해야 한다.

PART 03

소셜 미디어의
간략한 역사

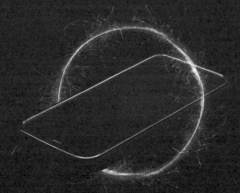

인터넷은 탈중앙화의 초기 단계에 이어 소수의 빅테크 슈퍼스타들의 손아귀로 권력을 모으는 과정을 포함하는 긴 역사를 가지고 있다. 이름만 대면 알만한 슈퍼스타들 중 일부는 페이스북과 트위터와 같은 소셜 미디어계 공룡 기업들이다.

아파넷의 초창기부터 월드와이드웹의 생성에 이르기까지, 탈중앙화는 대부분의 문명세계를 움직이는 기술 인프라에 내재되어 있었다. 인터넷의 권력구조가 갖는 중앙화에 소셜 미디어가 어떤 역할을 해왔는지 이해하기 위해서 소셜 미디어 자체의 역사를 살펴보도록 하자.

소셜 미디어의
정의

소셜 미디어에 대한 정의는 사용자 수만큼 많지만, 이번 논의를 위해 나는 소셜 미디어를 '하나의 웹사이트'로 정의할 것이다. 그 안에서 플랫폼의 도구들을 가지고 사용자들이 서로 교류하고 플랫폼상의 콘텐츠를 대부분 사용자가 만드는 그러한 웹사이트 말이다. 텔레비전이나 라디오, 신문, 잡지 등 전통적인 미디어에서 정보와 오락거리는 일방적으로 전해진다. 미디어를 만드는 생산자가 능동적인 주체인 반면, 소비자는 수동적으로 정보를 수용한다. 소셜 미디어상에서 미디어 생산자_{능동적인 주체}와 미디어 소비자_{수동적인 수신자} 모두가 참가자가 된다. 소셜 미디어가 가진 이 독특한 특징은 인터넷이라는 역사적인 혁신으로 가능해졌다.

한 걸음 더 나가 보자. 전통적인 미디어는 콘텐츠 제작자들에게 보상을 한다. 소셜 미디어에서는 플랫폼이 모든 돈, 그러니까 때로 수십억 달러를 수익을 벌어들이는 반면, 콘텐츠 제작자는 아무런 보상도 받지 못하고 콘텐츠를 제작하거나, 경우에 따라서는 수익 중 가장 큰 몫이 플랫폼에 돌아가는 불공평한 수익 분배를 받으면서도 콘텐츠를 제작한다. 2018년까지 선진국 성인의 대략 60%가 소셜 네트워크 웹사이트를 이용하고 있다. 경제신흥국에서는 53%가 이용하고 있다. 하지만 소셜 미디어는 대체 어디에서 왔고, 어디로 가고 있을까?

인터넷 이전의
소셜 미디어

TCP/IP와 FTP, SMTP와 마찬가지로 소셜 미디어는 현대 인터넷보다 이선에 존재했다. 여기 아파넷과 초창기 인터넷이 소셜의 특성을 띠고 있었던 몇 가지 방식이 존재한다.

유즈넷 그룹

오늘날의 유즈넷은 햄 아마추어 무선 라디오처럼 몇몇 소수의 열성가들이 사용하고 있다. 한때 아파넷을 사용하는 사람이면 누구나 여러 유즈넷 그룹의 등록한 가입자였을 것이다.

유즈넷에서는 사용자가 메시지를 올리고, 기사를 내고, 다른 사람이 발행한 기사를 읽고, 뉴스피드를 구독할 수 있었다. 유즈넷 그룹은 본질적으로 일반적이거나 특정한 유형의 정보를 전문적으로 다룰 수 있다. 예를 들어, 배스 낚시꾼 그룹은 그들이 가장 좋아하는 스포츠 취미와 관련된 뉴스와 정보를 나누기 위해 유즈넷 그룹을 만들 수 있다. 기술 애호가들 역시 그들 자신만의 유즈넷 그룹을 가질 수 있다. 주부들과 요리사들, 베이비시터들, 트럭운전사들도 가능하다. 유즈넷을 가치 있게 만든 독특한 특징은 탈중앙화다.

유즈넷에는 속성상 집단을 통제할 수 있는 중심 주체가 없었다. 수단만 있다면 누구나 유즈넷에 접속해 글을 올릴 수 있었다. 정보 배포는 컴퓨터 서버 네트워크에 의존했다 그림 3.1. 네트워크에 합류하는 각각의 새로운 서버들은 유즈넷에 소소한 변화를 낳았다.

유즈넷은 오늘날의 인터넷 포럼과 페이스북의 전신이라고 할 수 있다. 그것은 2010년경에 유행에서 벗어나기 시작했다. 정확히는 미국의 각 주州들이 네트워크 상에서 운영되고 있던 아동 포르노그래피의 고리들을 끊어내기 시작했을 때부터였다.

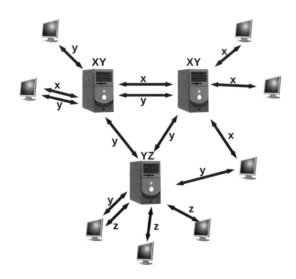

그림 3.1 유즈넷 서버와 클라이언트들의 탈중앙화 구조도. 서버 위의 XY 및 YZ는 사용자가 해당 서버에서 구독할 수 있는 그룹들을 나타낸다. 서버 간의 화살표는 서버가 그들 간에 공유하는 그룹의 문서를 나타낸다. 그룹에 가입한 사용자는 컴퓨터와 서버 사이의 화살표로 표시되며, 각 사용자가 X, Y 또는 Z로 표시된 액세스 권한을 가진 그룹에 따라 사용자가 해당 서버에 문서를 업로드하고 다운로드할 수 있음을 나타낸다.

게시판

게시판 BBS 은 특정 주제를 중심으로 한 원시적인 텍스트 기반 포럼이었다. 이 시스템은 특정 주제를 선호하는 사용자들 사이에서 인기가 있었고 인터넷 포럼이 현재 하고 있는 것과 같은 방식으로 회원들이 2차원 화면에서 서로 교류할 수 있게 해주었다. 그러나 유즈넷 그룹과 달리 BBS는 중앙집권적인 성격을 갖고 있었다.

페이스북이나 포럼에 운영자가 있는 것처럼, BBS는 시삽이라고 불리는 시스템 운영자를 두고 있었다. 시삽은 BBS를 집이나 사무실에서 컴퓨터와 적어도 하나의 모뎀에 연결하여 운영했고, 게시판의 형태와 느낌이 나도록 관리하고 사용자들 간의 의사소통을 용이하게 해주는 소프트웨어 패키지도 사용했다. 물론 시스템상에서 서로 간 교류하는 회원들의 커뮤니티 또한 존재했다.

어떤 식이라도 그래픽이라고 해야 할 게 있다면 원시적인 수준이었다. 1990년대 이전까지만 하더라도 디지털 등록 회선의 경제성이 불가능했기 때문에, BBS는 모뎀상에서만 작동했다. 제한된 비트 전송률로는 그래픽을 보내기에 그다지 실용적이지 않았다. 1980년대 후반과 1990년대 초반의 GUI 기반 BBS도 그래픽 상에 제한이 있었다. 이러한 시스템의 이점은 여러 사용자가 이메일을 통해 실용적이지 않은 방식으로 게시판과 같은 웹 인터페이스상에서 통신할 수 있었다는 것이다.

인터넷 챗릴레이

인터넷챗릴레이 IRC 는 월드 와이드 웹이 등장하기 2년 전인 1988년에 만들어졌다. 이는 인터넷 이전 소셜 커뮤니케이션의 늦은 발전으로 만든다 1983년 현대 인터넷의 공식적인 시작으로 기록되었다.

BBS와 마찬가지로 IRC는 텍스트 기반이었으며 운영자가 필요했다. 그러나 이용자 그룹은 일반적인 대화 스레드 thread 와는 별도로 특정 주제에 대해 자신만의 스레드를 만들 수 있는 채널을 설정할 수 있었다.

IRC 운영자는 IRC 오퍼레이터 또는 IRC삽이라고 불렸다. 각 채널은 채널 운영자라고 하는 자체 운영자를 가질 수 있었다. 그런 의미에서 IRC는 유즈넷 그룹이라기보다는 포럼이나 페이스북 그룹처럼 운영되었으며, 누구라도 운영자에 의해 조정되지 않은 통신에 접근하고 게시할 수 있도록 허용하였다.

원시적 소셜 커뮤니케이션의 도전

비록 더 나은 소셜 네트워킹 시스템을 향해 나아가는 단계들이었지만, 이러한 원시적인 소셜 네트워킹 프로토콜들은 몇 가지 어려움을 안고 있었다. 한 가지 과제는 사용자 개인의 정보 보호였다. 또 다른 하나는 보안이었다.

IRC는 암호화를 수반하지 않았는데, 이 때문에 도스 서비스 거부라는 특정 유형의 공격에 취약할 수밖에 없었다. 간단한 도스 공격으로 사용자가 서비스에 로그인할 수 없도록 오프라인 상태로 전환할 수 있었다. 공격이 일어났을 때, 특히 IRC삽과 채널 운영자들은 서비스를 다시 온라인으로 돌릴 책임이 자신들에게 있었기 때문에 이런 특성은 큰 불편을 초래했다.

결국 유즈넷 그룹처럼 BBS 역시 아동 포르노 제작자와 지적재산권 도둑들에게 인기 있는 소굴이 되고 말았다.

현대 소셜 네트워크의 이러한 선구자들은 소셜 인터넷의 발판을 마련했고 현재 인터넷에서 일어나는 사건을 설명하기 위해 우리가 사용하고 있는 많은 용어들을 개척했다. 이 용어 중 하나인 '포크'는 특히 블록체인 기술과 관련이 있다.

포크에는 하드포크와 소프트포크가 있지만, 사실 이 용어는 IRC로부터 시작되었다. 1990년, IRC가 만들어진 지 한 달로부터 2년 후, 캘리포니아 버클리에서 IRC 네트워크에 의해 운영되던 서버가 두 개로 쪼개져 첫 번째 서버가 해체되었다. 오늘날 모든 암호화폐의 할아버지격인 비트코인은 자체적으로 이러한 몇 가지 포크를 경험했다.

인터넷 기반 소셜 미디어의 도래

인터넷이 상용화되고 얼마 지나지 않아 이 전에 없던 구조물이 자체 소셜 네트워크의 개발로 이어졌다. 상업용 인터넷의 사실상 첫 번째 소셜 네트워크는 1997년에 빛을 보았다. 하지만 그 이야기를 하기 전에 소셜 네트워킹 웹사이트의 몇몇 선구자들에 대해 논의해보자.

인터넷 채팅룸

IRC는 1988년에 만들어졌지만, 인터넷 기반의 채팅방의 선구자라고 부를 수 있다. 머지않아 누리꾼들이 실시간 채팅을 할 수 있는 날이 곧 이르러왔다.

썬마이크로시스템즈는 1991년 자바라는 새로운 인터넷 프로그래밍 언어를 제작하기 시작했다. 이후 자바는 1995년에 도입되어 인터넷 그래픽의 표준 언어가 되었다. 곧바로 인터넷 곳곳의 웹사이트에 자바 채팅방이 떴다.

AOL아메리카온라인은 원래 1980년대 중반에 컨트롤비디오코퍼레이션이라고 불리는 게임회사로 출발했다. 인터넷이 공개되기 불과 몇 달 전인 1989년, AOL은 수백만 명의 사람들이 더 잘 습득할 때까지 인터넷에 접속하는 데 사용한 인기 있는 인터넷 서비스 제공자ISP가 되기 위해 두 번이나 이름을 갈아치웠다. 그렇게 자바가 도입되었을 때 채팅방은 가장 인기 있는 기능 중 하나가 되었다.

온라인 데이팅

데이트는 본질적으로 소셜적 특성이 있다. 온라인 데이트는 '온라인'이라는 단어가 사용되기 시작한 날로부터 늘 인기가 있었다.

최초의 온라인 데이트 서비스인 매치메이커MatchMaker.com는 심지어 월드와이드 웹이 만들어진 것보다 앞선다. 그 이후로 수천 개의 온라인 데이트 웹사이트가 개설되었고, 그들 중 다수는 틈새 인구통계학에 특화되어 있다.

온라인 데이트는 너무 인기가 있어서 대중문화의 주요 부분이 되었다. 1998년 초, 톰 행크스와 멕 라이언이 주연을 맡은 영화 〈유브 갓 메일〉은 이메일로 시작하는 관계를 코믹하게 묘사했다. 이메일 자체가 특별한 소셜 매체는 아니지만, 이 인기 영화 속 주인공들의 이메일 관계는 두 사람이 인터넷 채팅방에서 만나면서 시작된다.

매치메이커는 1986년 공식적으로 BBS 기반의 중매 서비스로 시작되었다. 1992년부터는 기초 인터넷 애플리케이션 TCP/IP를 사용한 초기 통신 프로토콜인 텔넷을 통해 서비스를 제공하기 시작했다. 1996년 매치메이커는 결국 뒤에 닷컴이 붙은 도메인 matchmaker.com을 인수했고 회사는 공식적으로 온라인 서비스로 이전하였다. 하지만, 뜻밖에 두 개의 온라인 데이트 웹사이트가 매치메이커를 앞질렀다. 키스닷컴 Kiss.com 은 1994년에, 매치닷컴 Match.com 은 1995년에 각각 론칭했다. 데이트꾼들은 공개적으로 그들만의 소셜 네트워크를 가지고 있었다. 매치닷컴은 아직까지 운영 중인 3개 회사 중 유일하게 남아있다.

씩스디그리스

채팅방과 데이트 웹사이트가 초창기 웹에서 친목을 도모하기 위한 인기 있는 방법이었다면, 대부분의 인터넷 역사가들이라면 씩스디그리스 Six Degrees 가 소셜 네트워킹이라고 불릴 수 있는 최초의 플랫폼이라는 것에 동의할 것이다. 1997년에 론칭된 이 서비스 안에서는 사용자들이 자신의 프로필을 만들고 다른 사용자들과 친구가 될 수 있었다. 이 사이트는 또한 등록되지 않은 인터넷 사용자들이 사이트에 가입하지 않고도 우정을 확인할 수 있도록 허용했다.

씩스디그리스의 유일한 목적이 새로운 지인들과 온라인 연애가 아닌 말 그대로 친분을 도모하는 것이었다는 사실이 그 플랫폼을 소셜 네트워킹 범주에 넣는 것이다.

소셜 네트워킹은 중요한 면에서 온라인 데이트와 구별된다. 비록 이 두 가지 모두 사용자들이 서로를 알게 될 때 발생할 수 있지만, 그 목표는 평생의 동반자나 단기간의 성관계 파트너를 찾는 게 아니다. 플랫폼의 자원을 활용해 공통 관심사를 찾고 개인적으로 알아가는 것이 진정한 목적이다. 그것이 성관계나 결혼, 사업적 합의, 또는 다른 유형의 연결로 이어지는지는 관련된 당사자들의 상호 이익에 달려 있다.

씩스디그너리스는 2000년 닷컴 붕괴 이후 결국 마지막 숨이 끊어지고 말았다. 웹 도메인은 여전히 활성화되어 있지만, 들어가 보면 가상의 유령 마을을 방불케 한다.

블로거

씩스디그리스가 출시된 직후, 블로깅은 블로거들이 스레드 댓글을 통해 독자와 상호작용할 수 있도록 하는 인기 만점의 표현 매체가 되었다. 하지만 블로그는 웹사이트처럼 호스트가 필요했다.

현재 구글이 운영하고 있는 인기 있는 무료 블로그 호스팅 웹사이트인 블로거닷컴Blogger.com은 1999년에 시작되었고 소셜 미디어로서 블로그의 시대를 여는 데 결정적인 도움이 되었다. 블로거닷컴은 사용자들이 블로그 계정을 통해 서로 교류할 수 있도록 하고, 다중 사용자 블로그까지 허용하면서 소셜 블로그에 '소셜'을 넣었다. 워드프레스닷컴WordPress.com은 이들과 경쟁하기 위해 2005년 시작되었지만, 다운로드가 가능한 브랜드 소프트웨어 버전 WordPress.org 은 2003년에 가서야 론칭되었다.

메이크아웃클럽

Makeoutclub과 같은 이름 때문에 누군가는 이 틈새 소셜 웹사이트가 또 다른 데이트 서비스라고 착각할지도 모른다make out은 '어루만지다' '섹스하다'라는 뜻으로 쓰인다. 오히려 이 사이트가 제공하는 서비스는 인디음악 문화, 특히 이모emo: 펑크록와 하드코어록에 초점을 맞추었다. 이 웹사이트는 오늘날 소셜 웹사이트의 진정한 특징으로 꼽히는 소셜 미디어 기능을 제공했다는 점에서 중요한 기여를 했다.

메이크아웃클럽은 1999년에 출범했다. 이 서비스는 사용자 지정이 가능한 프로필 사진, 사용자가 자신의 고유한 관심사를 지정할 수 있는 프로필 섹션, 포럼, 이미지 갤러리, 개인 메시지, 게시판 및 시간대별 페이지 번호 등 다양한 특성들을 갖추고 있었다. 여기서 마지막 기능인 시간대별 페이지 번호는 사용자들이 초기 페이지 번호를 갖는 것에 자부심을 갖게 되면서 웹사이트 자체의 독특한 특징이 되었다. 메이크아웃클럽은 데이트 사이트는 아니었지만, 기본적인 기능으로 '크러시 리스트crush list: 호감 목록'를 가지고 있었다.

메이크아웃클럽은 이러한 독특한 특징 외에도 MTV2는 물론 〈타임〉지, 〈스핀〉 매거진, 〈롤링스톤〉 매거진 등 업계 언론의 관심을 많이 받았기 때문에 중요한 사이트였다. 오늘날 사이트 자체가 사라지고 말았다.

냅스터

P2P 음악 파일 공유 서비스인 냅스터는 1999년 문을 열었지만, 2002년 사이트 이용자들이 이 서비스를 통해 저작권이 있는 음악을 공유하는 행위를 금지하는 법원의 금지명령으로 폐쇄됐다.

소셜 네트워킹의 요소를 가지고는 있었지만 냅스터의 주된 목적은 파일 공유였다. P2P 파일 공유의 초기 성공 사례 중 하나는 2001년에 최고조에 달했을 때 8천만 명의 등록 사용자를 보유하고 있었던 때였다. 당장 몇몇 음반회사들은 냅스터를 저작권 침해로 고소했다. 네티즌들은 냅스터가 불법적으로 지적재산권을 훔치고 해적행위를 조장한 죄가 있는지, 아니면 단순히 개인적으로 소유한 음악을 합법적으로 빌려주는 것을 촉진한 죄에 불과한지에 대해 온라인과 오프라인에서 토론을 벌였다. 몇몇 음악 음반이 싱글이 공개되기 전에 이 사이트의 서버에 사전 발매하는 쪽으로 가닥을 잡은 것도 별반 도움이 되지 않았다. 비일비재하게 이러한 불법 복제는 음반 발매일에 아티스트의 음반 판매로 이어지기도 했다.

냅스터의 합법성 여부를 놓고 대중과 법률전문가, 학자, 기술자들이 첨예하게 갈렸을 뿐 아니라 음반 아티스트들 스스로도 동의할 수 없었다. 일부는 냅스터를 혐오하기까지 했다. 반면 어떤 사람들은 그것이 특정 앨범의 판매량을 감소시키는 것을 의미하더라도 새로운 팬들을 찾을 수 있게 해주었기 때문에 냅스터를 좋아했다. 몇몇은 그것을 순전히 재산으로 보았다.

결국 고심 끝에 법원은 발언권을 행사했다. 냅스터는 어쩔 수 없이 사업 모델을 바꾸고 음악 아티스트들에게 로열티를 지불해야 했다.

프렌드스터

프렌드스터Friendster는 2002년에 론칭했고 2011년에 소셜 게임 웹사이트로 변질되었다. 회사는 빠르게 성장했고 몇 달 만에 3백만 명의 정식 등록된 사용자를 보유하게 되었다.

씩스디그리스처럼, 프렌드스터는 사용자들이 프로필을 설정하고 그들이 '친구friends'라고 부르는 낯선 사람들과 연결되도록 허용했다.

프렌드스터는 여러 가지 면에서 소셜 미디어의 발전에 중요한 기여를 했다. 특히 기술과 우수한 마케팅, 빠른 입소문 광고로 인해 많은 언론의 주목을 받았다. 프렌드스터의 기술은 소셜 미디어, 그리고 인터넷 전체의 성장에 매우 가치가 있었기 때문에, 페이스북은 2010년 프렌드스터가 보유한 18개의 특허에 총 4천만 달러를 지불해야 했다.

소셜 미디어의 또 다른 기념비적인 업적은 웹사이트 역사의 초기 단계에 있었다. 2003년 구글은 이 웹사이트를 3천만 달러에 인수할 것을 제안했다. 그 회사의 경영진은 단칼에 거절했다. 2006년에는 투자자들로부터 1,300만 달러의 자본금을, 2008년에는 2,000만 달러를 추가로 투자받았다. 프렌드스터는 DAG벤처스, IDG벤처스, 클라이너퍼킨스코필드앤드바이어스 등 대규모 투자자를 유치한 최초의 소셜 미디어 웹사이트 중 하나였다. 프렌드스터는 또한 이 업적으로 여러 개의 인터넷 산업상을 받기도 했다.

프렌드스터가 개척하고 대중화시킨 소셜 네트워킹 개념은 금세 인기를 얻었고 다른 후발주자들도 그 뒤를 따랐다.

프렌드스터는 페이스북과 더 이상 경쟁할 수 없게 되자 2015년 서비스를 중단하고 말았다.

링크드인

2002년에 설립된 링크드인 LinkedIn 은 2003년 5월 구직자들을 위한 소셜 네트워킹 사이트로 시작했다. 출발은 매우 더뎠고 론칭한 지 몇 년이 지나서야 대중에게 공개되었다. 오늘날 이 사이트는 비즈니스 전문가들과 구직자들에게 특히 인기가 있다.

링크드인은 2003년에는 세쿼이아캐피탈로부터 1차 투자금을 확보했다. 그 다음

해, 100만 명의 사용자가 로그인을 했고, 2006년 링크드인은 민간기업으로서 수익을 내기 시작했다. 2008년 6월, 세쿼이아캐피탈과 그레이록파트너스는 회사의 지분 5%를 5천3백만 달러에 인수했다. 얼마 지나지 않아 회사는 해외진출을 시작했고 2011년 1월 시장에 상장했다. 마이크로소프트는 2016년에 그 회사를 262억 달러에 인수했다.

기업공개 IPO를 할 때 링크드인의 주식은 주당 45달러에 팔렸다. 마이크로소프트가 그 회사를 매입한 날, 그 가치는 주당 196달러로 평가되었다. 2017년 현재 94%의 B2B 마케터들이 해당 플랫폼에서 콘텐츠를 배포하고 있다.

링크드인은 사용자 개인정보 보호 문제와 이메일 계정 채굴, 기타 보안 문제 등으로 세간에 비판을 받아왔다.

마이스페이스

냅스터가 몰락한 이후, 마이스페이스 MySpace 는 음악계를 새로운 수준으로 끌어올리기 위해 등장했다. 이는 국제적인 센세이션을 일으킨 최초의 소셜 미디어 플랫폼이었다. 새로운 사용자들은 간단히 '톰'으로 알려진 사이트 공동설립자인 톰 앤더슨 Tom Anderson 에 자동으로 연결되었다.

마이스페이스는 2003년에 출시되었다. 적어도 2005년까지는 1억 개 이상의 계정을 보유한 세계에서 가장 큰 소셜 네트워킹 웹사이트였다. 물론 그 계정들 중 다수는 가짜거나 비활성 계정이었다. 그러나 루퍼트 머독 Rupert Murdoch 이 소유한 뉴스코퍼레이션은 2005년 7월 5억8,000만 달러에 웹 자산을 매입했다. 1년 뒤, 마이스페이스는 야후!와 구글 모두를 밀어내면서 지구상에서 가장 많은 방문자를 가진 웹사이트가 되었다. 하지만 이 지위는 그리 오래 가지 않았다. 이 사이트는 2008년 페이스북에게 세계에서 가장 인기 있는 소셜 미디어 사이트 자리를 빼앗겼고 곧 잊히고 말았다.

마이스페이스를 이렇게 대단한 사이트로 만든 것은 대중문화와 음악에 대한 대중의 집중력이었다. 마이스페이스가 아니었다면, 새로운 동영상 공유사이트인 유튜브는 지금처럼 그렇게 빨리 유명해지지는 못했을 것이다.

마이스페이스는 또한 여러 팝 아티스트들의 커리어를 끌어올렸다. 마이스페이스에서 경력을 쌓은 음악가들 몇몇을 꼽자면 케이티 페리 Katy Perry , 케샤 Ke$ha , 아울 시티 Owl City , 그리고 아틱 몽키스 Arctic Monkeys 가 있다.

마이스페이스의 인기를 이용하려고 굳이 음악가가 될 필요가 없었다. 그곳은 여러분들이 한 번도 들어본 적 없는 음악 아티스트들을 찾을 수 있는 최적의 장소였다. 사용자들은 마이스페이스 블로그에서 그들이 가장 좋아하는 음악을 친구들과 공유할 수 있고 인기 있는 음악에 대해 토론을 벌일 수도 있었다. 이런 일은 인디음악 아티스트들이 온라인에서 자신들을 성공적으로 홍보하던 시절에 일어났다.

마이스페이스는 냅스터가 개척한 P2P 공유 환경, 실패한 인터넷 스타트업에서 수백만 달러의 손실을 입힌 닷컴버블을 계기로 탄생하며 번창했다. 그것은 비틀즈와 엘비스 프레슬리처럼 세계적인 명성을 얻었다. 날개가 있었고 거침없이 날아올랐다. 그리고는 추락해서 타버렸다.

페이스북

마이스페이스는 여전히 살아있지만, 씩스디그리스처럼 현재 많은 일들이 일어나고 있지는 않다. 루퍼트 머독은 마이스페이스를 구입했던 선택으로 실리콘밸리의 웃음거리가 되었는데, 그 이유는 얼마 지나지 않아 신생 스타트업 하나가 이 사이트를 정상에서 밀어내고 새로운 왕좌를 차지했기 때문이다.

마크 저커버그가 장차 세계에서 가장 큰 소셜 미디어 웹사이트가 될 사이트를 만들었을 때에는 고작 하버드대학교 2학년 학생 신분이었다. 오늘날 그는 워렌 버핏과 제프 베조스, 빌 게이츠와 같은 나이든 부호들과 함께 세계에서 가장 부유한 10명 중 한 명이 되었다. 사실 그는 포브스가 선정한 세계 최고 부자 20인 중 가장 나이가 어리다.

페이스북을 시작할 때부터 저커버그는 논란에 빠졌다. 네 명의 대학 친구들과 페이스북을 만들기 전에, 저커버그는 페이스매시 Facemash 라는 웹사이트를 만들었다. 하버드 학생들의 사진을 나란히 담고 사이트 이용자들에게 '누가 가장 핫한가' 에 투표해 달라고 요청하는 '핫 오어 낫 Hot or Not' 형태의 웹사이트였다. 그것은 매우 빠르게 인기를 끌었지만, 대학 행정실은 이 사이트를 폐쇄했고 하마터면 저커버그를 퇴학시킬 뻔했다. 대학은 그에게 대학 컴퓨터 시스템의 보안을 위반한 혐의와 허가 없이 사진을 도용한 저작권 침해 혐의, 그리고 하버드 학생들의 개인 사생활을 침해한 혐의를 적용했다. 나중에 대학은 고소를 취하했다. 페이스매시 사건이 일어난 지 1년 뒤, 저커버그는 하버드 동급생인 에두아르도 새브린과 앤드류 맥컬럼, 더스틴 모스코비츠, 크리스 휴즈와 함께 페이스북을 시작했다.

그 이름은 종종 페이스북 face books 이라고 불리던 하버드대학생 디렉터리에서 유래되었다. 나중에 그들은 이름에서 'the'를 빼버리고 그냥 페이스북이라고 부르기로 정했다. 론칭 6일 후, 하버드대학교 4학년 학생 3명은 후배인 저커버그가 페이스북을 출시하기 위해 자신들의 아이디어를 도용하려고 하버드대학생들을 위한 소셜 네트워크를 구축하는 계획을 돕겠다며 의도적으로 자신들에게 접근했다고 비난했다. 그들은 곧장 소송을 제기했고, 2008년에 페이스북 주식 120만 주를 인수하여 순식간에 백만장자가 되었다. 그 선배들 중 타일러와 카메론 윙클보스 형제는 오늘날 제미니 Gemini 라고 불리는 암호화폐 거래소의 떳떳한 오너가 되었다.

론칭 당시 페이스북 회원자격은 하버드대학생들로 제한되었다. 그것은 2004년 1월의 일이었다. 그렇게 한 달 만에 하버드 학생의 반 이상이 사이트에 가입했다. 3월까지 사이트 회원자격은 이웃 학교인 컬럼비아대학과 스탠퍼드대학, 예일대학 학생들로 점차 확대되었다. 이후 아이비리그 전체가 북미 대학 전체로 확대되기 전에 사이트에 가입하게 되었다. 인기가 최고조에 달했을 때, 페이스북은 12세 이상 미국인의 63%가 페이스북 계정을 가지고 있다고 자랑스럽게 밝혔다. 2017년 6월, 전 세계적으로 20억 명 이상의 월간 사용자를 거느리게 되었다.

운영 첫해 중반까지는 냅스터의 공동설립자였던 숀 파커를 초대 회장으로, 페이팔의 공동설립자인 피터 틸을 첫 주요 투자자로 끌어들였다. 2005년 여름, 페이스북은 다른 투자자들로부터 수백만 달러를 유치했고 회원자격을 고등학교와 기업들로 확대했다.

페이스북은 2006년 9월에 대중에게도 가입의 문호를 열었고, 유효한 이메일 주소를 가진 12세 이상의 모든 사람들이 가입할 수 있도록 허용했다. 이후 이 사이트는 획일화되면서 끊이지 않는 논란에 휩싸였다. 개인 프라이버시 침해, 섀도우 프로필 사용, 데이터 침해, 반反경쟁적 스파이 행위, 혐오 조장 컨텐츠 게시, 정치적 조작 등에 대한 고발이 이어졌다.

이러한 것들은 모두 심각한 혐의들이며, 특히 이러한 비난들 중 많은 것들이 블록체인 개발자들이 장차 인터넷의 다음 세대 웹3.0를 인도할 것을 약속하는 경쟁적인 소셜 프로젝트들을 만들고 있는 이유이기도 하거니와 특히 당면한 주제와도 깊은 관련이 있는 것들이기 때문에 각기 개별적으로 논의를 할 만한 가치가 있는 것들이다. 이러한 월드와이드웹의 반복은 탈중앙화되고, 이용자의 프라이버시를 존중하며, 더 안전하고, 이용자들이 검열이나 정치적 보복의 두려움 없이 원하는 내용을 마음대로 게시할 수 있게 하며, 이용자들이 그 데이터를 누구와 공유하는지를 비롯하여 자신의 데이터를 통제할 수 있게 하는 동시에 이용자가 데이터 소유권으로부터 일정한 이익을 얻을 수 있는 능력을 제공할 것이다. 제3자가 이용자 데이터를 악용하여 이익을 얻는 것이 아니다. 지금부터 이를 하나씩 살펴보도록 하자.

프라이버시 프라이버시는 오랫동안 페이스북 이용자들의 주된 관심사였다. 2007년, 페이스북은 비콘이라고 불리는 시스템을 출시했는데, 이는 페이스북 이용자들이 제3자 사이트에서 한 행동에 관한 정보가 담긴 페이스북 스크립트를 해당 제3자 사이트에 고스란히 넘겨주도록 설계되어 있었다. 이는 2009년 집단소송으로 이어졌고 페이스북은 결국 이 프로그램을 중단할 수밖에 없었다. 한 가지 의혹은 이용자들이 페이스북을 로그아웃하고 해당 프로그램을 지우더라도 페이스북이 계속해서 이용자에 대한 정보를 수집하는가 하는 문제였다. 3년 후, 일렉트로닉프런티어재단은 비록 그 정보가 공개되도록 의도된 게 아니었을지라도 누구나 사적인 페이스북 프로필 정보에 접근할 수 있다는 것을 증명했다. 2011년, 〈페이스 로 리뷰〉는 기사에서 페이스북이 181일 미만의 사적인 메시지와 관련된 특정 정부 요청에 대해서만 영장을 요구한다고 지적했다. 그렇지 않을 경우, 해당 사이트는 불법 활동의 합리적인 의심이 있는지 여부에 관계없이 다른 모든 내용을 법적 신문訊問 중인 당국에 공개할 수 있는 권리를 가지고 있게 된다. 이는 불합리한 압수수색으로부터 시민을 보호하는 것을 골자로 하는 수정헌법 제4조를 사실상 무효로 만든다.

섀도우 프로필 페이스북은 일부 사람들이 페이스북을 이용하지 않아도 그들에 대한 섀도우 프로필을 만들어왔다는 비난을 받았다. 이것은 타사 웹사이트, 인터넷 검색기록, 페이스북 이용자와의 연결에 대해 그들이 좋아요를 누른 정보를 수집함으로써 이루어진다.

데이터 침해 2005년 초, MIT공과대학 학생들은 7만 개의 페이스북 프로필상에 공개 정보를 회수하기 위해 자동화된 스크립트를 사용하여 법적 신문을 받고 있는 페이스북을 타깃으로 하는 연구 프로젝트 하나를 수행했다.

2018년과 2019년에 수백만 명의 페이스북 이용자에게 심각한 데이터 침해가 발생했다. 이는 서로 다른 범법자로 추정되는 이들에 의해 실행된 별개의 사건이었지만, 다수의 이용자를 가진 대형 웹사이트가 이들의 주요 타깃이며 범죄자들에 대한 철통같은 방어 수단을 반드시 갖고 있는 건 아니라는 사실을 보여준 사건이었다.

스파이 행위 2013년, 페이스북은 오나보 Onavo 라는 회사를 인수했다. 이 회사는 모바일 앱을 개발하는데 페이스북이 특히 유용하다고 생각한 것은 오나보 프로텍트 VPN이라는 앱이었다. VPN은 사용자가 익명으로 인터넷을 검색할 수 있는 가상 사설 네트워크다. 페이스북은 이 제품을 자체 모바일 앱으로 굴려 자체 서버를 통해 이용자 트래픽을 재루팅하고 그 과정에서 이용자들의 데이터를 수집했다. 그 후 페이스북은 그 정보를 이용해서 이용자들을 조금이라도 더 확보하려는 경쟁사들을 염탐하는 데 해당 앱을 사용할 수 있었다. 2020년, 페이스북은 소셜 미디어 웹사이트인 인스타그램과 스냅챗을 인수하는 과정에서 일으킨 반경쟁적 관행으로 비난을 받았다. 저커버그는 그러한 성격의 조사에 대한 질문에 답하기 위해 의회에 출석했고 이 때문에 현재 회사는 잠재적 붕괴 가능성에 직면해 있다.

혐오조장 컨텐츠 수년간 페이스북에 쏟아진 비판들 중에는 심리적 중독과 관련된 해악과 부작용, 스트레스 수준의 증가, 주의력 지속 시간의 감소 등이 있다. 이런 정서적인 것들이 해롭지 않아 보일 수 있지만, 잘못하면 우울증을 포함한 심각한 의학적 문제로 이어질 수도 있다.

대부분의 경우, 소셜 미디어 사용의 심리적 영향은 자업자득인 경우가 많다. 그보다 다른 사람들에게 훨씬 더 심각하고 해로운 것은 컨텐츠 도용, 불법적이거나 모욕적인 자료의 게시, 혐오 발언의 확산, 그리고 음모론의 공유다. 예를 들어, 2013년, 한 유명 캠페인은 페이스북에서 강간과 가정 폭력을 지지하는 콘텐츠를 금지하는 운동을 벌였다. 처음에는 페이스북의 공격적인 콘텐츠에 대한 정책이 그러한 콘텐츠의 제거를 요구하지 않았다. 이로 인해 광고주들이 페이스북을 보이콧하기 시작한 이후, 페이스북은 이전 정책을 뒤집고 자신들의 노선을 바꾸었다.

2019년, 뉴질랜드의 한 모스크에서 한 총격범이 페이스북을 통해 테러 공격을 생중계했고 소셜 미디어 플랫폼에 그 끔찍한 사건이 올라오기 전에 체포되는 사건이 발생했다. 이후 페이스북은 백인 민족주의와 우월주의, 분리주의 콘텐츠를 차단하기 시작했다.

가짜뉴스는 2016년 선거에서 큰 이슈가 되기도 했다. 일부 페이스북 비평가들은 가짜뉴스가 도널드 트럼프에게 유리한 쪽으로 선거를 몰고 갔다고 시사했다. 이후 페이스북은 가짜뉴스와 싸우기 위해 팩트체커들과 협력할 것이라고 발표했다. 그 이후로 페이스북은 인포워즈 InfoWars 의 호스트인 알렉스 존스 Alex Jones 의 계정을 정지시키고 인포워즈의 특정 콘텐츠를 금지했다는 혐의로 기소되었다.

2018년과 2019년에 페이스북은 직권으로 30억 개 이상의 가짜 계정들을 삭제했다.

정치 조작 문제 2018년 3월 초, 영국의 정치 컨설팅 회사인 캠브리지 애널리티카를 다녔던 전직 직원이자 내부고발자는 회사가 수백만 명의 페이스북 사용자들의 개인 데이터를 빼내기 위해 정보 제공 동의로 위장한 모바일 앱을 사용했으며, 그 데이터를 2016년 미 대선에서 테드 크루즈와 도널드 트럼프의 선거운동을 돕기 위해 활용했다고 폭로했을 때, 세계는 페이스북을 놓고 격돌하느라 말 그대로 쑥대밭이 되었다. 이 사건으로 인해 영국 정보위원회는 페이스북에 벌금을 부과했고 #delete Facebook이라는 해시태그가 트위터에서 유행했다. 페이스북은 그 스캔들의 여파로 다른 방식으로 기반을 잃었다. 이 사이트의 좋아요와 공유 및 게시물 수는 그 후 몇 달 동안 20%가량 감소했고, 심지어 점유율은 24%까지 떨어졌다.

저커버그는 2018년 4월 의회에서 해당 스캔들을 막지 못한 것이 자신의 개인적인 실수였다고 증언했다.

2020년 선거 기간 동안, 페이스북은 가짜뉴스가 정치적 결과에 미치는 영향과 관련하여 또 다른 논쟁거리가 되었고, 저커버그는 정치 연설을 검열하는 페이스북의 관행을 옹호하기 위해 의회에 출석해야 했다.

반독점법 위반   2019년, 페이스북은 디지털 화폐인 리브라와 결제시스템 칼리브라 Calibra 에 대한 연방거래위원회 FTC 의 반독점 조사에 직면했다. 페이스북은 2017년 블록체인 실험을 시작했고 2020년 암호화폐 출시일을 계획하고 있었다. 하룻밤 사이에 국제적으로 항의의 전화가 빗발쳤고 결국 페이스북은 해당 계획을 중단해야 했다.

페이스북이 주요 지지자들을 잃기 시작한 것은 그 발표가 있은 지 얼마 되지 않아서였다. 파트너로 계약을 맺었던 페이팔이 먼저 탈퇴를 선언했다. 이후 비자카드, 마스터카드, 스트라이프, 이베이 등이 그 뒤를 따랐다. 다른 회사들도 마찬가지였다. 이로 인해 페이스북은 다시 원점으로 돌아가게 되었고 2020년 말 회사는 디엠 Diem 이라는 이름으로 디지털 화폐를 재브랜드하고 출시할 것이라고 발표했다.

페이스북이 디지털 화폐를 보유하는 것에 대해 많은 우려가 있었다. 사생활과 보안에 관한 페이스북의 과거 행적을 고려해볼 때, 운동가들은 자라 보고 놀란 가슴 솥뚜껑 보고 놀란 것처럼 초조했다. 중앙은행은 세계 최대의 소셜 네트워크에 의해 통제되는 전 세계 글로벌 암호화폐가 미국 달러와 영국 파운드와 같은 자국 통화에 어떤 영향을 미칠지에 대해 전전긍긍하고 있었다. 이것들은 모두 타당한 우려와 걱정들이며 페이스북이 그것을 바탕으로 어떻게 사업의 방향을 틀었는지는 삼척동자라도 다 알 수 있을 정도다.

우선 페이스북은 디엠의 소유나 통제의 주체가 되지 않으려 한다. 페이스북도 다른 대표자들과 함께 디지털 화폐를 감독하고 관리하는 디엠어소시에이션 Diem Association 에 참여할 것이다. 둘째로 디엠은 안정감을 주기 위해 현금 자산에 고정 페깅 될 것이다. 그럼에도 불구하고 모든 디지털 화폐에 미치게 될 페이스북의 영향력은 모든 사람들에게 그저 기우만은 아닐 것이다.

비가시적 영향력 윈스턴 처칠의 말을 인용하자면, 거짓은 진실이 바지를 입기 전에 전 세계에 퍼질 수 있다. 페이스북의 시대에 거짓말은 진실이 꿈을 꾸기도 전에 달에 한 번 갔다가 올 수 있다.

페이스북의 비즈니스 모델은 가짜뉴스와 잘못된 정보가 뉴스피드의 최고 자리에 오르도록 장려한다. 그러한 콘텐츠는 이용자들에게 편견을 심어주고 감정적이고 격한 반응을 이끌어내 뉴스피드에 시선을 고정시키도록 만든다. 결국 말싸움에서 이기는 게 장땡이다.

페이스북은 마약과 같다. 페이스북에 관한 모든 것은 이용자들이 더 오래 플랫폼에 머물도록 설계되었다. 그래서 모든 것은 더 많은 콘텐츠를 무료로 생성하여 페이스북이 더 많은 자본을 만들어낼 수 있도록 고안되었다. 이용자가 수행하는 모든 작업은 각종 수치로 측정된다. 이용자들이 무엇을 클릭하는지, 무엇을 읽고 있는지, 누구에게 메시지를 보내고 있는지, 어디서 스크롤을 멈추는지, 그리고 심지어 페이스북을 떠나 어떤 사이트를 방문하는지까지도 말이다. 이런 모든 지표는 이용자들이 더 오래 머무르고 더 많은 상호 교류를 하도록 영향을 주기 위해 적극 사용된다. 그래야 페이스북은 더 많은 광고를 팔 수 있기 때문이다.

나는 사람들에게 자신의 행동과 시간을 어떻게 보내는지에 대해 일차적인 책임이 있다고 믿지만, 당신의 팔에 디지털 주삿바늘을 꽂고 있는 상태에서는 말보다 행동이 더 어려운 법이다. 특히 그 바늘이 여러분의 중독으로부터 이익을 얻는 바람잡이에 의해 제공될 때는 말이다.

기타 쟁점들　페이스북은 직원들에 대한 대우에도 문제가 있었다. 인권운동가들 사이에서 가장 큰 관심사는 그래픽 콘텐츠 진행자들과의 관계인데, 이들은 극단적인 조건 하에서 작업을 해야 했고, 일부는 외상후스트레스장애 PTSD 로 고통 받았다. 2018년 일부 진행자들은 집단소송을 제기했고, 2020년 5천2백만 달러의 급료 지불을 놓고 합의를 보았다.

〈이마케터〉에 따르면, 2020년 미국 인구의 절반 이상이 페이스북을 이용하고 있었다. 2020년 12월 기준으로 페이스북은 가장 많이 사용되는 소셜 미디어 플랫폼 6개 중 4개 페이스북, 왓츠앱, 메신저, 인스타그램 를 소유하고 있다. 그 고리를 해체하려는 시도가 있는 건 당연한 일이다. 마치 현실세계를 소유하는 것만으로는 충분치 않았는지 페이스북은 2021년 10월, 가상게임의 가상현실인 미래 메타버스에 대한 적대적 인수를 위해 회사 이름을 메타로 변경하겠다고 발표했다.

유튜브

유튜브는 2005년 페이팔을 다니던 전 직원 3명에 의해 시작되었으며 현재 세계에서 두 번째로 큰 검색엔진으로 꼽히고 있다. 비디오 공유 플랫폼으로 분류된 이 플랫폼은 기본 비디오 콘텐츠 제작자와 그들의 팔로워를 위한 비디오를 호스팅한다. 2006년 11월, 구글은 16억5천만 달러에 유튜브를 사들였는데, 이것은 구글이 인터넷에서 가장 큰 두 개의 검색엔진을 소유하고 있다는 것을 의미한다.

유튜브가 출시되었을 때 별반 새로울 것도, 놀랄 것도 없었다. 비디오 공유 사이트 경쟁사인 비메오가 이미 1년 전에 론칭한 상태였다. 실제로 당시 동영상 공유 사이트가 여러 개 있었다. 하지만 어떤 계기 때문에 유튜브는 후발주자였음에도 불구하고 그들 모두를 앞질렀다.

새터데이나이트라이브SNL 스킷이 유튜브에 올라온 지 얼마 되지 않은 때였다. 해당 영상은 입소문이 났고 주류 언론들이 다루기 시작했다. 그 프로그램은 더 많은 웹사이트 트래픽을 유튜브로 몰았고, 덕분에 더 많은 이용자들이 동영상을 올리기 시작했다. 그러나 주류 방송사들이 '저작권 침해'와 '지적재산 도난'을 외치기 시작하는 데는 그리 오랜 시간이 걸리지 않았다. 유튜브가 사용자가 업로드한 무단 동영상을 삭제하자마자 다른 사용자가 다른 버전의 동영상을 업로드하기 시작했다. 이런 물고 물리는 게임은 유튜브가 불법 복제 콘텐츠에 대해 효과적으로 대처하기 위한 정책을 만들 때까지 계속되었다.

2012년 1월까지 유튜브는 매달 8억 명의 독자적인 방문객을 확보했고 매분마다 60시간의 새로운 동영상이 업로드되었다. 2017년 2월까지 매분마다 400시간의 새로운 동영상이 업로드되었다.

구글이 유튜브를 인수한 이후, 이 사이트는 혁신적이고 끊임없이 이용자들을 위한 새로운 프로그램과 수익 채널을 만들어 수입을 창출하는 능력을 향상시켜 왔다. 구글이 사실상 유료 광고 모델로 현대 웹 수익화 기술을 발명했기 때문에 이것은 놀랄 일이 아니다. 여전히 다른 모든 중앙집중식 소셜 미디어 플랫폼과 마찬가지로, 사용자 개인정보 보호, 데이터 보안, 지적재산권 침해를 둘러싼 비판과 논란이 끊이지 않았다. 이 사이트는 논란이 되는 콘텐츠를 다루는 방식으로도 지속적인 비판을 받아왔다.

레딧

레딧은 소셜 네트워크 웹사이트 중에서도 독특하다. 소셜 뉴스 애그리게이터 social news aggregator 로 광고되는 레딧의 목적은 이용자들이 나타나 고양이 밈을 공유하고, 재미없는 셀카를 올리고, 추잡한 사생활을 방송하는 전형적인 소셜 네트워크 웹사이트들과는 질적으로 다르다.

2020년 12월 12일, 레딧은 알렉사 통계에 따르면, 전 세계에서 18번째로, 미국에서는 7번째로 가장 많이 방문한 웹사이트로 선정되었다.

지금쯤이면 소셜 미디어 스타트업이 쓸데없이 시간이 남아도는 대학생들만의 영역이라고 생각할지 모른다. 그런 인식을 불식시키는 건 레딧과는 무관한 일이지만, 그건 레딧과 페이스북과 트위터 같은 소셜 미디어 사이트 간의 유사성에 관한 것이다. 많은 소셜 미디어 팬들이 후자의 두 가지 사이트에 대해 매력적이라고 생각하는 점들은 레딧에서 거의 찾아볼 수 없을 것이고, 만약 그렇다면 그것은 그다지 좋은 평가를 받지 못할 게 뻔하다. 마찬가지로 레딧에서 찾을 수 있는 많은 것들이 페이스북에서 잘 받아들여지지 않는다. 그 두 웹사이트는 서로 다른 종류의 시청자를 찾고 있다.

2005년, 버지니아대학교의 대학생 3명에 의해 설립된 이 사이트는 2006년 10월 콘데나스트퍼블리케이션 Conde Nast Publications 에 1,000만 달러에서 2,000만 달러 사이의 가격에 팔렸다. 5년 후, 이 사이트는 다른 부동산들과 함께 어드밴스퍼블리케이션 Advance Publications 이라는 독립 자회사로 분사되었다. 2014년, 레딧은 주요 인사들로부터 5천만 달러의 투자를 유치했는데, 개중에는 샘 알트먼 Sam Altman , 마크 앤드리센, 피터 틸, 래퍼 스눕 독이 포함되어 있었다. 3년 후, 이 소셜 웹사이트는 다시 한 번 2억 달러의 투자를 받았다. 2019년 2월, 중국 기업 텐센트는 3억 달러의 자금 조달 라운드를 주도하여 이를 30억 달러의 가치 평가로 부풀렸다.

일반적인 소셜 네트워킹 웹 사이트와는 달리 레딧에만 있는 몇 가지 기능이 있다. 첫 번째는 풀뿌리 문화다. 레딧과 관련된 많은 논란들은 관리에 의한 것보다는 사용자 기반에서 비롯된다. 중앙집권형 소셜 미디어 기업이 블록체인이 없어도 될 수 있는 만큼 탈중앙화에 가깝다.

레딧은 21세기 전후 미국 기업의 전형적인 조직구조를 가지고 있지만, 웹사이트는 하위 레딧으로 구성되어 있는데, 각각 특정 주제를 중심으로 돌아가며 보통 운영자가 관리한다. 운영자는 회사 직원이 아니라 동일한 레딧 이용자들이다.

레딧이 페이스북이나 다른 소셜 미디어 플랫폼과 구별되는 또 다른 점은 사이트에서 공유되는 각 콘텐츠가 업보트 또는 다운보트될 수 있다는 것이다. 페이스북은 좋아요 버튼은 있지만 싫어요 버튼은 없다. 트위터는 게시물을 '러브 love '하고 싶어 하는 이용자들을 위한 마음은 갖고 있지만, 관련된 '헤이트 hate '나 '언러브 unlove ' 기능은 없다. 현대의 다른 인기 있는 소셜 미디어 웹사이트들도 이와 비슷한 문화를 가지고 있다. 이 사이트의 이용자들끼리 부르는 레디터 Redditor 들은 얼굴에 철판을 깔았다. 이들은 다운보트 버튼에 대해 전혀 불평하지 않는다. 도리어 너무 좋아한다.

레딧이 해를 거듭할수록 인기가 높아진 이유 중 하나는 2020년 12월 가입자가 2천만 명을 넘었던, 이용자들 사이에서는 'AMA'라는 애칭으로 잘 알려진 서브레딧 '무엇이든 물어보세요 Ask Me Anything '다. 버락 오바마와 도널드 트럼프 전 대통령을 포함해 많은 유명인사들이 해당 커뮤니티 인터뷰의 대상이 되었다.

다른 소셜 미디어 대기업들처럼 레딧도 논란이 없던 건 아니다. 2010년, 한 신장 기증자는 다른 레디터들이 암 연구를 지원하기 위한 기부 요청을 의심하게 되자 잔인하게 테러를 당했다. 2013년, 보스턴 마라톤 폭탄 테러 이후, 몇몇 레딧 이용자들이 폭탄 테러 직전에 자취를 감춘 특정 레딧 이용자를 테러범으로 잘못 점찍었다. 그는 결국 자살했다. 같은 해, 정치 서브레딧 운영자들은 그들이 '나쁜 저널리즘'이라고 간주했던 몇몇 유명한 좌익과 우익 웹사이트들을 특정하여 금지하기도 했다.

2015년에는 엘렌 파오 Ellen Pao 레딧 CEO가 직원 해고를 두고 논란의 인물이 됐다. 20만 명 이상의 레디터들이 그녀의 해임을 요구하는 탄원서에 서명했다. 그녀는 결국 사직했다. 이번에는 그녀의 후임으로 레딧의 설립자인 스티브 허프먼 Steve Huffman 이 이듬해 일련의 논란의 중심에 섰다.

레딧 이용자들과 경영진은 레딧을 다른 소셜 미디어 웹사이트들과 매우 다르게 만드는 정치적 행동주의에 일상적으로 관여한다. 2013년, 과학 분야 서브레딧은 기후 변화를 거부하는 콘텐츠의 게시를 금지했다. 2012년, 레딧과 위키피디아는 다른 웹사이트들과 협력하여 의회에 도입된 온라인 불법복제 금지 및 항의 IP 법

안에 반대 시위를 하기 위해 그들의 웹사이트를 하루 동안 폐쇄하기도 했다. 이러한 모든 정치적 행동주의가 회사에 의해 시작된 건 아니다. 레딧 이용자들 스스로도 자신들이 좋아하지 않는 조치에 항의하기 위해 블랙아웃이나 그 밖에 다른 조치들을 활용했고, 때로는 레딧 경영진을 직접 겨냥하기도 했다.

레딧이 소셜 미디어 분야에서 또 한 가지 눈에 띄는 점은 비트코인에 대한 지원이다. 2013년, 이 사이트는 구독서비스인 레딧골드 이후 레딧 프리미엄으로 바뀌었음의 결제수단으로 비트코인을 받아들이기 시작했다.

한 가지는 확실하다. 레딧은 다른 중앙집중화된 소셜 미디어 웹사이트와는 다른 문화적인 측면이 있다. 그러나 중앙집중화는 여전히 회사의 수준에서보다 하위 레딧 수준에서 더 강력하게 드러난다. 어쨌거나 일부 블록체인 마니아들의 눈에는 페이스북이나 레딧이나 중앙집중화되어 있기는 마찬가지다.

트위터

2006년, 트위터는 최초의 마이크로블로그 플랫폼으로 출시되었다.

홈페이지 주소 등 140자 이하의 문자메시지를 이미지 없이 올리는 데만 국한됐던 단순 웹사이트로 출발했던 트위터는 이후 범위가 훨씬 확대됐다. 트위터 공동 설립자들은 기술 기업가들을 총 망라한 슈퍼 그룹과 같다. 먼저 잭 도시는 연이어 페이먼트 컴퍼니인 스퀘어를 출시한 인물이다. 노아 글래스 Noah Glass 는 팟캐스트의 선구자다. 비즈 스톤 Biz Stone 은 2000년부터 2년 동안 쟁가에서 크리에이티브 디렉터를 맡았고, Q&A 앱인 젤리 Jelly 를 공동 설립하기도 했다. 이 그룹에서 폴 매카트니와 같은 존재인 에번 윌리엄스 Evan Williams 는 블로거와 미디움을 모두 설립했는데, 둘 다 인터넷에서 가장 큰 두 개의 웹사이트로 남아있다.

트위터는 진정한 존재 목적이 없었다는 점에서 소셜 미디어 스타트업들 사이에서 독특한 사례로 꼽힌다. 다른 소셜 네트워크 웹사이트들이 처음부터 명시된 목적을 가지고 있었다면 유튜브는 비디오 공유 사이트, 페이스북은 대학생들을 위한 소셜 네트워크, 핀터레스트는 이미지 공유 사이트, 트위터는 그렇지 않았다. 설립자들조차 트위터를 정의하는 데 어려움을 겪었다.

윌리엄스는 〈Inc.〉 매거진과의 인터뷰에서 다음과 같이 말했다.

"트위터에 대해 말하자면, 그게 무엇인지 분명하지 않았어요. 사람들은 그것을 소셜 네트워크라고 불렀습니다. 다른 사람들은 마이크로블로그라고 불렀습니다. 하지만 정의를 내리기는 어려웠어요. 왜냐하면 그것은 어떤 것도 대체하지 못했기 때문입니다. 어떤 것들은 시간이 흐르면서 그게 무엇인지 알게 되는, 그런 발견의 길도 있는 것이죠. 트위터는 사실 우리가 처음에 생각했던 것과 달라졌습니다. 우리는 트위터를 상태 업데이트와 소셜 유틸리티라고 불렀습니다. (중략) 그것은 검색과 해시태그를 포함시키고 리트윗이 작동하는 방식과 같은 모든 종류의 디자인 결정으로 이어졌죠."

결국 트위터는 성장하면서 스스로 무엇이 되고 싶은지 알아내기 시작했다. 2009년, 지금은 없어진 웹 트래픽 분석 서비스 Compete.com 그림3.2에 따르면, 트위터는 소셜 네트워크 웹사이트 중 세 번째로 높은 순위를 기록했다.

획득 게임을 하는 다른 소셜 네트워크들과 마찬가지로, 트위터는 다른 웹 속성

Top 25 Social Networks Re-Rank

(Ranked by Monthly Visits, Jan '09)

 compete.com

Rank	Site	UV	Monthly Visits	Previous Rank
1	facebook.com	68,557,534	1,191,373,339	2
2	myspace.com	58,555,800	810,153,536	1
3	twitter.com	5,979,052	54,218,731	22
4	flixster.com	7,645,423	53,389,974	16
5	linkedin.com	11,274,160	42,744,438	9
6	tagged.com	4,448,915	39,630,927	10
7	classmates.com	17,296,524	35,219,210	3
8	myyearbook.com	3,312,898	33,121,821	4
9	livejournal.com	4,720,720	25,221,354	6
10	imeem.com	9,047,491	22,993,608	13
11	reunion.com	13,704,990	20,278,100	11
12	ning.com	5,673,549	19,511,682	23
13	blackplanet.com	1,530,329	10,173,342	7
14	bebo.com	2,997,929	9,849,137	5
15	hi5.com	2,398,323	9,416,265	8
16	yuku.com	1,317,551	9,358,966	21
17	cafemom.com	1,647,336	8,586,261	19
18	friendster.com	1,568,439	7,279,050	14
19	xanga.com	1,831,376	7,009,577	20
20	360.yahoo.com	1,499,057	5,199,702	12
21	orkut.com	494,464	5,081,235	15
22	urbanchat.com	329,041	2,961,250	24
23	fubar.com	452,090	2,170,315	17
24	asiantown.net	81,245	1,118,245	25
25	tickle.com	96,155	109,492	18

그림3.2 2009년 1월, 페이스북이 마이스페이스를 제치고 사람들이 가장 많이 방문한 웹사이트가 되었고, 트위터는 월간 방문수 기준 22위에서 3위로 올라섰다. (출처: Compete.com)

을 획득하여 자체 기술을 강화할 수 있게 했다.

　트위터는 유명인들에게 인기 있는 소셜 네트워크다. 정치인과 프로 운동선수, 레코딩 아티스트, 배우, 기타 유명 연예인들이 트위터에서 활동하고 있으며 많은 시청자를 보유하고 있다. 2020년 5월 기준으로 팔로워 수가 가장 많은 트위터 계정은 버락 오바마 전 대통령 1억1809만 명, 저스틴 비버 1억178만 명, 케이티 페리 1억850만 명, 리한나 9억694만 명, 테일러 스위프트 8억614만 명 등이다. 트위터 마니아 도널드 트럼프 전 대통령이 8위에 올랐다.

다른 중앙집중화된 소셜 미디어 플랫폼과 마찬가지로, 트위터도 논란의 여지가 있다. 거의 초창기 때부터 트위터는 가짜계정의 확산과 싸워왔다. 트위터는 2009년부터 이용자들에게 검증된 계정을 제공하기 시작했다. 2017년, 이 사이트는 이용자 검증을 중지했다가 다음 해에 인증 상태를 복구하였다.

트위터는 또한 데이터 프라이버시, 보안, 그리고 플랫폼에서 잘못된 정보가 확산될 때 일어날 수 있는 여러 문제점들을 노출했다. 실제로 2020년 초 전 세계인들의 삶을 교란시킨 코로나바이러스 대유행의 와중에 트위터는 해당 전염병에 대한 잘못된 정보를 담은 트윗에 경고 라벨을 추가하기 시작한다고 발표했다. 두 달 뒤 유명 트위터 계정 100여 개가 해킹당하는 사건이 터졌는데, 이들 트윗을 통해 특정 비트코인 지갑 주소로 비트코인을 보낸 사람은 누구나 100% 수익률을 보장받을 수 있다는 내용이 무차별적으로 배포되었다. 트위터는 감염된 모든 계정상의 트윗을 비활성화하고 암호를 재설정했다.

그 주요 해킹 사건이 일어난 지 채 1년도 되지 않아 트위터 공동설립자이자 CEO인 잭 도시의 계정이 해킹당하여 해커들이 그의 계정을 통해 조잡한 메시지를 보내고 폭탄 위협을 가할 수 있게 했다.

2020년에 일어난 또 다른 사건의 경우에는 페이스북의 공식 트위터 계정이 아워마인OurMine 이라는 사우디의 해커그룹에 의해 해킹당하기도 했다.

2020년 대선 기간 동안, 트위터는 일부 지역에서 도널드 트럼프 당시 대통령의 트윗과 관련한 정책으로 비난을 받았다. 지난 5월, 트럼프는 우편을 통한 투표는 본질적으로 사기라고 트위터를 통해 밝혔다. 며칠 후, 트럼프는 조지 플로이드 살인 사건 이후 폭력적으로 변한 시위에 대한 논란이 많은 트윗을 발표했다. 그는 자신의 트위터를 통해 "약탈이 시작되면 총격이 시작된다."고 말했다. 이번에는 트위터가 해당 트위터에 공개 공지를 올렸다. 트럼프의 트윗이 한 국가의 대통령이 게시했기 때문에 공익성이 있다는 사실만 아니라면 해당 게시물을 제거했을 거라는 내용이었다. 그러나 결국 2021년 1월, 트럼프 대통령이 1월 6일 미 국회의사당 난입 사건을 선동했다는 혐의로 기소된 이후, 트위터는 그의 계정을 정지시켰다. CEO인 잭 도시는 그가 그런 류의 권력을 갖지 말아야 했다는 점을 인정하면서도 그러한 결정을 옹호했다.

다른 많은 사람들과 마찬가지로, 나는 어떤 소셜 미디어 플랫폼이 오보를 감시하거나 편집자의 역할을 하거나 또는 무엇이 정확한 정보인지 아닌지를 결정함으로써 정치 과정에 자신을 개입시키는 것에 대해 우려를 표한다. 뉴스 미디어 소비자들이 그들의 뉴스가 편견에 물들지 않기를 기대하는 것처럼, 소셜 미디어 플랫폼이 중립을 유지하기를 기대하는 것은 타당하다. 우리는 정말 멋진 신세계에 들어선 것 같다.

그 밖의 플랫폼들

소셜 인터넷의 성장은 계속되고 있다. 지난 몇 년 동안 소셜 미디어 플랫폼의 만신전에 핀터레스트와 큐오라, 인스타그램, 스냅챗, 틱톡 등이 동참했다. 각각은 모두 중앙집중식 계층적 조직 구조를 가지고 있다.

역사는 세 가지를 잘 하는 소셜 플랫폼이 성공한다는 것을 보여준다. 첫째, 강력한 마약처럼 이용자들을 끌어당기고 연결시키는 기술을 개발해야 한다. 둘째, 든든한 자금을 확보해야 한다. 셋째, 그 자금을 빅테크로부터 인재를 포함한 전반적인 임무에 기여하는 다른 자산을 확보하여 자체적으로 기술을 개선시키는 데 사용해야 한다. 또한 올바른 이용자에게 제품을 판매하는 데 사용해야 한다. 지금은 디지털 반전이 있는 자본주의의 시대다.

혹자는 인터넷이 소셜적이기를 원한다고 말할 수 있다. 그것은 탈중앙화된 출발점으로부터 멀리 벗어나 있다. 페이스북은 인터넷을 중앙집중화하지는 않았지만, 사람들이 원하는 것을 가지고 있다는 사실을 교묘히 이용했다. 검색엔진이 이름 없고 얼굴 없는 알고리즘으로 권력과 통제력을 장악하는 동안, 소셜 네트워크 웹사이트들은 그들의 투명성 결여를 통해 그 권력과 통제력을 이용했다.

이제 질문은 다음과 같다. 상업적인 인터넷의 반복은 과연 어떤 모습일까?

블록체인 옹호자들은 이것이 탈중앙화되고, 사적이며, 안전하고, 빠르고, 이용자가 통제할 수 있는 비트코인과 닮기를 바라고 있다.

인터넷과 마찬가지로 소셜 미디어는 풍성한 역사를 가지고 있다. 인터넷 발전은 페이스북이 사람들의 삶과 생계를 엄청나게 통제하고 있는 현 상태로 우리를 이끌었다. 초기의 플랫폼은 이보다 더 단순하고 비천했다. 그들은 세계 지배를 추구하지도 않았다. 그러나 시간이 지남에 따라 소셜 미디어 플랫폼은 몸집을 불리며 더 우리를 학대하기 시작했다. 그들은 잘 연결된 몇몇 금융권으로부터 막대한 금융 투자를 유치했고 그 돈으로 이용자들을 착취했다. 그들은 그들이 실지로 전달하는 것과는 반대로 더 많은 자유와 통제를 약속함으로써 이런 짓을 하고 있다.

게다가 소셜 미디어 플랫폼은 처음부터 큰 논란을 불러 일으켰다. 데이터 침해에서 불법 활동 및 유해 활동에 이르기까지 가장 인기 있는 플랫폼 중 일부는 이러한 악용으로부터 부당한 이익을 얻어왔다. 그들은 점점 더 중앙집중적이 되었고 이제 일부 정부가 할 수 있는 것보다 더 많은 권력을 휘두르고 있다. 블록체인과 암호화폐 옹호자들은 탈중앙화를 통해 이러한 힘의 불균형을 바꾸기 위해 싸우고 있고 소셜 미디어는 그 전쟁의 한 전선으로 떠오르고 있다.

PART 04

암호화폐의
등장과 성장

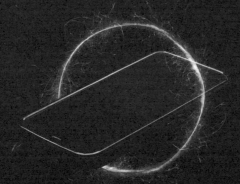

소셜 미디어 플랫폼의 등장과 인기는 인터넷이 등장하고 인기를 얻었던 과정과 유사하다. 플랫폼은 분산된 컴퓨터 네트워크를 파워 브로커들의 작은 연합체로 탈바꿈하는 데 커다란 역할을 해왔다. 파워 브로커들은 자신들이 보유한 사용자들을 때로 몇 가지 이유들로 플랫폼에서 쫓아내고 자격을 박탈하는 데 자신의 힘을 사용하면서 다른 이들이 만든 콘텐츠에서는 이익을 얻었다.

소셜 미디어는 자격요건이란 게 없다. 플랫폼은 누구에게도 발언권을 주거나 수익화 수단을 제공하지 않는다. 반면에 이러한 이익을 제공한 후 임의로 빼앗는 것은 플랫폼 자체의 명시적 가치와 일치하지 않는다.

암호화폐는 나름의 역사가 있다. 암호화폐의 역사는 짧지만, 많은 면에서 인터넷의 발전을 반영하고 있다. 적어도 블록체인 기술, 통틀어서 암호화폐는 인터넷과 같은 원리에 기반을 두고 있었다. 여기에는 탈중앙화, P2P 상호 교류, 발언의 자유, 익명성을 유지하고 개인정보 보호와 거래를 수행할 수 있는 능력을 포함한 자신의 콘텐츠와 아이덴티티에 대한 통제권이 포함된다.

암호화폐가 어떻게 소셜 미디어 사용자에게 힘을 실어주고 콘텐츠 제작자와 소비자에게 더 큰 자유와 자기 수익화를 향한 영감을 줄 수 있는지 이해하기 위해서는 이들의 발전과 역사를 이해하는 것이 무엇보다 중요하다. 대체 무엇 때문이 암호화폐는 그렇게 빨리 인기를 얻은 것일까?

비트코인 이전의
디지털 화폐
조상들

비트코인이 없었다면 블록체인도 없었을 것이고, 다른 암호화폐들도 없었을 것이다. 하지만 비트코인 역시 하늘에서 그냥 뚝 떨어진 게 아니다. 많은 기술들과 마찬가지로 비트코인도 여러 기술적 발전들이 한데 뭉쳐진 것이다. 이것은 한 개인이 자신의 골방에서 아들에게 줄 새 장난감을 만들려고 조물딱거리다가 뚝딱 만들어 낸 게 아니다. 비트코인은 정말로 몇몇 심오한 사상가들이 만들어낸 아이디어다. 그들은 각기 혼자서 할 수 있었던 것보다 더 큰 무언가에 기여했고, 그 후에 비트코인의 생애는 시작되었다.

비트코인의 탁월함에 대해 이야기하기 전에 비트코인 이전에 이루어진 발전에 대해 짧게 논의해 보자.

비트코인 이전에 디지털 화폐를 만들려는 시도가 여러 차례 있었다. 그 중에는 디지캐시, 이골드, 해시캐시, 비머니, 비트골드 등이 있었다.

이러한 원시적인 디지털 화폐들은 저마다 뛰어난 정신을 지니고 있었지만, 모두 어떤 면에서는 인기를 얻을 수 없게 만든 요인이 있었다. 각각의 개발이 비트코인을 만드는 데 어떻게 기여했는지 볼 수 있게 그들의 장단점을 논의해 보자.

디지캐시

디지털 현금 시스템을 만들기 위한 첫 번째 시도는 1989년에 있었다. 월드와이드웹은 여전히 영국의 컴퓨터 과학자 팀 버너스 리의 머릿속에 있었고 1990년까지는 결실을 맺지 못한 상태였다. 대서양 건너편에서 데이비드 차움이라는 이름의 미국 컴퓨터 과학자가 사적인 대화를 공적으로 볼 수 없게 차단하기 위한 공용키-개인키 시스템에 기반한 보안 프로토콜을 연구하고 있었다. 그는 은닉서명이라는 기술을 만들었고 디지캐시라는 회사를 설립하여 개인이 자신의 기술을 이용하여 전자결제를 주고받을 수 있도록 했다. 물론 당시만 해도 큰돈을 가진 사람은 누구나 그것을 은행에 보관하고 있었다. 차움은 오직 한 개의 미국 은행과 한 개의 독일 은행인 도이체방크만이 그의 기술을 채택하도록 할 수 있었다.

하지만 차움은 디지캐시를 성장시킬 수 없었고 회사는 1998년 파산법 제11장에 의거하여 파산을 신청했다.

이-골드(E-gold)

디지캐시가 멀리 가지 못한 반면 이골드는 큰 진전을 이뤘다. 1996년, 세인트키츠와 네비스에 설립된 회사에 의해 출범한 이 회사의 미국 사업부는 플로리다에 본사를 두고 있다. 2004년까지 이 회사는 백만 개의 계정을 가지고 있었고, 2006년까지 이 온라인 회사는 연간 20억 달러 이상의 거래를 처리하고 있었다.

이골드가 초기에 성공을 거두는 데 도움을 준 몇 가지 핵심 요소들이 있었다. 우선 이골드는 언론의 주목을 상당히 많이 받았다. 〈배런스〉와 〈와이어드〉 모두 이 서비스에 대해 꽤 우호적으로 글을 썼다. 〈파이낸셜 타임스〉는 '웹에서 임계 질량을 달성한 유일한 전자 화폐'로 묘사했다. 이골드는 또한 최초의 비신용 카드 결제 서비스인 애플리케이션 프로그래밍 인터페이스를 사용하여 전자상거래가 구축될 수 있는 수단을 제공했다.

다양한 유형의 사업체들 다수가 이골드를 지원했는데, 여기에는 캘리포니아 자유당과 일렉트로닉프런티어재단, 그리고 모질라재단이 포함되어 있었다.

이골드가 플로리다에서는 은행 계좌에 보관된 진짜 금화로 뒷받침되기도 했다. 하지만 초기에 반짝 성공하며 이골드는 가치를 저장할 수 있다는 기능 때문인지 빠르게 모든 종류의 금융사기의 타깃이 되고 말았다. 이 서비스는 2001년 6월 온라인상의 금융서비스에 대해 최초로 알려진 피싱 공격을 유발한 것으로도 악명 높다.

이골드가 직면한 또 다른 문제는 해커들이었다. 많은 사용자들은 이 서비스가 익명 트랜잭션을 허용한다고 생각했다. 그러나 비록 사용자들이 가명으로 자신의 계정을 만들 수 있었지만, 해커들은 로그인 시도를 데이터 마이닝해서 엔지니어 계정의 소유권을 되돌릴 수 있었다. 사실 법 집행기관들이 이런 기술을 활용해서 서비스를 이용하는 범죄자들을 잡곤 했다.

이것 말고도 다른 문제가 또 있었다. 사기가 들끓었다. 당시 은행 시스템은 인터넷상에서 디지털 거래를 하도록 설정되어 있지 않았기 때문에, 전체적으로 신분 도용과 수표 사기의 정도가 매우 높았다. 이골드는 이 문제에 무방비 상태였다. 게다가 사이버 범죄가 전반적으로 증가하고 있었다. 이골드는 금융 범죄자, 아동 포르노 제작자, 테러리스트들이 주로 이용하는 지불 시스템으로 연관되었다.

2006년, 미국 재무부는 송금 서비스를 다시 정의했고, 미국 법무부는 이골드의 설립자들을 기소했다. 2년 후, 설립자들은 법무부와 합의 하에 문을 닫았다.

해시캐시

애덤 백은 이메일에 대한 보다 강력한 암호화 프로토콜을 원했다. 1997년, 대부분의 사람들과 마찬가지로 그 역시 편지함에 넘쳐나는 스팸들로 짜증이 났고 이를 해결할 수 있는 솔루션을 찾았다. 그 솔루션이 바로 해시캐시였다.

간단히 말해서, 이메일 메시지를 보낸 사람은 자신의 컴퓨팅 파워의 일부를 수학적 계산을 풀기 위해 사용할 수 있으며, 이는 다시 이메일 수신자가 검증해야 하는 일부 코드로 구성된 헤더라인을 만들도록 되어 있었다. 애덤 백은 스팸메일 발송자들이 한꺼번에 많은 이메일을 보내는 경향이 있기 때문에 이메일을 보내기 위해 적은 양의 컴퓨팅 파워를 소비하도록 만드는 것이 역효과를 낼 것이라고 이론화했다. 각 해시 프로세스가 점진적으로 합산되는 비용은 노력을 억제할 거라고 생각한 것이다.

해시캐시는 이메일 스팸과 싸우는데 큰 인기를 끌지는 못했지만, 이 기술은 비트코인 채굴의 기초가 되었다.

비-머니(B-Money)

나는 비-머니가 실제로 실행되었다는 어떠한 증거도 찾지 못했지만, 비-머니를 제안한 웨이 다이 Wei Dai 라는 이름의 컴퓨터 엔지니어는 계산 문제를 풀어서 돈을 버는 것에 기반한 디지털 화폐에 대해 두 가지 제안을 내놓았다. 그 해는 1998년이었다. 그가 제안한 시스템은 다음의 세 가지 핵심 가치에 기반하도록 설계되었다.

① 계산 문제를 푸는 데 사용되는 컴퓨팅 파워의 비용에 대해 동의하는 두 사람

② 중재인을 통해 그들 사이의 계약을 이행할 수 있는 능력

③ 그리고 두 당사자가 익명으로 운영 및 거래할 수 있는 능력

웨이 다이는 자신이 제안한 프로토콜을 실행하지 않았지만, 그의 제안은 비트코인의 미스터리한 개발자가 발행한 비트코인 백서에 언급되었다.

비트골드

비트코인의 창조를 낳은 또 다른 발전은 1998년 컴퓨터 과학자 닉 재보가 내놓은 제안이었다. 재보는 보안과 신뢰의 특성을 지닌 하나의 자산으로 금의 탈중앙화된 속성을 흉내 내기를 원했다.

금은 천연 자원이다. 그러므로 그것은 어떤 중앙의 권한에 의해서도 통제되지 않는다. 금 투자자들은 중개인 없이 그들 사이에 금을 사고팔고 거래할 수 있다. 게다가 금은 가치를 저장하고 보유할 수도 있다. 재보는 만약 이러한 속성들이 디지털 화폐에 그대로 복제될 수만 있다면, 중개자 없이 현실에서 누구나 자유롭게 사고, 팔고, 거래할 수 있다고 추론했다.

재보의 비트골드는 애덤 백의 해시캐시와 유사한 작업증명 시스템을 사용하려고 했다. 재보가 해결하지 못한 문제는 이중지불의 문제였다. 사용자는 거래가 두 번 진행되거나 제3자에게 낚여 추적할 수 없는 익명의 지갑 주소로 보내지는 두 번째 거래와 복제되는 문제를 어떻게 막을 수 있을까? 나카모토는 10년 뒤 비트코인을 도입하면서 이 문제를 해결했다.

나카모토 사토시의
미스터리

비트코인을 만든 익명의 발명가는 사이퍼펑크로 알려진 암호학자들의 활동가 그룹의 일원이었을지도 모른다. 인터넷을 포함한 많은 다른 기술 혁신들처럼, 암호화는 미국 정부로부터 시작되었다. 냉전 기간 동안, 암호학은 미국의 국가 기밀이 적들에 의해 도용되는 것을 막기 위해 사용되었고, 반대로 적의 메시지를 해독하는 데에 사용되었다. 1970년대, 어떻게 해서든, 그런 특성은 변화를 맞았고, 암호학은 민간 부문에도 진출하게 되었다.

1980년대 초, 차움은 암호학에 대한 논문을 쓰면서 컴퓨터 과학 박사학위를 취득했다. 그는 이어서 〈신분증 없는 보안 : 빅 브라더를 쓸모없게 만드는 카드 컴퓨터〉라는 제목의 논문을 한 편 썼는데, 이 논문이 본질적으로 사이퍼펑크 운동을 일으켰다. 차움은 나중에 암호학 연구를 촉진하기 위해 여러 암호학 단체들을 세웠다.

사이퍼펑크는 1990년대 초반 등장했다. 느슨한 조직은 본래 회원들이 사생활과 익명성 문제, 정치적 행동에 대해 논의하는 메일링 리스트로 시작되었다. 1993년, 회원 중 한 명이 사이퍼펑크 선언문을 작성했다. 그 선언문의 첫 번째 단락은 다음과 같다.

"전자 시대에 열린 사회를 위해서는 프라이버시가 필수적이다. 프라이버시는 비밀이 아니다. 사적인 문제는 온 세상이 알기를 원하지 않는 어떤 것이라면, 비밀은 누구도 알기를 원하지 않는 것이다. 프라이버시는 자신을 선택적으로 세상에 드러내는 능력이다."

같은 해 사이퍼펑크는 〈와이어드〉 잡지의 기사로 대중매체의 관심을 끌었다. 작가 스티븐 레비 Steven Levy는 그러한 프라이버시가 필요하다고 썼다. 그러나 다음과 같이 언급 하기도 했다.

"장애물들은 정치적이다. 즉 정부 안에서 가장 강력한 세력 중 일부는 이러한 도구를 통제하는 일에 전념하고 있다. 간단히 말해서, 암호화를 해방시킬 사람들과 그것을 억압할 사람들 사이에 전쟁이 벌어지고 있는 중이다. 이 회의장 주변에 널려 있는 무해해 보이는 뭉치는 친암호화 세력의 전위대를 상징한다. 비록 전쟁터가 멀어 보이지만, 위협은 그렇지 않다. 이 투쟁의 결과는 21세기에 우리 사회가 우리에게 줄 자유의 분량을 결정할지도 모른다. 사이퍼펑크들에게 자유는 어느 정도 위험을 감수할 가치가 있는 문제다."

레비는 사이퍼펑크의 이상이 실현될 수 있는 유일한 방법은 "광범위한 암호학의 사용."이라고 말했다.

이 단체를 구성하는 많은 이들은 급진적인 활동가였다. 그들은 프라이버시 문제에 있어서 시민불복종을 옹호하고, 프라이버시와 소스 코드를 보호하기 위해 정부를 고소했으며, 정부의 감시를 무력화하기 위해 기술을 사용했다.

지난해 말까지만 해도 암호화폐 사회에서는 나카모토 사토시를 사이퍼펑크의 일원으로 여겼지만, 〈리즌〉지가 발간한 다큐멘터리가 이 문제를 두고 트위터상에서 일대 논쟁을 불러일으켰다. 그가 사이버펑크든 아니든 간에, 나카모토는 2008년 10월에 비트코인을 소개하는 백서를 발표했고 웨이 다이와 애덤 백을 포함한 몇몇 사이퍼펑크들을 인용했다. 더욱 흥미로운 것은 그가 후에 루게릭 병이라고도 불리는 근위축성 측삭경화증과 합병증으로 사망한 사이퍼펑크 멤버 할 피니Hal Finney에게 첫 번째 비트코인을 보냈다는 사실이다. 2011년, 그는 미스터리하게 대중의 눈에서 사라졌고, 그 바통을 사이퍼펑크 중 한 명에게 넘겨주었다.

그가 그의 백서를 발표할 때까지 사이퍼펑크에 관심이 있었는지의 여부는 대부분 관련이 없는 문제다. 그는 암호화폐를 가능케 한 일련의 발전상을 분명히 알고 있었다. 그 이후로 나카모토의 정체를 둘러싸고 여러 가지 추측이 난무했다. 일부는 웨이 다이나 애덤 백, 닉 재보, 할 피니를 나카모토라고 지목했다. 정작 그들 모두는 그 사실을 부인했다. 노벨상 수상자인 존 포브스 내시John Forbes Nash가 나카모토일 수 있다는 소문도 돌았다. 그는 끝내 그 질문에 침묵을 지킨 채 2015년에 죽고 말았다.

같은 이유로 다른 사람들은 자신이 나카모토라고 주장하며 나섰다. 호주의 기업가 크레이그 라이트Craig Wright는 그런 저명한 인물들 중 한 명이다.

어떤 이유에서든, 나카모토는 익명으로 남고 싶었다. 미국의 워터게이트 사건을 폭로했던, 기자들의 익명의 정보원인 딥 쓰로우트Deep Throat가 그랬듯이. 오늘날 우리는 딥 쓰로우트가 닉슨 대통령이 스캔들에 연루되었을 1973년 당시 FBI의 부국장이었던 W. 마크 펠트였다는 사실을 안다. 마찬가지로 언젠가는 나카모토 사토시의 정체도 알게 될지 모른다. 그가 사라진 이후, 법정화폐의 가장 큰 위협이 되었던 비트코인의 배후에 도대체 누가 있는지에 끝도 없는 추측이 이어졌고, 일부 예측자들은 나카모토가 한 사람이 아니라 협력하는 사람들의 집단이라고 암시하기도 했다. 그런 주장은 "그들 중 두 명이 죽으면 셋이 비밀을 지킬 수 있다."는 벤저민 프랭클린의 멋진 주장을 고려했을 때 그럴 것 같지는 않다.

나카모토가 누구든 간에 그는 자신의 정체를 드러내지 않을 것 같다. 그리고 다른 누군가가 그가 누구일지 추측해낼 가능성도 없어 보인다. 난 그것이 그렇게 중요한 문제인지에 대해 의문을 제기해야겠다. 중요한 것은 그가 우리에게 비트코인을 남겼고, 비트코인은 수많은 아이들을 낳았다는 것이다. 그 아이들은 이제 소셜 미디어 혁명을 촉발시키고 있는 손자들을 낳았다.

사토시의
열두 사도

사토시의 열두 사도를 채우는 일은 그리 쉬운 일이 아니다. 우선 후보자들 중 몇 몇은 그의 전임자들이다. 반면 놀라운 업적을 남기고 있는 수백 명의 암호화폐 개 척자들이 존재한다. 그래서 사도가 어떤 사람인지 어떻게 정의할까?

사도使徒라는 말은 고전 그리스어에서 유래했으며 문자 그대로 '보낸 사람' 또는 '메시지를 가지고 사명을 받은 사람'을 의미한다. 한 마디로, 사도는 사절 혹은 특 사, 대표다.

주요 종교는 그 종교사에서 중요한 사람들을 나타내기 위해 그 단어를 사용한 다. 기독교에서 12명의 사도들은 십자가에 못박혀 매장된 이후 그리스도에 의해 직접 그의 메시지를 전하라는 사명을 받았다. 이슬람교에서는 역사를 통틀어 다 양한 예언자들을 메신저 또는 사도라고 부른다. 어떤 의미에서 그것은 또한 '기초 를 쌓는다'는 의미를 갖는다. 즉, 사도는 기층基層이 될 수 있다.

우리가 그 단어를 너무 문자 그대로 사용한다면, 암호화폐의 경우, 큰 의미가 없 을 수도 있다. 내가 알기로는 나카모토 사토시의 일을 담당하도록 임명되거나 특 별히 사명을 받았을 수 있는 사람은 단 한 명뿐이다. 다른 사람들은 사토시의 비전을 전도하는 일을 떠맡았다. 어쨌든 다음에 열거되는 개인들은 각자 암호화폐의 초기 발전과 성장에 중요한 역할을 한 인물들이다.

나는 나카모토 사토시와 직접적인 관계가 있고, 2011년 나카모토가 사라지기 전에 비트코인의 성장이나 발전에 적어도 한 가지 중요한 공헌을 했던 사람, 2011년과 2014년 사이에 암호화폐 개발에 여러 가지 중요한 공헌을 남긴 사람, 또는 2011년과 2014년 사이에 통화 생태계에 한 가지 큰 공헌을 한 사람으로 사도의 목록을 좁히려고 노력했다.

할 피니

할 피니 Hal Finney 는 비트코인이 초창기 발전하는 데 두 가지 중요한 기여를 했다. 그는 새로운 기술을 테스트하기 위해 나카모토가 피니에게 보낸 비트코인 거래의 첫 번째 수신자였다. 그는 또한 나카모토가 비트코인 블록체인을 대중이 쓸 수 있도록 코드를 정리하고 다듬는 것을 도왔다. 이 일은 첫 번째 거래가 있은 지 며칠 후에 일어났다.

마지막 사건이 있은 지 얼마 되지 않아, 피니는 자신이 루게릭병을 진단받았다고 발표했다. 5년 후에 그는 합병증으로 죽었다.

애덤 백

애덤 백은 두 가지 측면에서 비트코인의 발전에 중요한 역할을 한다. 첫째, 비트코인의 기반인 작업증명 시스템의 발명가로서 백은 나카모토가 쓴 백서에 인용된

몇 안 되는 암호화폐의 선구자 중 하나다. 아홉 쪽짜리 논문 중 3쪽에 그가 애덤 백에 관해서 말한 내용은 다음과 같다.

P2P 기준으로 분산 타임스탬프 서버를 구현하려면 신문이나 유즈넷 게시물이 아닌 애덤 백의 해시캐시[6]와 유사한 작업증명 시스템을 사용해야 한다. 작업증명에는 SHA-256과 같이 해시될 때 해시가 다수의 0 비트로 시작되는 값을 스캐닝하는 작업이 포함된다. 요구되는 평균 작업은 필요한 0 비트 수로는 지수이며 단일 해시를 실행함으로써 검증할 수 있다.

나카모토 사토시의 정체가 누구인지 수수께끼를 풀려고 했을 때, 애덤 백은 자신이 비트코인을 개발했다는 사실을 부인했지만, 사실 가장 유력한 인물 중 한 명이다. 그럼에도 불구하고 나카모토는 애덤 백에게 자신이 언급될 것이라는 사실을 알리기 위해 연락했다. 사실 애덤 백은 나카모토로부터 일찌감치 이메일을 받은 두 사람 중 유일한 한 명이다.

백은 처음부터 비트코인 개발을 지원했다. 2014년 개발이 충분히 빨리 이루어지지 않고 있다고 보고, 그는 미래의 블록체인 기술을 구축하는 데 초점을 맞춘 회사인 블록스트림 Blockstream 을 만들기도 했다.

개빈 앤드리센

나카모토 사토시의 후계자로 임명된 한 사람이 있다면 바로 개빈 앤드리센이다. 2010년, 그는 비트코인의 주요 개발자 중 한 명이었다. 그는 또한 사용자들에게 무료로 비트코인을 나눠주기 위해 고안된 보상체계인 최초의 비트코인 수도꼭지를 시작한 인물로 알려져 있다. 같은 해, 그는 클리어코인 ClearCoin 이라는 에스크로 서비스를 만들었지만, 2011년에 서비스를 중단하고 말았다.

2011년에 일어난 또 다른 사건은 나카모토의 증발이다. 그의 마지막 이메일은 앤드리센에게 보내졌다. 그 메일엔 다음과 같이 쓰어 있었다.

"자꾸 저를 미스터리한 그림자 같은 인물로 몰아가지 않았으면 좋겠어요. 언론은 그걸 해적 통화의 각도로 바꿔놓죠. 대신 오픈소스 프로젝트를 성공시켜 여러분의 개발 기여자들에게 더 많은 크레딧을 주십시오. 그것은 그들에게 동기를 부여하는 데 도움이 될 겁니다."

앤드리센이 콘퍼런스에서 연설하도록 초대받았다고 답했을 때, 나카모토는 그 메일에 답장을 하지 않았다.

2012년, 앤드리센은 비트코인 개발을 촉진하는 것이 임무였던 비영리단체인 비트코인재단을 시작했다. 일련의 논란 끝에 앤드리센은 비트코인코어 Bitcoin Core 의 수석 개발자 자리에서 물러났다. 그것은 2014년의 일이었다. 3년 뒤 그는 경쟁 암호화폐인 비트코인캐시에 대한 지지를 표명했다

라즐로 한베츠

나카모토가 그의 유명한 백서를 발표한 지 2년 후, 라즐로 한베츠 Laszlo Hanvecz 는 비트코인으로 첫 상업거래를 텄다. 그는 10,000BTC을 주고 피자 두 판을 샀다.

제드 맥케일럽

2010년에 일어난 또 다른 사건은 마운트곡스라는 비트코인 거래소의 설립이다. 그것은 최초의 비트코인 거래소는 아니었다. 최초는 비트코인 마켓 Bitcoin Market 이다. 2010년 1월에 설립되었으며, 3월에 출시되었다. 마운틴곡스는 그보다 석 달 늦게 론칭했다.

제드 맥케일럽 Jed McCaleb 은 2013년까지 전 세계 비트코인 거래량의 70%를 점유한 이 거래소를 출범시켰다.

맥테일럽은 마운트곡스가 성장하는 데 아무런 책임이 없었다. 그는 2011년에 마운트곡스를 팔았기 때문이다. 문제는 두 달 뒤, 해당 사이트는 해킹을 당해 거래자들에게 수천 달러의 손실을 입혔다. 그것이 거래소가 안고 있던 문제의 발단이었다. 이 사이트는 법적 문제, 소송, 사기 수사, 그리고 궁극적으로는 파산에 직면했다. 결국 마운트곡스는 2014년에 문을 닫았다.

한편 맥케일럽은 이제껏 세 번째로 높은 시가총액을 누려온 경쟁 블록체인 기업인 리플을 공동 창업했다. 2013년, 그는 그 프로젝트를 그만두고 스텔라라는 또 다른 암호화폐를 공동 설립했다.

맥케일럽의 전문적인 프로그래밍 기술은 그를 지구상에서 가장 성공적이고 부유한 암호화폐 기업가로 만들었다. 그리고 나카모토 사토시와의 연결고리는 직접적이다. 2018년 〈뉴욕타임스〉는 그를 블록체인 혁명을 이끄는 10대 인물 중 한 사람으로 선정했다.

찰리 리

찰리 리 Charlie Lee 가 암호화폐 생태계에 기여한 공로는 너무 대단해서 그의 트위터 핸들은 @Satosilite다. 2011년, 그는 구글에 고용된 컴퓨터 과학자로 비트코인에 관심을 가졌다. 그는 즉시 라이트코인이라는 새로운 암호화폐에 대한 작업을 시작했고 몇 달 후에 그것을 출시했다. 2017년 기준으로 시가총액 기준으로 볼 때 네 번째로 큰 암호화폐다. 그 해, 찰리 리는 이해 상충을 이유로 자신이 보유한 라이트코인을 전부 내다 팔기도 했다.

찰리 리는 2013년 구글을 떠나 당시 미국 최대의 암호화폐 거래소인 코인베이스로 출근했다. 2018년부터는 라이트코인을 풀타임으로 작업하고 있다.

비탈릭 부테린

암호화폐 세계에서 기독교인들이 '이방인들의 사도'이자 신약성서 대부분을 쓴 저자로 여기는 사도 바울의 권능과 권위를 가진 인물이 있다면 그가 바로 비탈릭 부테린 Vitalik Buterin 이다.

부테린은 2011년 〈비트코인 매거진〉을 공동 설립하고, 2013년 시가총액 2위 암호화폐인 이더리움을 출시했다. 이 두 가지 개발만으로도 2세기 동안 역사에서 그의 위치를 확고히 하기에 차고 넘친다.

러시아에서 컴퓨터 과학자의 아들로 태어난 부테린은 어렸을 때 가족과 함께 캐나다로 이주하여 토론토에서 교육을 받았다. 아버지로부터 비트코인에 대해 들었고 즉시 관심을 가졌다. 그후 그는 대학을 중퇴하고 기술 투자자인 피터 틸이 설립한 틸펠로우십으로부터 10만 달러의 보조금을 받아 이더리움을 시작했다. 그의 천재성은 암호화폐 세계에서 견줄 수 있는 사람이 없다.

로저 버

암호화폐 세계에서 로저 버 Roger Ver 만큼 비트코인을 홍보하는 일에 매진한 사람은 거의 없다. 그것 때문에 그는 '비트코인 예수 Bitcoin Jesus '라는 별명까지 얻었다.

그는 흥미로운 삶을 살았다. 2002년, 그는 이베이에서 불법 폭발물을 판매한 것에 대해 유죄를 인정했다. 2011년에는 첫 비트코인 투자를 시작했다. 비트인스턴트 BitInstant 를 지원한 후 리플, 블록체인인포 Blockchain.info , 비트페이 BitPay , 크라켄을 포함한 다른 암호화폐 프로젝트를 후원하기 시작했다. 그는 또한 2011년에 비트코인 결제를 수락한 첫 번째 회사가 되었던 메모리딜러 Memorydealers 라고 불리는 회사를 소유하기도 했다. 버는 계속해서 비트코인을 중심으로 밋업 Meetups 을 조직하고 비트코인재단을 공동 설립하기도 했다.

비트코인이라는 드라마에서 가장 화려한 캐릭터 중 한 명인 로저 버는 미국 시민권을 포기하고 2014년 세인트키츠와 네비스로 이사했다. 2017년, 그는 비트코인 포크를 지지했고 비트코인캐시를 전도하기 시작했다. 또한 2019년까지 비트코인닷컴의 CEO로 봉사하기도 했다.

로스 울브리히트

나카모토 본인을 제외하고는 비트코인과 관련된 사람치고 로스 울브리히트 Ross Ulbricht 만큼 논란이 많고 분노를 사는 사람은 거의 없다. 다크넷인 실크로드의 창시자로 가장 잘 알려진 울브리히트는 일부 사람들의 생각 속에 비트코인을 범죄 행위와 연관시키는 데 가장 큰 책임이 있는 사람일 것이다.

울브리히트는 1984년 텍사스 오스틴에서 태어났다. 보이스카우트였던 그는 이글 스카우트 계급에 도달했고, 펜실베이니아 주립대학교에서 석사학위를 받기 전 텍사스대학교에 다니며 자유지상주의적 경제 이론에 관심을 갖게 되었다. 졸업 후, 그는 오스틴으로 돌아와 비디오게임 회사를 차렸다.

울브리히트는 2010년에 실크로드에서 일하기 시작했다. 그는 개인 일기에 "나는 내가 전에 경험했던 것보다 더 많은 번영과 권력의 한 해를 만들고 있다. 실크로드는 하나의 현상이 될 것이고 적어도 한 사람은 내가 그것의 창조자인지도 모르고 그것에 대해 말할 것이다."라고 썼다. 그러나 2013년 불법 마약 영업을 하다 체포되면서 그 모든 것이 엉망이 되었다.

울브리히트는 마약을 거래하지 않았지만 마약 밀매로 이득을 보았다. 실크로드는 마약상, 살인범, 아동 포르노 제작자, 기타 수상한 범죄자들이 익명성을 가지고 불법 거래를 할 수 있도록 비트코인 관련 토르Tor 기술을 활용한 지하 인터넷 커뮤니티였다. 그것은 설계상 그렇게 되어 있었지만, 순진했고 울브리히트의 자유지상주의에 대한 완고한 헌신이었다. 그는 유죄 형량을 제안 받았으나 거절했다. 그는 두 번의 종신형에 가석방 없는 40년을 추가로 선고받았다.

2020년 12월, 도널드 트럼프 당시 대통령이 자신에 대한 사면을 고려하고 있다고 〈데일리 비스트〉가 보도하면서 울브리히트의 이름이 다시 매스컴에 떠올랐다.

찰리 슈렘

만약 2011년이 비트코인의 마법의 해처럼 보인다면, 그것은 그해가 바로 그러한 해기 때문이다. 나카모토 사토시가 개빈 앤드리센에게 개발을 맡긴 채 흔적도 없이 사라진 해다. 제드 맥케일럽이 마운트곡스를 팔았던 해이기도 하다. 찰리 리와 로저 버가 비트코인에 관심을 가졌던 해이기도 하다. 로스 울브리히트가 실크로드를 시작한 해이자 비탈릭 부테린이 〈비트코인 매거진〉을 공동 창업하고 이더리움을 창간한 해이기도 하다. 같은 해, 찰리 슈렘 Charlie Shrem 은 대학교 4학년이었고 그때 그의 비트코인 여행은 시작되었다.

기존 서비스를 통해 비트코인을 사고파는 과정에서 일부 난관에 봉착한 슈렘은 파트너를 찾아 비트인스턴트를 론칭했다.

비트코인 교환 서비스를 시작하기 위해, 그는 부모님으로부터 1만 달러를 빌렸다. 회사는 빠르게 성장했고 버와 윙클보스 쌍둥이를 포함한 다른 사람들로부터 투자를 유치했다. 2013년까지 비트인스턴트는 전체 비트코인 거래의 30%를 처리했다. 미래는 더 없이 밝아 보였다. 그리고 슈렘은 체포되었다.

2012년 비트코인재단이 설립되었을 때 슈렘은 다섯 명의 공동 설립자 중 한 명이었다. 그는 체포 후 부의장직을 사임했다.

재판을 받는 동안 슈렘은 비트코인을 그러내놓고 홍보하고 있었다. 그는 2014년 실크로드를 통한 디지털 화폐 송금으로 백만 달러를 간접적으로 촉진한 혐의로 유죄 판결을 받았다. 슈렘은 그 일로 2015년 3월부터 2016년 6월까지 복역했다. 그는 풀려난 이후 다큐멘터리에 출연하고 암호화폐 회사를 설립하며 다른 곳에서 임원으로 활동하는 등 비트코인 홍보에 적극적이었고, 2017년 스타트업 암호화폐 대시 Dash 의 적극적인 후원자가 됐다. 2년 후, 그는 〈말하지 못한 이야기〉라고 불리는 비트코인 팟캐스트를 시작했다. 그는 또한 윙클보스 쌍둥이가 건 소송의 타깃이 되었는데, 그들은 기술자들을 고소하는 데 낯설지 않은 이들이었다. 나중에 그 소송은 취하되었다.

슈렘은 때때로 혁명이 가장 필요로 하는 것은 순교자라는 사실을 입증하는 중거다.

안드레아스 안토노풀로스

런던에서 태어난 안드레아스 안토노풀로스 Andreas Antonopoulos 는 2012년부터 비트코인에 관심을 가지기 시작했다. 그는 컴퓨터 과학자로서 가졌던 프리랜서 컨설턴트를 그만두고 그때부터 비트코인을 홍보하는 대중 연설가로서의 경력을 시작했다. 그는 그 이후로 암호화폐에 관한 베스트셀러를 여러 권 썼다.

2014년, 안토노풀로스는 기자들에 의해 나카모토 사토시로 잘못 지목된 도리안 나카모토 Dorian Nakamoto 의 기금 모금 행사를 이끌기도 했다. 기자들의 전략은 논쟁을 불러일으켰고, 그 사건으로 도리안 나카모토의 삶은 몰락했다. 하지만 비트코인 커뮤니티는 그를 위해 비트코인으로 2만3천 달러를 모금했다. 안토노풀로스는 비트코인에 대한 규제를 고려하는 대정부 질문에 답하기 위해 정부 앞에 서기도 했다.

댄 라리머

대니얼 라리머 Daniel Larimer 는 대기만성형 인물이다. 2020년, 그는 조지 오웰의 유명한 문학 고전 〈동물 농장〉을 언급하는 〈더 평등한 동물들 More Equal Animals 〉이라는 제목의 블로그를 시작했고, 그 블로그에서 이전 6년간의 모든 블로그를 통합했다. 자신의 정보란에서 그는 2009년 디지털 화폐를 만드는 일을 하던 중 비트코인을 우연히 알게 된 경위를 말하고 있다. 그는 심지어 유명한 비트코인 포럼에서 나카모토 사토시와도 마주쳤는데, 이 포럼에서 사토시는 "만약 당신이 나를 믿지 않거나 이해하지 못한다면, 나는 당신을 설득할 시간이 없습니다, 죄송합니다."라는 간결한 말로 라리머에게 한 답변을 바이트마스터로 게시하기도 했다.

라리머가 비트코인을 발견한 건 2009년의 일이었지만, 그는 훨씬 후에야 블록체인 개발에 큰 기여를 했다.

2014년, 라리머는 나중에 카르다노를 만들게 될 찰스 호스킨슨 Charles Hoskinson 과 함께 분산형 암호화폐 거래소 비트세어스 Bitshares 를 설립했다. 이를 통해 라리머는 위임 지분증명 합의 메커니즘을 발명했는데, 이는 비트코인의 합의 메커니즘과는 상당히 다르게 작동한다. 라리머는 이어 블록체인 기업인 스팀 Steem 과 블록원 Block One 을 공동 창업하고, 블록체인 기반 소셜 미디어 플랫폼 스팀잇을 최초로 출시했다. 그는 또한 서비스형 블록체인 blockchain-as-a-service 회사인 EOSIO와 보이스 Voice 를 공동 설립했는데, 이는 블록체인 기술을 기반으로 한 또 다른 소셜 미디어 플랫폼이었다. 아울러 라리머는 블록체인 업계에서 처음으로 탈중앙형 자치단체에 대해 언급한 인물이기도 하다. 2021년, 그는 클라리온 Clarion OS라고 불리는 새로운 프로젝트를 발표했다.

일부 암호화폐 선구자들과 달리, 라리머는 법적인 문제에 일절 관여하지 않았고 그의 뒤에는 일련의 성공적인 프로젝트들만이 남아 있다. 그는 강력한 개발 배경을 가지고 있으며, 블록체인 철학의 많은 부분을 자신의 정치적 이상에 바탕을 두고 있다.

라리머는 사람들의 이목을 구하지 않는다는 점에서 이 목록에 있는 다른 많은 사람들과 다르다. 그는 자신이 맡은 프로젝트에 자주 나서거나 중심에 있지 않고, 대신 뒤에 앉는 것을 선호한다. 하지만 그가 남긴 족적은 그가 열정적으로 자신을 쏟아 부었던 모든 프로젝트에서 뚜렷이 드러난다.

다른 후보자들

블록체인 개발에 종사하는 똑똑한 인재들은 이밖에도 많다. 앞서 언급한 목록은 비트코인의 정신과 본질을 포착하고 2011년부터 2014년까지 비트코인의 주요 전도사가 된 몇몇 초기 개척자들을 대표한다. 그 중에서 내가 자신 없어 하는 유일한 사람은 라리머다. 그가 리스트에 포함된 이유는 그가 열두 명 중 유일하게 비트코인과 크립토 소셜 발전 사이의 직접적인 연결고리가 되어 주었기 때문이다. 열두 번째 사도는 쉽게 다음에 이어지는 초기 암호 채택자들 중 누구도 될 수 있다.

첫 번째, 브라이언 암스트롱 Brian Armstrong 은 2012년 미국 최대 암호화폐 거래소인 코인베이스 Coinbase 를 설립했다. 2014년까지 코인베이스는 100만 명의 사용자를 거느리고 있었다. 암스트롱은 탈중앙화를 지지하는 인물이지만, 정작 코인베이스는 중앙화된 거래소다.

카메론 Cameron 과 타일러 윙클보스 Tyler Winklevoss 형제 역시 일찌감치 비트코인에 투자했다. 2013년, 그들은 그 당시 채굴된 비트코인의 거의 1%를 소유하고 있다고 주장했다. 그들은 또한 비트인스턴트 BitInstant 와 같은 초기 비트코인 스타트업에 투자했고, 중앙집중형 암호화폐 거래소인 제미니 Gemini. 쌍둥이라는 의미 를 출범시키기도 했다.

마크 슬러시 팔라티누스 Mark Slush Palatinus 는 2010년에 슬러시풀 Slushpool 이라고 불리는 최초의 비트코인 채굴 풀을 만들었다.

또한 찰스 호스킨슨은 이더리움과 비트세어스를 공동 설립했다. 그는 또한 카르다노의 설립자이자 수석 개발자다.

이 밖에 2014년 론칭한 네오 블록체인의 배후에 있는 회사 온체인 OnChain 의 중국인 크리에이터 다 홍페이 Da Hongfei , 2011년 비트페이 BitPay 를 공동 설립하고 현재 CEO로 재직 중인 전 IBM 엔지니어 출신인 스테픈 페어 Stephen Pair , 시장 가격 추적 사이트인 코인마켓캡 CoinMarketCap 을 설립한 브랜든 셰즈 Brandon Chez 등도 있다.

암호화폐의
폭발

코인마켓캡은 2013년 론칭해 암호화폐 정보와 암호화폐 거래소의 가격과 시총, 암호화폐 자산 가치에 대한 가장 신뢰할 수 있는 정보 출처 중 하나로 자리 잡았다. 론칭 당시 이 사이트는 비트코인과 라이트코인, 피어코인, 네임코인, 테라코인, 데브코인, 노바코인 등 일곱 개의 암호화폐만 갖고 있었다 그림4.1.

비트코인의 코드는 시작부터 오픈소스였기 때문에, 누구나 그것을 가지고 자신들만의 암호화폐를 만들 수 있었다. 실지로 많은 이들이 그렇게 했다.

그 중 첫 번째는 2011년 초에 만들어진 네임코인이었다. 개중에서 가장 눈에 띄는 암호화폐는 2011년 뒤늦게 빛을 본 라이트코인이다. 제작자는 라이트코인을 비트코인과 경쟁하기 위한 의도로 만든 게 아니었다고 주장한다. 오히려 그는 라이트코인을 더 적은 비용을 지불하는 방법으로 보았다. 이러한 암호화폐들을 흔히 알트코인이라고 하는데, 이는 비트코인을 제외한 모든 암호화폐들을 지칭하는 말이다.

암호화폐 열풍이 유행하는 데는 그리 오랜 시간이 걸리지 않았다. 2014년 2월, 코인마켓캡의 레이더망에는 86개의 암호화폐가 포착되었다. 목록 중 상위에는 비트코인과 라이트코인, 리플, 피어코인, Nxt, 도지코인, 옴니, 네임코인, 쿼크, 비트셰

Rank	Name	Symbol	Market Cap	Price	Circulating Supply	% 1h	% 24h	% 7d	
1	◉ Bitcoin	BTC	$1,488,566,972	$134.21	11,091,325 BTC	0.64%	0.00%	0.00%	⋯
2	◉ Litecoin	LTC	$74,637,022	$4.35	17,164,230 LTC	0.80%	0.00%	0.00%	⋯
3	◉ Peercoin	PPC	$7,250,187	$0.3865	18,757,362 PPC	-0.93%	0.00%	0.00%	⋯
4	◉ Namecoin	NMC	$5,995,997	$1.11	5,415,300 NMC	-0.05%	0.00%	0.00%	⋯
5	◉ Terracoin	TRC	$1,503,099	$0.6469	2,323,570 TRC	0.61%	0.00%	0.00%	⋯
6	◉ Devcoin	DVC	$1,424,087	$0.0003261	4,366,620,160 DVC	0.46%	0.00%	0.00%	⋯
7	◉ Novacoin	NVC	$1,162,266	$4.25	273,706 NVC	2.14%	0.00%	0.00%	⋯

그림 4.1 암호화폐 가치와 시가총액에 대한 주요 정보 출처 중 하나인 코인마켓캡은 일곱 개의 암호화폐로 시작했지만 이후 수천 개의 목록으로 성장했다. (출처: CoinMarketCap 화면)

어스 PTS가 있었다.

2015년 3월까지 10위권 중에서 비트코인은 여전히 상위권을 차지하고 있었지만, 리플이 라이트코인을 제치고 2위로 올라섰고 라이트코인은 3위로 떨어졌다. 10위 안에 새로 진입한 것 중에는 비트코인 스핀오프로 꼽히는 대시와 메이드세이프코인 MadeSafeCoin, 페이코인, 스텔라가 있었다.

많은 암호화폐들은 특별한 목적을 위해 만들어진다. 모네로는 개인 송금을 허용한다. 도지코인은 도저히 통제가 불가능한 장난 같은 암호화폐였다.

이더리움이 2015년 7월에 출시되었고, 그해 8월 23일까지 코인마켓캡에 상장된 거의 600개의 암호화폐 중 네 번째로 큰 시가총액을 보유했다 그림4.2. 2016년 2월, 이더리움은 3위로 올라섰고, 비트코인과 리플이 각각 1위와 2위를 차지했다. 졸지에 라이트코인은 4위로 떨어졌다.

이듬해는 모든 암호화폐에게 있어 기적의 해라는 사실이 증명되었다. 새해 첫날, 비트코인은 1,000달러를 조금 밑돌았다. 그해 12월에 비트코인은 거의 2만 달러로

Rank	Name	Symbol	Market Cap	Price	Circulating Supply	Volume (24h)	% 1h	% 24h	% 7d	
1	ⓑ Bitcoin	BTC	$3,315,472,110	$228.17	14,530,750 BTC	$18,406,640	0.43%	-0.98%	-11.77%	⋯
2	✖ XRP	XRP	$240,977,193	$0.007552	31,908,551,587 XRP *	$157,580	0.06%	-2.18%	-9.23%	⋯
3	Ⓛ Litecoin	LTC	$142,380,590	$3.39	41,944,860 LTC	$2,066,021	0.32%	-3.47%	-14.45%	⋯
4	◆ Ethereum	ETH	$98,300,028	$1.35	72,675,645 ETH	$1,589,296	0.62%	-2.22%	-5.42%	⋯
5	Ⓓ Dash	DASH	$15,049,643	$2.64	5,706,797 DASH	$30,625	0.48%	-1.71%	-11.85%	⋯
6	Ⓓ Dogecoin	DOGE	$13,868,015	$0.0001377	100,698,001,092 DOGE	$39,491	-0.14%	0.35%	-6.78%	⋯
7	⌇ Banx	BANX	$12,387,709	$1.74	7,136,966 BANX *	$9,679	0.54%	-0.90%	-11.68%	⋯
8	Ⓑ Bytecoin	BCN	$10,855,525	$0.00006181	175,626,569,071 BCN	$14,392	0.58%	-1.17%	-18.72%	⋯
9	Ⓢ Stellar	XLM	$9,474,042	$0.001959	4,837,356,606 XLM *	$2,286	0.32%	-2.31%	-9.70%	⋯
10	Ⓑ BitShares	BTS	$8,975,484	$0.003573	2,511,953,117 BTS *	$53,201	0.15%	-0.57%	-22.25%	⋯

그림 4.2 이더리움이 개발자인 비탈릭 부테린의 명성을 등에 업고 빠르게 괄목할만한 위치에 올랐다. (출처: CoinMarketCap 화면)

정점을 찍었고 홀로 전체 시장을 견인했다. 지난 2월, 시가총액 기준 4대 암호화폐는 비트코인과 이더리움, 리플, 라이트코인이 차지했다. 모네로는 5위로 합류했다. 이더리움이 포크를 단행했고 이더리움에서 갈라져 나온 이더리움클래식이 시가총액 6위를 차지했다. 메이드세이프코인과 넴, 어거가 상위 10위 안에 이름을 올렸다. 2015년 출시된 넴과 2014년 싹을 틔웠지만 2018년 출시된 어거 모두 당시 암호화폐 시장에 새롭게 진입한 것들이었다.

2017년 암호화폐 시장에는 또 다른 중요한 의미가 담겨 있었다. 최초의 블록체인 기반 소셜 미디어 플랫폼인 마인즈 Minds 이 2015년, 현재까지 블록체인 상에서 가장 인기 있는 소셜 미디어 웹사이트인 스팀잇이 2016년 론칭을 한 것이다. 둘 다 플랫폼에서 콘텐츠를 만든 것에 대한 보상으로 사용자에게 암호화폐를 지불한다. 마인즈는 2018년까지 토종 암호화폐를 출시하지 않았기 때문에 2017년에는 순위가 없다. 반면 스팀잇은 암호화폐를 출시했다. 2017년 12월, 스팀잇은 시가총액 37

33	Dogecoin	DOGE	$672,488,479	$0.005984	112,384,595,562 DOGE	$99,417,160	-1.97%	3.05%	126.58%	...
34	Ark	ARK	$586,747,896	$5.99	97,981,284 ARK *	$29,273,604	-1.55%	15.59%	65.86%	...
35	Status	SNT	$574,301,976	$0.1655	3,470,483,788 SNT *	$128,433,792	-2.39%	37.48%	195.02%	...
36	Binance Coin	BNB	$569,995,645	$5.76	99,014,000 BNB *	$98,159,592	-1.86%	22.62%	126.81%	...
37	Steem	STEEM	$569,709,441	$2.31	246,277,785 STEEM *	$7,228,053	-3.17%	8.11%	36.48%	...

그림 4.3 암호화폐로 론칭한 최초의 크립토 소셜 미디어 플랫폼 스팀잇의 토종 암호화폐 스팀이 시가총액 기준 전체 암호화폐 톱10 안에 진입했다. 2017년 12월, 스팀은 37위까지 올랐다.(출처: CoinMarketCap 화면)

위에 올랐다. SBD, 즉 스팀달러는 당시 188위였다.

2017년이 암호화폐의 해였다면 2018년은 하락장이었다. 1월에 시장은 그야말로 폭락했다. 1월 28일, 비트코인은 11,786.35 달러였다. 3월 18일까지, 그것은 8,223.68달러까지 떨어졌다. 그게 끝이 아니었다. 7월에 비트코인은 6,385.32달러까지 떨어졌다. 그렇게 비트코인은 3,865달러 95센트로 한 해를 마감했다. 모든 알트코인들이 그 뒤를 따랐다.

스팀잇도 비슷한 궤적을 따라갔다. 1월 14일, 스팀의 가격은 5.91달러였다. 3월 25일엔 2.02 달러로 떨어졌다. 8월 동안, 스팀은 1.00달러 아래로 떨어졌고, 결국 30센트 미만으로 한 해를 마감했다. 시가총액은 2,000여 개 암호화폐 중 53위였다 그림4.3.

우리는 2014년부터 2020년까지를 암호화폐의 거친 서부 시대라고 부를 수 있을 것이다. 그만큼 시장이 미성숙했다고 말할 수 있다. 나는 또한 그 시대를 암호화폐의 두 번째 단계라고 부르는데, 첫 번째 단계는 비트코인이 출시된 날부터 2013년까지를 말한다.

2018년 말 기준으로 상위 10개의 암호화폐는 비트코인과 리플, 이더리움, 비트코인캐시 2017년 비트코인에서 이탈, 이오스 2017년 라리머가 스팀을 떠나 출시, 스텔라, 라이트코인, 테더 2014년 출시된 스테이블코인, 비트코인SV 2018년 11월 비트코인캐시에서 포크됨, 트론 2017년 출시이다.

2019년 10월 20일 기준으로 시가총액 상위 10개의 암호화폐는 비트코인과 이더리움, 리플, 테더, 비트코인캐시, 라이트코인, 바이낸스코인 2017년 7월 출시, 이오스, 비트코인SV, 스텔라다. 이 시기에 처음으로 매일같이 새 암호화폐가 탄생하는 동안 우리는 순위에서 어느 정도 안정을 찾아가는 걸 보기 시작했다. 1년 후, 리플과 테더는 자리를 바꾸었고, 상위 10위 안에 새로 진입한 암호화폐로는 체인링크 2017년 ICO를 통해 3,200만 달러를 모금함와 폴카닷 2019년 출시이 있다.

2020년 크리스마스를 이틀 남겨두고 이러한 순위는 두 달 전과 크게 달라지지 않았다. 비트코인이 선두를 달리고 이더리움과 리플이 그 뒤를 따랐다. 테더는 4위를 유지하기 위해 열심히 경쟁했고, 라이트코인과 비트코인캐시, 체인링크는 중간 순위를 지키고 있었으며, 카르다노는 그 뒤를 바짝 따랐고, 바이낸스코인과 폴카닷은 막상막하로 10위권 열차의 막차를 가까스로 탔다.

코로나바이러스가 터진 해에는 끝까지 3,000개가 넘는 암호화폐들이 자신을 증명하기 위해 피튀기는 싸움을 벌였다. 대부분은 쓸모없는 것들이었다. 몇몇 신생기업들에게는 유망한 미래가 있었다. 스팀은 비트코인이 2만 달러 이상으로 사상 최고치를 기록했을 때 135위에 올랐고 18센트가 조금 넘는 가치를 지니고 있었다. 지난 3월 스팀잇에서 분기한 하이브는 153위에 이름을 올리며 14센트 미만의 가격을 갖는 것으로 평가됐다. 코인마켓캡은 현재 7,000개 이상의 코인과 토큰이 상장되어 있다.

암호화폐 생태계는 비트코인 백서가 발표된 2008년 이후 큰 진전을 이뤘다. 오늘날에도 여전히 사춘기 단계인데, 우리는 이 시기에 숱한 감정 변화와 호르몬 불균형을 예상할 수 있다. 그래서인지 비트코인 진영의 주역들은 나카모토 사토시의 비전을 놓고 지금도 계속 싸우고 있다. 아무도 그 비전이 무엇이었는지에 대해서 합의점을 찾지 못하고 있으며, 익명에 숨어 있는 나카모토 사토시는 이런 갈등을 해결하는 데 별 관심이 없어 보인다.

2019년 페이스북이 리브라를 발표한 것은 큰 파문을 일으켰다. 세계 최대 소셜 네트워크가 암호화폐에 관심을 갖는 건 의미가 크다. 그것은 세계의 크립토 소셜 네트워크를 만들기 위한 경쟁이 시작되었음을 의미한다. 크립토 소셜 네트워크는 페이스북이 될까, 아니면 월드와이드웹을 본래 탈중앙화된 과거로 되돌리기 위한 전도유망한 노력들 중에 하나가 될까?

미스터리한 인물 나카모토 사토시는 비트코인을 발명했다는 공로를 인정받지만, 그가 혼자서 그것을 다 하진 않았다. 몇몇 급진적인 개척자들은 최초의 블록체인의 본질적인 속성으로 정의되는 중요 기술들을 개발했다. 그 이후로 많은 개발자들이 비트코인과 그 아이들과 손자들이 제공하는 혜택을 대신해서 암호화폐를 알리는 일을 떠맡았다.

탈중앙화는 화물열차가 차고를 빠져나와 거의 전속력으로 달리는 것과 같다. 그 열차는 산에 정면으로 곤두박질치는 것과 같은 대재앙이 일어나지 않고서는 결코 멈추지 않을 것이다.

훨씬 더 가능성이 높은 시나리오는 암호화폐가 집단 수용의 지경에 이를 것이라는 사실이다. 비트코인의 가장 신랄한 비판자들 중 일부는 이제 비트코인의 옹호자로 돌아섰다. 일부 분산형 소셜 미디어 플랫폼은 사용자들이 자신의 콘텐츠로 수익을 챙기고, 자신의 아이덴티티에 대한 더 많은 자유와 통제를 갖으며, 착취하는 중앙의 인물들의 힘이 아닌 각자 개개인의 힘을 증대시킬 수 있다는 사실을 입증했다. 그들은 중앙에서 다른 모든 사람들을 희생시켜 가면서 오로지 자신만의 이익을 증대시키려고 하는 주된 목표를 갖고 있었지만, 분산형 소셜 미디어 플랫폼은 이런 환경을 바꾸어 버렸다.

미래는 암호화폐에 열려 있으며 우리는 이제 막 암호화폐의 많은 실용적인 용도를 직접 보고 있다.

PART 05

암호경제
개론

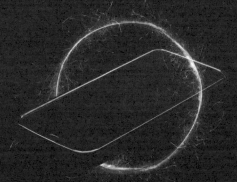

암호경제학은 인류의 문명만큼이나 오래된 두 학문 분야인 경제학과 암호학이 결합한 새로운 학문이다. 어떤 의미에서 그것은 탈중앙화된 인터넷이 제공할 수 있는 혜택의 자연스러운 진전이다. 나는 여기서 대부분의 독자들이 경제학의 기본적인 사항들에 대해 어느 정도 안다고 가정할 것이다. 중국의 차(茶) 가격이 여러분이 현재 수입으로 하루에 얼마나 많은 차를 마실 수 있는지 결정한다는 사실을 이해한다면, 여러분은 경제에 대한 기본적인 이해를 갖고 있다고 말할 수 있다. 만약 여러분이 차를 마시지 않는다면, 여러분은 중동의 석유 가격과 그것이 여러분이 사는 지역의 휘발유 가격에 어떻게 영향을 미치는지 연관 지을 수 있을 것이다. 회사에 출근할 때 보통 1갤런 당 몇 마일을 주행할 수 있고 그 비용을 합산하면 한 달 예산이 얼마일지 알 수 있을 것이다.

암호학은 이보다 조금 더 복잡하다. 그러나 탈중앙화의 이점을 더 잘 이해하기 위해 암호학이 어떻게 사용되는지, 그리고 소셜 미디어가 인터넷 발전의 다음 단계에서 어떤 역할을 하는지 기본적인 이해를 갖는 것이 중요하다.

이를 위해 간단한 암호학의 역사부터 시작해 보자.

암호학의
역사

원시 암호학은 무덤과 동굴 벽에 각종 기호들을 끼적거리는 것을 포함했다. 결국 글은 동굴 벽에서 점토판으로 옮겨갔다. 물론 이 기간 동안 모든 글을 반드시 지킬 필요는 없었다. 만약 영희가 철수에게 그날 저녁으로 무엇을 먹었는지 말하고 싶다면, 그녀는 단지 그림을 그렸을 테니까. 이웃들이 영희와 철수가 청국장을 먹는 걸 안다고 해도 누가 신경을 쓰겠는가? 그러나 고구려 군대의 지휘관인 철수가 다가오는 적국의 침략에 맞서 전투 계획을 세운다면, 그는 그 계획들이 적의 손에 넘어가는 걸 원치 않을 것이다. 따라서 비밀 코드가 고안되기 시작했다.

역사를 통틀어, 인류 문명은 민감한 통신사항을 보호하기 위해 이런저런 비밀 암호를 사용해 왔다.

2차 세계대전 동안, 미국과 영국은 암호학을 위해 컴퓨터를 이용했다. 독일군과 일본군 역시 컴퓨터를 이용하여 메시지를 보호하는 독자적인 방법을 가지고 있었고, 연합군과 추축국 모두 컴퓨터 시스템을 사용하여 적의 암호를 해독하려고 노력했다.

제2차 세계대전 이후, 암호학은 더욱 복잡하고 수학적으로 발전했다. 1970년대 초, 아파넷 ARPANET 이 성장하고 인터넷 프로토콜이 발전함에 따라, 정부가 사용하는 시스템에 대한 통신을 보호할 필요성이 대두되었다. 미국은 1975년 최초의 데이터 암호화 표준을 〈연방 관보〉에 발표했다. 1년 뒤, 두 명의 스탠퍼드 연구자가 공개키와 비공개키 암호화 기술을 개발하면서 암호학의 새로운 도약이 이뤄졌다. 이와 같이, 비대칭 암호학도 탄생했다.

그 이전에는 모든 암호화가 대칭적이었다. 이는 특정 정보에 접근하려는 두 명의 모든 사용자가 각기 그 정보에 대한 자신의 개인키를 가졌고 그들이 사용할 수 있기 전에 그 키는 개인적이고 안전한 방식으로 공유되어야 했다는 걸 의미했다. 그러한 상황은 수천 명의 사람들이 동시에 같은 정보에 접근해야 했을 때 감당할 수 없게 되었다. 반면 비대칭 암호화를 사용하면, 정보에 액세스해야 하는 모든 사용자가 공개키와 개인키를 모두 가지게 되었다. 만일 두 사람이 서로 안전하게 통신하려면 상대방의 공개키를 알고 그것을 자신의 개인키와 일치시켜야 했다. 이것은 암호학의 매우 중대한 돌파구가 되었다.

사용자가 컴퓨터 시스템을 통해 디지털 화폐를 보내는 동안 디지털 화폐가 안전하지 않으면 기본적으로 가치가 없기 때문에 암호학은 암호경제에서 매우 중요한 부분을 차지한다.

비트코인이
암호학의 문호를
열었던 과정

1990년대에 사이퍼펑크들은 암호화를 사용하여 컴퓨팅 프라이버시와 보안을 증진시키는 것을 자신들의 임무로 여겼다. 원래부터 그들은 이메일 목록을 통해 서로 소통했다.

사이퍼펑크의 아버지는 1985년 자신의 선구적인 논문을 썼다. 1992년, 샌프란시스코에 있던 세 명의 괴짜 연구자들이 시그누스솔루션즈 Cygnus Solutions 라는 작은 회사에서 만났다. 이중에서 훗날 일렉트로닉프론티어재단 Electronic Frontier Foundation 을 설립한 컴퓨터 과학자 존 길모어 John Gilmore 는 시그누스를 창시한 인물이었다. 당시 인텔을 다녔던 팀 메이 Tim May 는 1986년 35세의 나이로 조기 은퇴했다. 그는 확고부동한 자유지상주의자였으며 인터넷 프라이버시를 강력히 옹호하고 자유지상주의 사상에 대해 광범위하게 글을 쓴 암호학 아나키스트 그룹의 창시자였다. 세 번째 사이퍼펑크 설립자는 에릭 휴즈 Eric Hughes 라는 남자였다. 휴즈는 사이퍼펑크 메일링 리스트의 최고 관리자였으며, 최초의 익명 리테일러를 만들었는데, 이 서버는 전자메일의 경로를 변경하고 발신자를 추적할 수 없도록 식별 정보를 제거하는 데 암호화를 사용했다.

'사이퍼펑크 cypherpunk'라는 용어는 기밀 문서의 한 형태인 암호 cipher 라는 단어와 공상과학 문학의 하위 장르인 사이버펑크cyberpunk를 합친 말에서 유래했다.

2년 안에 사이퍼펑크 메일링 리스트는 700명의 가입자를 확보했다. 1997년까지 가입자는 2,000명까지 늘었다.

사이퍼펑크는 개인정보 보호, 익명성, 보안 및 관련 주제와 관련된 공공 정책에 대해 강력한 토론을 벌였다. 그들은 또한 급진적인 행동주의로도 유명했다. 미국 정부가 인기 있는 암호화 프로그램을 '라이선스 없는 무기 수출'이라고 부르자, 그 제작자는 그 프로그램의 소스코드를 양장본으로 출판하고 그 사본을 팔아서 군수품을 40비트보다 큰 키key를 가진 암호 시스템으로 규정한 법을 피했다. 만약 소스코드가 인쇄되어 있다면, 필립 짐머맨Philip Zimmerman은 수정헌법 제1조의 권리를 주장할 수 있었다. 지금까지 그는 어떠한 범죄로도 기소되지 않았다. 그의 책은 아마존에서 절판된 것으로 등록되어 있다.

정치적 행동은 장려되었고 멤버들은 이를 통해 창조적으로 되었다.

애덤 백은 세 줄의 코드를 썼고 사람들에게 그것을 이메일 서명으로 사용할 것을 제안했다. 이 코드는 암호 코드 수출에 관한 미국법을 겨냥한 일종의 시민 불복종 행위였다.

또 다른 사이퍼펑크는 누구나 국제적인 무기 밀매업자가 되려는 이들을 위한 공개 모집으로 웹 페이지를 만들었다. 방문객들은 미국 서버에서 앵귈라Anguilla: 카리브 해 동쪽에 있는 영국령 섬로 애덤 백의 코드가 적힌 이메일을 전송하겠다는 양식을 작성할 수 있었다. 나중에 그 코드는 티셔츠에 인쇄되기도 했다그림5.1.

일부 사이퍼펑크 회원들은 미국 정부의 일부 조치가 위헌이라고 주장하며 정부를 상대로 소송을 제기했다. 그리고 많은 소송에서 이겼다.

사이퍼펑크 커뮤니티의 구성원들 중에는 위키리크스의 설립자 줄리언 어산지,

작가 짐 벨 Jim Bell , 비트토렌트 크리

에이터 브람 코헨 Bram Cohen , 작가

션 헤이스팅스 Sean Hastings , 법학 교

수 피터 융거 Peter Junger , 출판업자

주드 밀혼 Jude Milhon , 작가 브루스

슈나이어 Bruce Schneier , 스마트 컨트

랙트 개발자이자 비트골드 발명가

인 닉 재보, 지캐시 설립자 주코 윌

콕스-오헌 Zooko Wilcox-O'Hearn , 넷스케

이프의 공동 설립자이자 벤처 투자

가인 마크 앤드리센 등 저명한 인물

들이 포함되어 있었다.

그림5.1 불법 컴퓨터 코드가 적힌 이 티셔츠에서 볼 수 있듯이 사이퍼펑크들은 급진적인 프라이버시 활동 가들이었다.

사이퍼펑크 멤버십에는 비트코인 크리에이터 나카모토 사토시와 가까운 인맥을 가진 세 명이 포함돼 있다. 차움과 백, 재보 모두 나카모토가 비트코인 개발에 채택한 기술 개발에 상당한 기여를 했다. 나카모토가 비트코인을 언급했을 때, 피니는 비트코인에 대해 가장 먼저 흥분한 사람들 중 한 명이었다. 비트코인이 만들어진 이후, 백과 차움, 그리고 재보는 모두 추가적인 암호화폐 개발을 주도하거나 관여했다. 미국의 국가 안보를 염두에 두고 시작된 과학인 암호학은 민간 부문에 진출해 정부의 검열, 개인의 사생활 침해, 개인 안보와 싸우는 데 활용되고 있다. 오늘날 그 어느 때보다 많은 사람들이 암호 시스템을 연구하고 개발하고 있다.

암호학과
경제학의
만남

비트코인 이전에는 암호학과 경제학의 교차점에 관심을 가진 사람이 거의 없었다. 그러나 비트코인 때문에, 이제 암호학이 경제 시스템에 어떻게 사용될 수 있는지 연구할 동기가 생겼다. 어떻게 보면 그것도 일부는 크립토 소셜 미디어가 의미하는 것이다.

비트코인은 2008년에 만들어졌다. 비트코인 블록체인의 제네시스 블록은 2009년 1월에 만들어졌으며 실제적으로 암호경제학의 시작이기도 했다.

돈이 디지털로 만들어지려면 보안이 최대 관심사가 된다. 신용카드가 안전한 결제수단이라는 보장이 없다면, 아무도 신용카드를 사용하려고 하지 않을 것이다. 그러나 신용카드 사기는 지금도 기승을 부리고 있다.

식당에서 국밥을 한 그릇 사 먹고 신용카드를 사용하는 것처럼 디지털 시스템을 사용하여 돈을 버는 것이 일상화될 때, 그러한 디지털 시스템의 보안을 확보하는 것이 최우선 과제가 될 것이다. 블록체인 개발자들이 소비자와 암호화폐 수익자 보호를 위해 암호화 기법을 활용한 보안 프로토콜 개발에 집중하고 있다. 사람들이 어떤 제품이나 서비스를 판매해서 암호화폐를 벌든, 비트코인을 채굴해서 벌든, 그 밖의 다른 활동을 해서 벌든, 보안은 필수다.

크립토 소셜 미디어, 즉 블록체인 커뮤니티는 재정적인 능력을 커뮤니티 구성원들의 권한에 넘겨주려는 세계 최초의 시도다. 이 미디어는 이미 일상적으로 사용하는 컴퓨팅 시스템을 통해 자신의 신원을 보호하고 재정을 지키며 수익을 벌 수 있는 모든 권리를 행사할 수 있도록 해준다.

오늘날 어떤 정부도 소유하지 못한, 어떤 중앙은행도 통제하지 않는 대체 금융 시스템을 통해 소득을 얻고, 부를 창출하고, 그 부를 보호하는 게 가능하다.

다음은 이 새로운 금융 시스템을 이용하기 위해 반드시 갖추어야 할 필수 사항이다.

디지털 지갑

디지털 지갑에는 다양한 종류가 있다. 다음은 가장 안전성이 낮은 것부터 가장 안전한 것까지 가장 인기 있는 다섯 가지 유형의 디지털 지갑이다.

웹 지갑 웹 지갑은 웹브라우저를 통해 액세스가 가능한 디지털 지갑이다. 이 지갑은 코인베이스나 바이낸스 등 세계적인 암호화폐 거래소에서 찾을 수 있다. 마이이더월렛 MyEtherWallet 이나 메타마스크 MetaMask 와 같은 브라우저 확장자 형태일 수도 있다. 대부분의 크립토 소셜 플랫폼은 이용자 지갑을 포함하며 이용자가 플랫폼의 기본 암호화폐를 지갑에 넣도록 권장할 수 있다. 웹 지갑은 웹사이트가 해커들에 의해 해킹될 수 있기 때문에 가장 안전과는 거리가 먼 지갑이다.

모바일 지갑 모바일 지갑은 스마트폰에 다운로드할 수 있다. 그것은 사용하기 쉽고 이용자들 사이에서 매우 인기가 있다. 하지만 모바일 지갑은 웹 지갑처럼 다른 종류의 지갑보다 상대적으로 해킹이 쉽다.

데스크톱 지갑 데스크톱 지갑은 컴퓨터 바탕화면에 다운로드할 수 있다. 이런 종류의 지갑을 사용하려면 컴퓨터에 바이러스 백신 및 악성 프로그램 방지 소프트웨어를 설치해야 한다. 또한 강력한 방화벽도 필요하다. 특히 암호화폐를 이동시키려면 VPN을 사용하는 걸 추천한다. 데스크톱 지갑은 컴퓨터 시스템만큼 안전하다. 그 이상도 그 이하도 아니다.

종이 지갑 종이 지갑은 암호화폐가 저장된 위치에 대한 공개키 혹은 개인키가 들어 있는 종잇조각이다. 이건 상대적으로 온라인상에서 도난으로부터 안전하지만, 다른 걱정거리가 있다. 지갑을 잃어버리거나, 집에 불이 나거나 할 수도 있기 때문이다. 또 다른 위험은 키 또는 암호 중 하나에서 문자를 잘못 옮겨 적는 것이다. 이럴 경우, 당신은 평생 당신이 보유한 암호화폐에 접근할 수 없게 된다.

하드웨어 지갑 하드웨어 지갑은 암호화폐를 관리하는 데 도움이 되도록 설계된 하드웨어다. 암호화폐를 보유할 수 있고 공개키와 개인키를 안전하게 저장할 수 있다. 레저 나노S Ledger Nano S 와 트레조르 Trezor 는 이 중에서 특히 인기 있는 하드웨이 지갑으로 상대적으로 저렴하지만 매우 안전한 방식이다. 하드웨어 지갑의 가장 큰 위험은 지갑을 잃어버리고 비밀번호를 잊어버리는 일이다.

암호화폐를 처음 접하는 사람이라면 웹 지갑이나 모바일 지갑에서 데스크톱 지갑으로, 그 다음 하드웨어 지갑으로 점차 이동하는 것을 추천한다.

암호화폐 거래소 계정

온라인에는 수백 개의 암호화폐 거래소가 있다. 세계적으로 가장 규모가 크고 참여하기 쉬운 것은 코인베이스 Coinbase 와 바이낸스 Binance 다. 국내에선 업비트와 빗썸이 대표적인 암호화폐 거래소이다 ─역주. 두 거래소 모두 중앙집중형 거래소다. 은행계좌처럼 움직인다는 뜻이다. 이러한 거래소를 통해 암호화폐를 사고팔 수 있으며 거래소 지갑에 보관할 수 있다. 당신이 장기 보유자가 될 계획이라면, 거래소에서 가능한 한 빨리 당신의 암호화폐를 통제 가능한 당신의 지갑으로 옮길 것을 추천한다.

또 다른 유형의 거래소는 탈중앙형 거래소다. 유니스왑 Uniswap 과 같은 이러한 거래소들은 암호화폐를 사고팔 수 있게 해 주지만 중간에서 브로커 역할을 하지는 않는다. 당신은 다른 암호화폐 보유자들과 직접 만나 사고팔아야 한다. 거래가 이루어지면 암호화폐는 그냥 계정을 통과하기 때문에 이들 거래소상의 지갑에 암호화폐를 넣고 다닐 수 없다.

보유한 암호화폐 중 일부를 오프사이트로 옮기고 싶을 수 있기 때문에 크립토소셜 웹사이트상에서 활동하려면 그래서 암호화폐를 보낼 수 있는 곳이 필요하다면, 암호화폐 거래소가 필요하다. 자국의 법정통화로 전환하기 3초 전에 스팀은 비트렉스로, 이더는 큐코인으로 보내는 것이 매우 어려운 일이기 때문이다.

크립토 소셜 계정

각 크립토 소셜 플랫폼은 새로운 이용자를 끌어들이는 고유한 방법을 가지고 있다. 어떤 것들은 다른 것들보다 쉽다. 퍼블리시0x와 같은 플랫폼은 암호로 가입할 수 있다. 다른 플랫폼은 공개키 및 개인키를 할당한다. 로그인하면 모든 암호와 공개키 및 개인키를 안전한 곳에 저장할 수 있다. 당신은 암호와 키들을 잃어버리거나, 잘못된 사람의 손에 넘어가거나, 쉽게 파괴되지 않도록 관리하고 싶어 할 것이다. 그러나 계정에 로그인할 준비가 되면 당장 해당 암호와 키들에 엑세스할 수 있기를 바란다.

어떤 경우든 브라우저가 당신의 암호^{패스워드}와 키들을 기억하게 해서는 안 된다!

이것은 당신의 재정 안전에 매우 중요한 부분이다. 당신은 이제 페이스북을 더이상 하지 않는다. 이때 일어날 수 있는 최악의 상황은 어떤 해커가 당신의 계정에 접근하여 당신의 아기 사진들을 몽땅 다운로드하는 것이다. 사진을 털리는 게 당혹스러울 수는 있겠지만, 그게 당신을 경제적으로 무너뜨리진 않을 것이다. 그러나 만약 다른 누군가가 당신의 마인즈 계정에 접근한다면, 그리고 당신이 당신의 금융 재산을 만드는데 2년가량 허비한다면, 당신은 당신이 그간 벌었던 모든 것을 한 순간에 잃어버릴 수도 있다.

이러한 사이트가 자랑하는 주요 기능들 중 하나는 아무도 보안 암호나 개인키에 액세스할 수 없다는 점이다. 당신만이 그 정보를 알고 있다. 플랫폼은 당신의 암호나 개인키를 아무데나 저장하지 않으며 플랫폼과 관련된 어떤 개인도 액세스할 수 없다. 만약 당신이 개인키를 잃어버린다면 운도 지지리 없는 셈이다.

암호화폐와
디지털 자산의
종류

암호화폐에는 두 가지 기본 유형이 있다. 코인과 토큰이 그것이다.

코인은 자체 블록체인 상에 구축된다. 비트코인과 이더는 암호화폐 토큰이다. 최초의 암호화폐인 비트코인은 자체 블록체인을 갖고 있다. 이더리움은 이더가 구축된 블록체인의 이름이다. 스팀잇은 자체 토종 암호화폐인 스팀을 보유한 크립토 소셜 사이트다. 스팀베이직달러도 스팀 블록체인에서만 주조가 가능하기 때문에 암호화폐 코인이다.

이와는 대조적으로 토큰은 이미 존재하는 블록체인을 기반으로 구축된 암호화폐다. 이더리움은 각각 특정한 목적을 위해 설계된 다양한 종류의 토큰들을 가지고 있다. 이더리움 토큰의 인기 있는 유형 중 하나는 ERC-20 토큰이다. 마인즈는 ERC-20 토큰을 이용자들에게 배포하는 크립토 소셜 플랫폼이다. 트라이브는 이오스아이오 블록체인에 구축된 토큰을 나눠주는 크립토 소셜 플랫폼으로, 2021년 루프마켓으로 브랜드를 바꾸고 테라 블록체인으로 이전했다.

코인과 토큰은 상당한 차이가 있지만, 암호화폐가 코인이든 토큰이든 그것의 가치에는 전혀 영향을 미치지 않는다. 그러나 다른 중요한 세부 사항이 있을 수 있다. 토큰을 활용하려면 토큰이 구축된 블록체인에 대해 특정 수수료를 지불해야 한다. 예를 들어, 마인즈 토큰을 지갑에서 다른 지갑으로 이동하기 위해 이더리움 가스비를 지불해야 하며, 이러한 요금이 때로 비쌀 수 있다.

토큰은 또한 대체가능토큰과 대체불가토큰으로 나눌 수 있다. 대체가능토큰은 비슷한 것으로 교환할 수 있다. 대체불가토큰은 그 자체로 독특하기 때문에 교환이 불가능하다 이러한 사항에 대해서는 나중에 자세히 설명하겠다. 토큰은 또한 거버넌스나 투표권 또는 기타 특권들에 사용될 수 있는 블록체인 상의 지분을 나타낼 수 있다. 이 영향력은 돈 이상의 가치를 가질 수 있다.

결국 코인과 토큰의 차이를 이해하면 암호화폐에 대한 경험이 향상될 것이다.

친숙해질 수 있는 또 다른 것으로는 디지털 자산이 있다. 이건 보통 토큰이지만 항상 그런 것은 아니다. 수집 가능한 토큰, 토큰화된 자산, 그리고 대체불가토큰을 포함하여 매우 다양한 유형의 자산이 있을 수 있다.

수집 가능한 토큰은 일반적으로 플레이어 및 수집가들이 가치를 부여하고 그들의 가치가 증가하기를 바라며 보유하는 일종의 예술작품이나 게임이다. 토큰화된 자산은 블록체인 상의 디지털 토큰으로 자산의 가치를 이전할 수 있는 현실세계의 자산이다. 대체불가토큰은 고유한 식별자를 가진 디지털화된 자산으로 그 자체로 유일하거나 희귀한 자산이다.

암호경제 vs. 현실경제, 암호화폐는 진짜 돈인가?

2022년 현재에도 암호화폐가 진짜 화폐인지 아닌지에 대해 논쟁하는 사람들이 여전히 있다. 실은 전적으로 암호화폐로만 먹고사는 사람들이 있다는 점이다.

비트코인을 자사 제품과 서비스에 대한 지불로 받아들이는 회사들에는 마이크로소프트와 AT&T, 버거킹, KFC, 오버스톡, 서브웨이, 피자헛, 마이애미 돌핀스, 댈러스 매버릭스, 버진갤럭틱, 노르웨이 에어, 더 파이럿 베이, 익스프레스 VPN, 라쿠텐 등이 포함된다. 2021년 2월, 자동차 제조사인 테슬라가 비트코인을 결제하기 시작한다고 발표하고 비트코인에 15억 달러를 투자했다. 비트코인 가격은 즉시 16% 급등했고, 며칠 만에 47,000달러 이상으로 사상 최고치를 경신했다. 그 후 그것은 질주를 거듭하여 5만 달러를 넘어섰고 3월에는 6만 달러를 넘었다.

당신이 버는 거의 모든 암호화폐는 몇 단계를 거치면 비트코인이나 현금으로 전환될 수 있다. 여기에는 크립토 소셜 플랫폼에서 버는 암호화폐가 포함된다. 그리고 여러분은 전 세계에 있는 수천 개의 비트코인 ATM 기계들 중 하나에서 비트코인을 현금으로 바꿀 수 있다.

식료품과 자동차 기름값, 기타 생활비에 암호화폐를 쓸 수 있는 신용카드와 직불카드도 있다.

이런 모든 상황은 나에게 진짜 돈처럼 들린다.

다만 암호화폐가 단순히 돈만의 문제가 아니라는 점도 짚어볼 대목이다. 암호화폐에 쓰이는 다른 응용 프로그램들이 있다. 일부 암호화폐는 유틸리티 토큰으로, 이 토큰이 보유한 가치는 반드시 부의 창출에 관한 건 아니라는 뜻이다. 또한 암호화폐는 다른 것일 수도 있다. 특전이나 로열티 포인트 또는 기타 가치 있는 것으로 교환하는 트레이딩 토큰도 될 수 있다. 모든 종류의 기업들이 특정 방식으로 고객, 직원 및 협력업체에 인센티브를 제공하기 위해 암호화폐를 사용할 수도 있다. 소비자가 비트코인으로 구매를 하고 자신의 크립토 소셜 토큰을 다른 암호화폐와 현실 화폐로 거래할 수 있지만, 또 다른 용도로도 사용할 수 있다.

암호경제 vs 현실경제

그것이 어떤 통화든지 간에 우리가 반드시 이해해야 하는 본질적인 부분은 통화의 가치가 수요와 직접적으로 연관되어 있다는 점이다.

미국의 경우, 연준연방준비제도이사회이 시장에 충분한 현금이 없다고 판단한다면 돈을 더 많이 찍어낼 수 있다. 연준이 더 많은 돈을 발행한다면 어떤 일이 벌어질까? 이미 유통되고 있는 달러의 가치는 하락한다. 반면 비트코인의 경우에는 이런 일이 일어날 수 없다. 비트코인은 최대 2,100만 개까지 발행되도록 프로그램 되어 있기 때문이다. 일단 2,100만 비트코인이 전부 유통되기 시작하면 더 이상의 비트코인은 만들어지지 않는다. 이러한 희소성은 비트코인이 시장에서 그 가치를 잃지 않고 유지할 것을 보장해준다. 실제로 비트코인이 더 많이 발행되는 만큼 비트코인의 가치는 오르게 될 것이다. 왜냐하면 더 많은 사람들이 비트코인을 돈으로 쓰기를 선택하고 더 많은 사람들이 비트코인을 보유하고, 더 많은 사람들이 비트코인을 시제로 쓸 것을 의미하기 때문이다. 비트코인이 더 많이 생산될수록 새로운 비트코인을 만드는 것은 더 어렵고 더 많은 비용이 들 것이다.

크립토 소셜 커뮤니티는 현실 시장과 똑같다. 사람들이 모여 상업 활동을 하는 곳에서는 시장에서 서로 사고파는 사람들의 수, 시장에서 판매되는 상품의 가치와 종류, 그리고 시장에 있는 소비자들이 그 상품에 수요가 있는지 여부에 따라 수요와 공급의 곡선이 만들어질 것이다.

이제껏 문명이 존재해온 동안, 사람들은 소셜 서클에서 모여 사고팔고 거래해왔다. 초기 상인들은 당나귀를 밀과 교환하거나 칼을 공구들로 교환했을 것이다. 시장은 사람들이 한 곳에 모여 무역 활동과 금융 업무, 사회 활동을 할 수 있게 해주었다. 아직 크립토 소셜 커뮤니티가 그 정도로 발달하지는 않았지만, 블록체인 개발자들이 지금 열심히 그 토대를 마련하고 있다.

블록체인 개발자들이 크립토 소셜 경제가 어떻게 강점을 키워가고 그 강점을 계속 유지해 가는지를 고민하고 있다는 사실이 중요하다. 그렇게 하는 한 가지 방법은 현실세계의 경제 시스템을 먼저 연구하는 것이다. 미국은 어떻게 18세기 영국의 일개 식민지에서 20세기에 접어들며 세계 최대의 초강대국으로 올라섰을까? 그 상승에 영향을 미쳤고 동시에 이전 초강대국들의 쇠퇴에도 영향을 미쳤던 내부적 힘과 외부적 힘이 모두 작용했다. 스팀잇과 마인즈, 그리고 라이브러리 LBRY 는 초강대국이 되는 것을 목표로 하고 있진 않지만, 그들은 경제권을 만드는 걸 목표로 하고 있다. 현 시점에서 경제학 연구는 매우 필요하다.

그러나 핵심은 이러한 현실경제의 원칙을 모든 참가자들이 공정하게 임할 수 있는 기본 규칙을 세우는 코드로 바꾸는 일이다. 그건 쉬운 일이 아니다. 지금까지 어느 누구도 완벽하게 달성하지는 못했지만, 그간 몇 가지 흥미로운 시도들이 있었다.

아래는 개발자들이 암호경제를 구축하려고 시도할 때 우려되는 아홉 가지 요소들이다.

행동 인센티브화 사회에서 법은 모든 시민들에게 공정한 경쟁의 장을 만들어준다. 좋은 행동을 장려하고 나쁜 행동을 억제하는 건 중요하다. 우리는 선량한 시민이라고 생각되는 사람들에게 '도시의 책임'을 맡기고 범죄자들에게는 징역형을 선고한다. 마찬가지로 크립토 소셜 플랫폼은 일부 행동을 장려하는 동시에 다른 행동을 단념시키는 보상 시스템을 통해 이용자들의 행동을 장려하려고 시도한다. 이때 암호화폐는 인센티브를 받는 행동 incentivized behavior 에 대한 유용한 보상으로써 역할을 다한다.

가치 보호 크립토 소셜 플랫폼은 이전에는 없었던 방식으로 경제 및 사회 커뮤니티를 구축하려고 시도하고 있다. 공동체로서 바람직한 기능을 다하기 위해서는 암호화폐가 가치를 보유해야 한다. 그것은 금전적인 것일 수도 있지만, 꼭 그럴 필요는 없다. 플랫폼의 암호화폐는 하나 이상의 실용적 목적을 가질 수 있다. 여기에는 플랫폼상에서 물리적 또는 디지털 스웩 및 기타 경험을 향상시켜주는 아이템을 구입하기, 게시물을 핫하게 만들기, 광고하기, 콘텐츠 작성자에게 팁 주기, 대의명분과 이니셔티브를 지원하기 등이 포함될 수 있다. 일정 기간 동안 당신이 보유한 암호화폐를 특정 계정에 보관하는 과정인 강제 스테이킹 혹은 인센티브 스테이킹은 플랫폼이 통화의 가치와 플랫폼 경제를 보호하는 또 다른 방법이다. 일단 암호화폐가 가치를 유지한다면, 사람들은 그것을 얻기 위해 열심히 노력할 것이고, 그만큼 공동체는 더 강해질 것이다.

수요 창출 아무도 플랫폼상의 토종 암호화폐를 원하지 않는다면, 아무도 해당 플랫폼의 보상제도를 존중하지 않을 것이고 결국 플랫폼을 떠날 것이다. 설상가상으로, 그들은 돈을 버는 족족 현금을 죄다 인출하여 플랫폼의 경제의 가치를 고갈시킬 것이다.

암호화폐 공급 암호화폐에 대한 수요를 창출하는 것이 중요한 것처럼 공급을 통제하는 것도 중요하다. 이용자들이 어떻게 보상을 받느냐만큼이나 얼마나 보상을 받느냐도 중요하다. 너무 많은 토큰을 너무 빨리 나눠주면 암호화폐는 공급 과잉으로 인해 금방 평가절하될 것이다. 반대로 보상이 너무 적으면 이용자들은 낙담하여 다른 곳으로 넘어갈 것이다. 플랫폼은 토큰을 소각하거나, 에어드롭으로 나눠주거나 아니면 기타 전략들을 사용하여 플랫폼 내의 암호화폐 공급을 제어한다.

희소성 플랫폼들이 언제든 새로운 코인이나 토큰을 만들어 낼 수 있다면 이는 암호화폐를 평가절하하는 꼴이 될 것이다. 비트코인 안에는 최대 2,100만 코인이 되도록 프로그램된 희소성이 들어 있다. 희소성은 유통 중인 코인과 토큰이 가치를 유지하도록 보장해 준다. 크립토 소셜 플랫폼은 스스로 성장하기를 원하기 때문에 암호경제에 희소성을 구축하는 일이 매우 어려운 과제로 남겠지만, 토큰 소각이나 인센티브 스테이킹 및 기타 전략들을 통해 어느 정도 해내고 있다.

보안   해킹이 쉬운 플랫폼은 참여자를 잃고 암호화폐도 덩달아 가치를 잃게 된다. 모든 참가자를 위한 개인 및 플랫폼 그리고 재정의 보안이 무엇보다 중요하다.

커뮤니티 구축   사람들이 소셜 미디어 플랫폼에 가입하는 주된 이유는 커뮤니티에 있다. 네트워킹과 커뮤니티 구축을 장려하는 도구를 희생시켜 가면서까지 보상에 너무 많은 초점을 맞추다 보면 더 많은 돈을 얻기 위해 이전투구를 일삼는 상황을 야기할 것이다. 플랫폼은 공동체를 구축하는 데 초점을 맞춰야 한다. 그래야 공동체는 암호화 경제의 성장을 촉진할 것이다.

선제적인 치안 유지   사고뭉치들은 반드시 사라져야 한다. 지적 재산 절도범, 아동 포르노 제작자 및 기타 범죄자들을 용인하는 플랫폼은 법적, 사회적 문제를 일으키고 있다. 법적 문제로 설립자와 경영진은 감옥에 갇히거나 고액의 벌금을 물게 될 수도 있다. 그러나 홍보 상 트러블은 암호경제를 고사시킬 수 있다. 말 그대로 말이다.

이용자 기대 관리   모든 사람을 만족시키는 것은 사실상 불가능하며, 시도해서도 안 된다. 그러나 모든 이용자는 플랫폼 자체의 포지셔닝 방식에 따라 특정 기대를 갖는다. 오로지 '언론의 자유'에 초점을 맞추는 것은 만약 플랫폼이 일부 사람들이 상위에 오를 수 있는 지저분한 콘텐츠에 흥미를 잃고 떠나는 상황이 괜찮다면야 아무 문제가 없을 것이다. 크립토 소셜 플랫폼 소유자와 관리자는 이용자의 기대치를 관리하고 피드백에 반응하는 방법을 이해해야 한다. 이는 고객 서비스의 기본 사항이며, 암호경제 구축에 필수적이다.

결국 암호경제학은 현실 경제학처럼 작동한다. 강한 경제는 타인이 퍼블리싱하는 콘텐츠를 즐기면서 타인이 소중하게 여기는 콘텐츠를 제공함으로써 공동체 구성원 모두가 평등하고 자발적으로 참여할 수 있는 경제다. 보이지 않는 손이 한 개인이나 집단에 너무 유리하게 작용한다면 플랫폼의 경제 전반에 걸쳐 그 손길이 느껴질 것이다.

아무도 법적 규제를 받기를 원하지 않겠지만, 옆집 남자가 자신의 헛간을 2인치정도 법적 부동산 경계를 넘어 짓고 있을 때라면 누구나 법적 규제의 가치를 깨닫게 될 것이다. 현실세계에서는 법과 이를 뒷받침하는 정부가 규제기관이다. 크립토소셜 영역에서 코드와 코드를 작성하는 개발자는 규제자 역할을 한다. 블록체인 기술은 인간이 서로를 신뢰할 수 없기 때문에 기술을 신뢰해야 한다는 전제하에 구축된다. 그 코드가 공동체의 모든 구성원들이 그들의 공헌에 대해 가치 있고 존경 받는다고 느끼는 방식으로 쓰이지 않는다면, 그 실험은 결국 실패하고 말았다.

암호경제에서 코드는 법칙이다

현실세계에서 행동은 법체계에 의해 규제된다. 모든 나라에는 법의 제정과 법의 집행 기관이 존재한다. 때때로 그들은 같은 사람 또는 같은 그룹의 사람들이다. 심지어 21세기에도 법이 너무 불공평해서 국민들이 살아가기 위해 말 그대로 치고 박고 싸우는 나라들이 있다. 일반적으로 그들은 법이 더 공정한 나라로 간다.

블록체인에서는 권한의 중앙집중화가 목표가 아니다. 실제로 블록체인 기술의 본질은 탈중앙화에 있다. 이는 규칙을 제정하고 시행하는 데 사람이나 기관이 아니라 코드에 의존한다는 뜻이다. 간단히 말해서, 코드는 법이다.

특정 블록체인은 사람들이 익명 아이디를 사용하는 것을 원하지 않을 수 있다. 그럴 경우 블록체인 이용자의 신원 확인과 다중 계정 차단에 만전을 기할 것이다. 다른 블록체인은 그와 정반대일 수 있다. 그들은 이용자들이 익명성 뒤에 숨든 여러 계정을 관리하든 상관하지 않을 것이다. 이 경우 코드가 전체 커뮤니티에 대한 가치를 결정한다.

여기에는 분명한 장단점이 있다. 만약 코드가 플랫폼에서 무엇이 허용되는지 결정한다면, 개인과 집단은 공모하여 다른 참가자들에 대해 부당한 이익을 얻기가 더 어렵다. 적어도 이론적으로는 말이다. 그러나 실질적으로 말하면, 어떻게 하면 법코드을 회피하고 허점이 메워질 때까지 악행을 저지르고도 무탈하게 벗어날 수 있는지 알아낼 만큼 똑똑한 인간들이 항상 있다. 그러니 잘못된 긍정의 가능성을 잊지 말자.

개발자가 극복해야 하는 또 다른 과제는 그들이 직접 당면할 때가지는 그 과제가 무엇인지 알 수 없다는 것이다. 플랫폼을 구축한 이들과 프로토콜을 개발한 이들은 미래에 직면하게 될 모든 과제를 정확히 예측할 수 없다. 이런 사실은 전반적인 과제를 가중시킨다.

암호경제의 본질은 경제 시스템을 플랫폼과 블록체인 커뮤니티 내에서 인간의 행동을 법제화하는 프로토콜로 프로그래밍하는 것이다. 난 비록 암호를 만드는 개발자는 아니지만, 그건 말처럼 그리 쉬운 일이 아니다.

코드 개발자들이 블록체인을 프로그래밍하기 위해 사용하는 도구들 중 일부는 다음과 같다.

해시 함수　해시 함수는 주어진 입력을 받아 고정된 크기의 출력으로 재구성해준다. 블록체인의 경우, 그 출력은 암호화된 정보를 포함하는 개별 블록을 만들며, 한번 게시되면 취소할 수 없다.

디지털 서명　개인이 거래를 허가했다는 것을 증명하기 위해서는 위조할 수 없는 디지털 서명이 있어야 하며, 그 서명은 위조할 수 없고, 서명인이 거부할 수 없는 것이어야 한다. 이는 한 지갑에서 다른 지갑으로 암호화폐를 송수신하거나 계약을 체결할 때 중요하다. 디지털 서명은 종종 디지털 지갑 주소로 싸여 있는데, 지갑 주소는 디지털 서명의 세 가지 본질적 특성을 유지하면서 송신자와 수신자의 익명성을 가능케 한다.

합의 메커니즘　합의 메커니즘은 블록체인이 체인의 블록을 검증하기 위해 사용하는 방법이다. 블록체인은 데이터 기록을 검증하고 보호하기 위해 이 메커니즘을 사용한다. 작업증명 POW, 지분증명 POS, 위임지분증명 DPOS 등 세 가지 기본 합의 메커니즘이 있다.

블록 보상　블록 보상은 합의를 통해 만들어진 암호화폐의 유통이다. 만약 각 블록이 어떤 동전이나 토큰의 수량을 일정량 생산한다면, 그 블록이 발생하는 것에 관련된 각 사람은 인센티브라고도 불리는 일정 비율의 보상을 받는다.

권한　권한은 블록체인 상에서 특정 결정을 내릴 수 있는 특별한 힘 또는 권위를 블록체인 참여자들에게 제공하는 것이다.

타임스탬프 타임스탬프는 블록을 만들고 확인하는 순서를 결정하는 데 중요하다. 타임스탬프는 블록체인의 거래가 언제 이뤄졌는지도 기록한다.

거래수수료 거래수수료는 개별 이용자가 블록체인을 운영하는 비용을 분담하여 블록체인에 참여할 수 있는 특권을 부여한다.

영지식증명 영지식증명은 블록 검증자가 블록의 보안을 손상시키지 않고 블록 내에 어떤 데이터가 보관되어 있는지 모르는 가운데 블록 내의 정보를 검증할 수 있는 것을 말한다.

스마트 컨트랙트 스마트 컨트랙트는 미리 정의된 입력에 기반하여 출력을 정의하는 컴퓨터 프로그램이다. 예를 들어, 철수는 영희가 작업을 완료할 때 영희에게 50달러를 비트코인으로 지급하는 것에 동의한다. 그는 스마트 컨트랙트를 만들고 지불을 한 다음, 에스크로에 보관한다. 영희가 작업을 완료하고 그것이 확인되면, 스마트 컨트랙트는 영희의 지갑에 비트코인 50달러를 바로 송금한다. 만약 영희가 특정 날짜까지 작업을 완료하지 않으면, 비트코인의 50달러가 도로 철수의 지갑으로 반환될 것이다.

블록체인 개발자들은 이러한 도구를 사용하여 블록체인의 결과를 결정하는 코드를 만든다. 크립토 소셜 미디어 플랫폼에서 블록 보상은 이용자가 블록체인의 콘텐츠를 만들고 상호 교류함으로써 생성되는 경우가 많다. 결국 이용자는 블록체인 상에서 자신의 활동을 바탕으로 콘텐츠를 만들고, 타인의 콘텐츠와 상호 교류하며, 암호화폐를 벌 수 있다. 주목할 것은 콘텐츠 자체가 블록체인 상에 없는 경우도 있다.

이를 위해서는 블록체인 개발자들이 몇 가지 문제를 해결하고 인간 심리의 몇 가지 요소들을 고민해야 한다. 예를 들어, 나쁜 놈이 나타나서 사기적인 수단을 통해 보상을 훔치려고 할 때 무슨 일이 일어날까? 블록체인은 그러한 개인을 식별하고 공정하게 활동하는 모든 사람들의 보상을 보호하면서 그에게 어떻게 불이익을 줄 수 있을까?

게임이론

게임이론은 과학자들, 특히 컴퓨터 과학자들이 공개된 장에서 서로 경쟁할 때 어떻게 합리적인 의사결정을 내리는지 설명하기 위한 수학의 한 분야다. 물론 게임에는 다양한 종류들이 있고, 그 중에서 어떤 종류의 게임을 진행하느냐가 경쟁의 수준과 나아가 각기 경쟁자들이 게임에 임하는 방식을 결정할 것이다. 예를 들어, 고전 TV쇼인 〈매치게임 Match Game 〉에서는 두 명의 참가자가 빈칸 채우기 질문을 놓고 여섯 명의 셀럽으로 구성된 패널과 정답을 놓고 경쟁한다. 이 게임의 다른 형태로는 고전 TV쇼 〈신혼게임 Newlywed Game 〉이 있다. 세 명의 부부 참가자들이 나와서 그들의 부부관계에 대한 여러 질문들을 놓고 배우자의 답을 예측하는 게임이다.

이러한 유형의 게임은 상대방이 특정 질문에 어떤 대답을 할지 예측하는 것을 전제로 한다. 이 추측 게임의 다른 형태로는 TV쇼 〈가족불화 Family Feud 〉가 있다. 5인가족 두 팀이 각각 100명을 대상으로 설문조사를 통해 특정 질문에 대해 가장 인기 있는 답을 놓고 경쟁을 벌인다.

게임이론은 다양한 변수를 기반으로 특정 결과를 예측하기 위해 경제학과 컴퓨터 과학 분야에서 모두 광범위하게 사용되어 왔다.

제로섬 zero-sum 게임에서는 모든 플레이어가 제한된 수의 자원 상금을 얻기 위해 경쟁한다. 모든 자원은 게임이 종료되면서 원래 있던 자원의 수보다 많거나 적을 수 없도록 플레이어들에게 분배된다. 체스와 같은 2인용 게임에서는 거의 항상 승자와 패자가 나뉜다. 확실한 승자가 없는 상황에서는 경기가 교착상태로 끝나기 때문이다. 포커 같은 4인 게임에서는 항상 게임에서 진 플레이어들이 잃은 돈의 액수를 정확히 따낸 확실한 승자가 있다. 게임 내에서 시작 때보다 돈을 딴 사람이 두세 명 있을 수는 있지만, 항상 손해를 보는 사람이 한 명 이상은 있게 되어 있다. 그 돈은 늘지도 줄어들지도 않는다.

그러나 많은 게임들은 제로섬 게임이 아니다. 게임이론가들은 다양한 시나리오에서 인간 본성과 상호작용을 더 잘 이해하기 위해 이러한 수학적 모델을 연구하고 있다. 개인은 자유 선택권을 갖고 있기 때문에 아무도 상대방이 어떤 선택을 할지 예측할 수 없다. 그러나 결과는 항상 특정 시나리오에서 특정 행위의 가능성에 기초하여 결정될 수 있다.

예를 들어, 죄수의 딜레마에서 두 명의 갱단원이 범죄를 저지르다 체포된다. 그들은 각기 독방에 수용되고 서로 대화할 수 없다. 검찰은 둘 중 어느 쪽도 범행을 저질렀다는 증거가 없어 범인들을 심문한다. 만약 어느 한 죄수가 다른 한 죄수를 배신한다면, 다른 한 죄수는 3년 동안 감옥살이를 하고, 동료를 고발한 그 반역자는 무죄로 방면된다. 만약 그들이 서로를 배신하면, 그들은 각각 2년형을 선고 받는다. 만약 둘 다 침묵한다면, 그들은 각각 더 적은 죄목으로 1년의 징역형을 받게 된다. 모두에게 가장 좋은 방법은 두 죄수 모두 침묵을 지키는 것뿐이다.

이 시나리오의 결과는 두 죄수 모두 이성적인 사고를 할 거라는 전제에 기초한다. 만약 죄수들 중 한 명이 다른 한 명이 이성적인 사고를 하는 사람이 아니라는 것을 안다면, 그는 그의 친구를 고발할 것이다. 하지만 만약 그렇다면, 다른 죄수도 자신을 배신하고 있다는 위험을 감수할 수밖에 없다.

이런 경우의 수는 블록체인 개발자들이 다양한 입력값을 바탕으로 예측 가능한 결과에 대해 고민하고 코드를 작성하는 시나리오 유형들이기도 하다. 보상과 인센티브, 벌칙은 블록체인을 운영하는 사람들의 잠재적인 행동 방침에 따라 결정된다. 예를 들어, 철수가 지적 재산을 훔쳤다가 발각되면, 그는 잃어버린 보상금이나 그의 암호지갑을 봉쇄하는 처벌을 받을 수 있다.

암호경제학자들이 논의하기를 좋아하는 또 다른 문제는 비잔틴 장군 문제다. 이 문제는 적진에 대한 공격 시간을 계획해야 하는 특정 수의 장군들에 관한 것이다. 그들의 유일한 의사소통 방법은 전령을 통해서지만, 문제는 장군들 중 일부가 배신자일 수도 있다는 것이다. 장군의 3분의 2가 정직하면 계획한대로 협공을 할 수 있다. 이것을 '비잔틴 오류 허용'이라고 한다.

이를 블록체인에 적용하면, 블록을 검증하는 노드의 3분의 2가 정직하고 약속을 지킨다면 해당 블록체인이 안전하게 유지될 수 있다는 것이다.

그 문제에 대한 또 다른 해결책이 있다. 그 해결책은 나카모토 사토시가 비트코인 블록체인을 위해 개발한 작업증명 합의 프로토콜이다.

게임이론은 블록체인 개발에 필수적인 부분이다. 특정 암호경제에 관여한 참가자들이 모든 규칙을 따르지 않는 비율을 모른다는 점을 감안할 때 블록체인 개발자들은 인간 상호작용으로 공통적인 문제를 어떻게 해결할지를 고민해야 하기 때문이다. 블록체인의 법칙을 정의하는 코드는 대부분의 참가자들이 정직하게 행동하고 코드를 존중하도록 격려하는 방식으로 작성되어야 한다. 그렇게 정직하게 행동하는 사람들은 보상을 받을 것이고 그렇지 않은 사람들은 불이익을 받을 것이다. 일단 보상과 벌칙의 분배가 갈리고 나면, 전체 경제는 그 문제에 관해 더 나아질 것이다.

하드포크와 소프트포크

블록체인 커뮤니티에서 두 명 이상의 정직한 참여자가 행동 방침에 대해 동의하지 않을 경우 어떤 일이 벌어질까? 이런 일은 인간사회에서 항상 일어난다. 즉 사람들은 명예로운 의도를 가지고 있고, 상황 개선에는 모두 동의하지만, 그 상황에 어떻게 접근할지를 두고 의견 차이는 극명하게 갈릴 수 있다. 때로는 서로 정반대의 의견을 내기도 한다.

의견 차이가 너무 커서 도저히 좁힐 수 없을 때, 위기의 부부들은 변호사를 구하고 이혼법정으로 향한다. 그들은 이혼을 신청하고 자산을 공평하게 분배할 방법을 찾는다. 블록체인 용어로는 이러한 이혼을 포크 fork 라고 한다.

소프트포크 soft fork 는 블록체인의 이전에 검증된 블록이나 트랜잭션이 유효하지 않은 것으로 판단되는 경우를 말한다. 소프트웨어는 간단히 업데이트되고 기존 블록체인은 계속 작동한다. 따라서 소프트포크는 실제 분할이 아니라 업그레이드에 해당한다. 비유하자면, 결혼 상담에 더 가깝다고 할 수 있다.

블록체인이 소프트웨어를 업데이트할 때 모든 노드를 업그레이드해야 하는 것은 아니다. 업그레이드를 선택한 사람들은 새로운 합의 규칙을 채택하는 반면, 이

전 규칙 하에서는 더 이상 작동하지 않는다. 새 블록이 생성되거나 검증되면 이전 규칙에서 작동하던 노드는 블록을 인식하지 못한다. 새 블록이 새 규칙에 따라 생성됨에 따라 작업에 새 블록을 인식하고 검증하는 노드가 충분할 경우 더 많은 노드가 이러한 규칙을 채택하게 된다. 이것이 소프트포크라고 불리는 일반 과정이다.

소프트포크는 블록체인이 계속 작동해야 하기 때문에 중요하다. 그러나 무엇이 진실인지에 대한 충분한 합의가 이루어지지 않으면 운영될 수 없다. 진실은 합의된 프로토콜에 의해 결정된다.

반면 하드포크는 다른 노드가 새로운 프로토콜을 채택하는 동안 이전 프로토콜에서 계속 작동하는 블록체인의 특정 수의 노드에 의해 프로토콜에 대한 변경이 받아들여지지 않을 때 발생한다. 그러면 블록체인이 효과적으로 둘로 갈라진다. 비트코인 역사에서 이런 일은 여러 번 있었다. 최초의 비트코인 하드포크 중 하나는 2014년에 일어난 비트코인XT다. 다른 주목할 만한 비트코인 하드포크로는 비트코인캐시와 비트코인골드가 있다. 사토시의 비전 Satoshi's Vision 이라는 뜻의 비트코인SV는 다시 비트코인캐시를 하드포크한 것이다.

스팀잇은 2020년 하드포크를 경험했다. 크립토 소셜 미디어 세계에서 스팀잇을 인수한 저스틴 선이 회사 자산을 이용해 자신의 증인을 세우는 것을 막기 위해 여러 명의 상위 증인들이 하이브에 블록체인을 포크한 것이다. 그것은 전체 블록체인 업계에 있어서 중요한 사건이었고, 아마도 규제에 이르기까지 해당 업계의 다른 주요 발전으로 이어질 것 같다.

3대 합의 메커니즘 프로토콜

블록체인 공간에는 여러 합의 프로토콜이 있지만, 모든 크립토 소셜 미디어 참여자가 숙지해야 할 세 가지 중요한 프로토콜이 있다.

작업증명 비트코인은 작업증명 합의 메커니즘을 사용한다. 블록체인에 대한 합의는 복잡한 계산 문제를 해결하는 채굴자들에 의해 달성된다. 네트워크의 한 컴퓨터가 문제를 해결하면, 그 컴퓨터의 소유자는 해당 블록을 찾기 위해 할당된 비트코인을 받고 다른 모든 컴퓨터들은 해당 버전의 블록체인을 채택한다. 이 과정은 평균 10분 정도 걸린다. 한 블록이 해결된 후, 컴퓨터는 다음 블록을 해결하기 위해 경쟁한다. 이 과정은 모든 2,100만 비트코인이 채굴될 때까지 계속되며, 그때 컴퓨터는 거래 수수료를 통해 네트워크를 계속 보호할 것이다. 작업증명의 단점은 비용이 많이 들고 시간이 많이 걸린다는 것이다.

지분증명 스테이킹은 블록체인의 지갑에 암호화폐를 넣어두는 것을 의미한다. 암호화폐가 많이 걸려 있을수록 블록 검증자가 공감대 형성 과정에서 갖는 힘과 영향력은 커진다. 현재 이더리움은 작업증명 합의 프로토콜을 사용하고 있지만, 지분증명으로 전환할 계획을 세우고 있다. 피어코인과 리스크는 현재 지분증명을 사용하는 대표적인 암호화폐다.

위임지분증명 위임지분증명은 비용이 많이 들고 시간이 많이 걸리는 작업증명과 효율적인 채굴자보다 부유한 채굴자를 선호하는 지분증명의 결함을 각기 해결하려고 시도한 합의 프로토콜이다. 블록체인에 암호화폐를 보유한 사람이라면 누구나 투표로 대표를 세워 블록 검증자를 삼는다. 위임지분증명은 이러한 민주적인 과정을 통해 블록 검증자의 영역을 좁히기 때문에 작업증명이나 지분증명보다 효율적이지만, 그만큼 더 중앙집중화될 수밖에 없다. 여러 블록체인이 위임지분증명을 구현하여 오늘날 매우 대중적인 합의 프로토콜이 되었다. 2014년, 라리머가 만든 그의 모든 블록체인 프로젝트는 비트셰어를 시작으로 스팀, 이오스아이오 EOSIO 까지 위임지분증명을 사용했다. 스팀 블록체인의 첫 탈중앙화 앱인 스팀잇과 이오스아이오 기반의 소셜 미디어 플랫폼인 보이스는 모두 위임지분증명을 채택했다. 트론과 카르다노 블록체인 역시 이 합의 메커니즘을 사용한다.

모든 블록체인에 대한 합의 메커니즘은 블록체인이 작동하는 방식에 있어 본질적인 부분이기 때문에, 크립토 소셜 미디어 개발자는 어떤 메커니즘이 사용되고, 그것이 네트워크 보안을 확보하고 네트워크 상의 모든 참여자들에게 공정한 경쟁의 장을 제공하기 위해 어떻게 사용되는지에 관해 신중하게 고민해야 한다.

스테이킹의 힘

스테이킹은 지분증명 및 위임지분증명 블록체인을 관리하고 운영하는 프로세스의 일부다. 둘의 차이점은 위임지분증명은 이용자들이 블록체인 상의 블록 검증자를 투표로 뽑는 것으로 마치 미국 시민들이 의회의 국회의원들에게 투표하는 것과 같은 방식으로 운영된다는 것이다. 위임증명 블록체인을 사용하면, 모든 사람이 자신의 지분에 따른 영향력만큼 투표함으로써 합의 프로토콜에 참여한다.

본질적으로 스테이킹은 경제를 활성화하고 경제에 대한 영향력을 확립하기 위해 온체인 또는 온-플랫폼 지갑에 암호화폐를 장기간 넣어두는 것이다. 당연히 더 많은 양을 걸어둘수록 더 많은 영향력을 갖게 된다.

이것은 큰 지분을 가진 개인이 작은 지분을 가진 수백 명의 사람들보다 더 많은 힘과 영향력을 가질 수 있기 때문에 그 자체로 일종의 법이 된다. 예를 들어, 한 개인이 100만 하이브를 스테이킹한다면, 그는 각각 10개의 하이브를 스테이킹한 5만 명의 블록체인 참여자들보다 하이브 블록체인에는 더 큰 영향을 미칠 것이다.

이것은 강점이자 약점이다. 작은 규모의 블록체인 상에서는 한 명의 거물급 투자자가 거액의 돈을 토종 암호화폐에 묻을 수 있고 해당 블록체인의 합의 메커니즘에 무소불휘의 권력을 휘두를 수 있다. 한 사람이 지닌 지분의 힘은 블록체인에 있는 다른 모든 이용자의 지분 수와 힘에 비례한다. 따라서 블록체인과 플랫폼이 더 커지면, 규모가 작을 때보다는 더 탈중앙화될 수 있다.

지분을 많이 들고 있는 이들은 블록체인 내에서 더 많은 영향력을 가지면, 동시에 더 많은 위험을 안고 있기도 하다. 플랫폼 경제에서 발생한 파장은 큰 지분을 가진 이들에게 더 강하게 느껴지는 법이다. 만약 거물급 투자자가 플랫폼의 장기적인 성공에 투자를 걸었다면, 그는 튼튼한 암호경제를 보장하기 위해 자신이 할 수 있는 모든 것을 할 것이다. 그러나 그가 이기적이고 단기적인 이익만을 추구한다면 도리어 플랫폼 경제에 많은 피해를 줄 수도 있다.

블록체인이
공격을
받는다면?

이쯤에서 신중하게 고민해봐야 하는 암호경제의 또 다른 측면은 네트워크 보안 문제다. 금전적 가치가 위협을 받을 때, 보안이 주요 관심사로 떠오를 것이다. 블록체인이 공격을 받으면 어떤 일이 일어나며, 블록체인은 이러한 공격에 대해 어떤 방어 수단을 가질 수 있을까?

51% 공격

51% 공격은 블록체인 참여자 중 한 명 또는 그룹이 해시레이트, 지분증명의 경우, 스테이킹된 암호화폐의 51%에 대한 통제권을 얻는 것이다. 이를 통해 소수의 블록체인 참여자가 다수에게 지시를 내릴 수 있게 된다. 악의적인 참가자는 합의 메커니즘을 제어하고 이전에 검증된 블록을 무효화하거나 이중지불을 수행하거나 다른 검증자가 블록을 검증하지 못하도록 방해할 수도 있다. 분명히 이건 블록체인에 큰 문제가 된다.

51% 공격에 대한 최고의 보안은 탈중앙화다. 네트워크에 더 많은 노드가 있을수록, 그들 중 어느 노드도 다수를 얻을 가능성이 낮아지게 된다. 탈중앙화는 또

한 정직한 블록 검증자를 보장하는 최고의 동기 부여다. 작업증명과 지분증명 모두 정직한 검증자에게 보상하고 부정직한 검증자에게 불이익을 주기 때문에, 네트워크에 더 많은 노드를 보유하는 것이야말로 블록체인의 무결성을 유도한다.

P+엡실론 공격

P+엡실론 공격에서, 뇌물자는 특정 방식으로 투표에 영향을 미치기 위해 개인에게 상당한 뇌물을 제공함으로써 블록체인을 조작하려 하지만, 다른 모든 사람이 반대표를 던졌을 때에만 뇌물자가 뇌물을 지불한다. 만약 뇌물자가 다른 블록 검증자들도 같은 뇌물을 받았다고 의심하지 않고 모든 블록 검증자들에게 이 거래를 제안한다면, 뇌물을 받기를 기대하는 부정직한 블록 검증자들은 그 뇌물자에 찬성표를 던질 것이다. 하지만 만약 그 사기꾼이 모든 사람이 정반대의 일을 하기를 원했다면, 그는 모든 검증자들의 부정직한 측면에 맞추어서 결과에 영향을 미치기 위해 심리를 이용함으로써 합의의 투표율에 영향을 미칠 수 있다.

지분증명은 이 문제를 해결하기 위해 만들어졌다. 블록 검증자들이 블록 보상을 얻기 위해 보유 중인 모든 암호화폐를 블록체인에 지분으로 스테이킹해야 한다면, 어떤 뇌물도 그들의 표를 흔들 만큼 실속 있는 것이 될 수 없다.

보안성은 블록체인의 무결성에 있어 가장 중요하다

블록체인이 탈중앙화가 되면 정직한 블록 검증자들로 인해 더 안전해진다. 블록 검증자의 역할은 네트워크를 보호하는 것이다. 그들은 이타적이기 때문이 아니라 인센티브를 위해 이 이기적으로 일을 한다. 블록체인이 안전하다면, 다른 참여자들은 계속해서 자신의 이익을 위해 행동하고 자신과 다른 참여자들에게 이익이 되는 방식으로 계속해서 콘텐츠를 만들고 상호 교류할 것이다.

---------------------------------- SUMMARY ----------------------------------

암호학은 크립토 소셜 플랫폼과 프로토콜뿐만 아니라 블록체인 기술의 필수 구성요소다. 우리는 사람들이 자신의 컨텐츠에서 수익을 내고, 자산을 보호하며, 신원을 지키고, 성숙기에 접어드는 전자 기술 및 디지털 기술을 통해 가치 있는 아이템을 교환하는 것에 대해 이야기하고 있기 때문에, 암호화는 그것을 원하는 모든 사람들에게 이러한 혜택을 제공할 수 있는 최고의 도구다. 멀지 않은 미래에 인터넷 이용자 대다수는 이러한 이점을 인정하고 암호화가 더 많은 자유, 더 나은 신원 관리 및 더 큰 데이터 보안을 확보하는 데 어떻게 역할을 하는지 더 잘 이해할 수 있게 될 것이다.

PART 06

페이스북이 암호화폐를
갖는다면

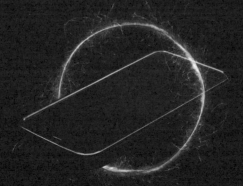

페이스북이 2004년에 출시되었을 때만 하더라도 비트코인은 그저 허황된 꿈에 지나지 않았다. 블록체인 기술의 기본 구성요소가 개발됐지만 최초의 블록체인 크리에이터는 아직 이 모든 것을 하나로 묶지 못했다. 그것은 이후로 4년 동안 일어나지 않을 일이었다.

마크 저커버그가 페이스북을 구상하기 전, 최초의 디지털 현금 시스템인 디지캐시는 이미 파산한 상태였다. 당시 저커버그의 나이는 14세에 불과했다.

페이스북이 출시되던 날, 이-골드는 100만 개의 계정을 가지고 있었지만 피싱 사기와 해커, 그리고 다른 인터넷 세력들과 싸우는 데 몰두하고 있었다. 비트코인이 빛을 볼 때쯤 이-골드는 폐업하고 말았다. 애덤 백의 작업증명 개념은 다른 개발자들에게는 한낱 장난감에 불과했지만, 나름 문제들을 안고 있었다.

탈중앙화의 원리를 이론화하거나 새로운 기술의 이점을 장황하게 늘어놓는 것과 그것을 실용적인 차원에서 바라보는 것은 전혀 별개의 일이다. 만약 페이스북이 암호화폐로 출시되었다면, 사용자의 관점에서 오늘날 페이스북이 어떤 모습일까? 이제 상상의 나래를 한 번 펼쳐보자.

실제로 페이스북은
암호화폐를
보유하고 있다

이건 그렇게 억지스러운 생각은 아니다. 페이스북은 이미 디지털 화폐를 제안했기 때문이다.

2019년 6월, 페이스북은 리브라 Libra 라는 이름의 암호화폐를 출시할 계획을 발표했다. 초기 개념에서 리브라는 리브라협회 Libra Association 라고 불리는 독립적인 재단에 의해 관리될 예정이었다. 그것은 또한 다중 자산의 예치금으로 뒷받침될 예정이었다. 리브라 암호화폐는 리브라 블록체인이라는 자체 독자적인 블록체인으로 발행될 계획이었다.

리브라협회와 해당 암호화폐가 흥미로운 프로젝트인 이유 중 하나는 발기인 100개 사를 포함시킨다는 당초 계획이었다. 창립 멤버 명단에는 비자와 마스터카드, 페이팔 등 금융업계 거물들이 포함됐다.

키바 Kiva 와 페이유 PayU 와 같은 소규모 회사들도 포함됐다. 기술 회사인 보다폰 Vodafone , 우버, 그리고 리프트도 계약을 맺었다. 벤처 캐피털 회사인 리빗캐피털, 안드레센호로위츠, 유니온스퀘어벤처스, 스라이브캐피털도 탑승했다. 그러나 전 세계적으로 반대 여론이 거세게 일면서 당초 계획은 무산되었다.

그와 거의 동시에 세계 각국은 페이스북의 계획을 면밀히 조사했다. 한 달도 안되어 미국 하원의 금융서비스위원회는 페이스북과 그 파트너들에게 이 프로젝트의 개발을 중단할 것을 요청했다.

그들은 의문을 품었고, 실제로 저커버그는 2019년 10월 그들의 질문에 답하기 위해 의회에 출석했다. 유럽의 중앙은행들도 우려를 나타냈다. 인도의 규제 당국은 리브라의 사용을 금지할 것이라고 말했다. 다른 정부 규제 기관들도 그랬다. 이 정부들이 두려워했던 건 과연 무엇이었을까?

도널드 트럼프 당시 대통령은 리브라가 테러 활동과 마약 거래에 사용될 수 있다고 말했다. 물론 그럴 수 있다. 현금이 그렇게 쓰일 수 있는 동일한 방식으로 말이다. 하지만 페이스북이 대통령의 디지털 발언권을 차단하는 데 효과적이라는 사실이 입증되었기 때문에, 그것은 또한 적어도 플랫폼에서 불법 행위를 탐지하는 데 어느 정도 효과적일 수 있을 것 같다. 과연 이용자의 프라이버시 보호에는 어느 정도의 비용이 들까?

프라이버시에 대해 말하자면, 케임브리지 애널리티카 스캔들 Cambridge Analytica scandal. 미국 45대 대선에서 일어난 초유의 정보 유출 사태. 페이스북에서 간단한 설문에 참여한 뒤 케임브리지대 심리학과 교수인 알렉산더 코건이 개발한 스파이 앱을 깐 이용자들과 친구관계로 연결돼 있는 이용자들의 고객정보가 유출되었다. 결국 페이스북은 이용자 27만 명과 그들과 친구 관계로 연결된 5,000만 명의 개인정보를 전달받았고, 이는 2016년 도널드 트럼프 대선 캠프에서 유권자 성향 분석에 이용됐다. 덕분에 트럼프는 힐러리를 꺾고 대선에서 승리했다. 을 고려하면, 페이스북은 확실히 그리 좋은 전력을 가지고 있진 않다. 해킹에 대한 두려움도 여전히 있다. 페이스북 플랫폼이 해킹을 당했다면 얼마나 많은 수백만 명의 이용자들이 플랫폼에 있는 암호화폐를 잃게 될까?

이런 것들은 모두 타당한 우려로 밝혀졌고, 그 중 몇 가지는 당국이 페이스북의 암호화폐 계획을 면밀히 검토하기 위해 내건 이유였지만, 나는 이보다 더 큰 문제

페이스북 사용자 vs. 2020년 1월 기준 세계 인구						
지역	2020년 추정 인구	세계 인구 비율(%)	페이스북 사용자	페이스 북 점유 율 (%)	인구 성장	세계 인구 대비 페이스북 사용자 비율(%)
아프리카	1,340,598,447	17.20	212,911,701	15.90	88,043,201	9.60
아시아	4,294,516,659	55.10	832,336,400	19.40	328,628,200	37.40
유럽	834,995,197	10.70	395,506,114	47.40	85,929,454	17.80
남미 / 카리브해	834,995,197	8.40	414,918,900	63.40	118,282,720	18.70
중동	260,991,690	3.30	93,193,286	35.70	43,793,286	4.20
북미	368,869,647	4.70	252,804,100	68.50	39,728,600	11.40
오세아니 아 / 호주	42,690,838	0.50	23,056,220	54	4,817,110	1.00
세계 총계	7,796,615,710	100	2,224,726,721	28.50	709,222,571	100

그림6.1 2020년 1월 기준으로 페이스북의 사용자 기반은 전 세계 인구의 28.5%, 북미 인구의 68.5% 로 구성되어 있다. (출처: internetWorldstats.com에서 제공된 데이터를 기반하여 작성됨)

가 있었다고 생각한다. 세계 인구의 28.5% 이상, 그리고 거의 70%의 북미지역 인구 가 페이스북을 사용하고 있다.

페이스북이 장악한 암호화폐가 세계 경제를 추락시킬 가능성이 충분하다. 만약 사용자들이 페이스북의 앱들, 그러니까 주로 페이스북 메신저와 왓츠앱을 통해 서 로 거래할 수 있다면, 그들은 두 번 다시 자국 통화를 사용하지 않으려고 것이다.

베네수엘라, 이란 등 통화가 약한 나라들은 더 강한 자산이 뒷받침된 통화를 사용하기 위해 시민들이 페이스북 앱으로 몰려들면서 현실 경제의 활동이 전면 중단될 수 있었다. 그것은 현실의 정치적 상황에서 파괴적인 효과와 함께 여러 나라에 즉각적인 영향을 미칠 것이다. 강력한 경제력을 갖춘 나라에서는 더 오래 걸릴 것이지만, 실제 통화가 시간이 지나면서 계속해서 평가절하되면서 더 많은 사람들이 리브라를 선택하고 달러와 유로, 파운드를 포기하게 될 것이다. 그게 몇 년이 걸릴지는 모르겠지만, 여러분이 공무원이고 자국 국민들의 많은 부분이 정치 후보자들을 조사하는 것보다 페이스북에서 더 많은 시간을 보낸다는 사실을 알 때 그런 시나리오는 정말 두려운 일이다.

리브라를 론칭시켰을 때 일어날 수 있는 또 다른 문제는 페이스북으로 이용자들의 대규모 이주가 일어날 거라는 점이다. 다시 말하지만, 이런 일은 통화 약세를 보이는 작은 나라들에서 더 분명하게 일어나겠지만, 여러분들은 이런 나라들의 국민들이 일상적인 금융 거래에 왓츠앱과 페이스북 메신저를 더 많이 사용하는 모습을 지켜볼 수 있을 것이다. 다시 말해서, 페이스북 암호화폐는 세계적으로 판도를 완전히 뒤바꿔 놓을 것이다. 반면 페이스북이 2004년처럼 보잘것없는 암호화폐를 출시했다면 아무도 거들떠보지도 않았을 것이다.

비트코인과 달리 페이스북 암호화폐는 중앙은행 통화정책을 마치 다섯 살짜리 아이의 생일파티처럼 보이게 하는 방식으로 중앙화되고, 사적인 통제와 조작의 대상이 될 것이다. 그것은 실로 우려할 만한 일이다.

엄중한 조사를 받은 후, 몇몇 대기업들은 리브라 프로젝트에서 손을 뗐다. 가장 큰 회사 중에는 페이팔과 비자, 마스터카드도 있었다. 그들의 재정적인 힘이 없었다면, 아마도 페이스북의 리브라 프로젝트는 실패할 운명이었을 것이다. 이러한 손실은 페이스북의 계획에 분명 해를 끼쳤지만, 그렇다고 완전히 계획이 없어진 건 아니었다. 2020년 12월, 리브라는 2021년 런칭과 함께 디엠 Diem 이라는 브랜드로 탈바꿈했다. 그러나 새로운 계획과 이전 계획 사이에는 몇 가지 근본적인 차이가 있다.

제안서에 디지털 결제 시스템으로 정의된 디엠 암호화폐는 현금이나 현금 등가물, 그리고 단기 정부 증권에 의해 지원될 예정이다. 사실상 이 계획은 디엠을 비트코인보다는 테더에 더 가깝도록 만드는 것이었다.

2021년 10월, 페이스북은 디엠 없이 디지털 지갑 노비 Novi 를 론칭했다. 현재까지 디엠은 미국 감독 당국의 승인을 조건으로 아직 론칭을 하지 못하고 있다. 디엠은 백서에서 전 세계의 규제 우려를 완화하기 위해 자체 암호화폐에 대한 네 가지 핵심 변경사항을 개괄하고 있다. 그것들은 다음과 같다.

① 다多통화 암호화폐 계획을 버리지 않은 채 단일통화로 스테이블코인을 추가하기
② 리브라 지불 시스템의 안전성을 강화하기 위한 컴플라이언스 프레임워크를 추가하기
③ 핵심 경제 자산을 유지하면서 향후 무허가 체제로의 전환을 포기하기
④ 그리고 결제 시스템의 설계 내에 강력한 보호 기능을 구축하기

이 네 가지 주요 변경사항이 무엇을 의미하는지 분석하는 것은 이 장의 범위를 벗어나는 것이다. 다만 페이스북이 내세우고 있는 디엠이 정부가 뒷받침하는 통화에는 덜 해로울 수 있지만 현실세계에 여전히 지대한 영향을 미칠 수 있다는 점을

지적하는 게 중요하다. 정부 규제 당국은 디엠이 미국 달러나 유로, 영국 파운드화를 평가절하할 우려가 있다면 디엠이 실제 추진되는 것을 허용하지 않을 것이다. 페이스북이 규제 당국의 혜택을 받을 수도 있겠지만, 분명한 건 그것이 매우 면밀히 조사될 것이라는 사실이다. 규제 당국은 한쪽 손으로는 디엠을 담고 있는 지갑들을 매우 가까이서 뒤져 보고 한쪽 눈으로는 디엠의 일거수일투족을 하나에서부터 열까지 샅샅이 감시할 것이다.

자, 이제 내가 던진 첫 번째 질문으로 돌아가야겠다. 만약 페이스북이 암호화폐로 문을 열었다면 오늘날의 페이스북은 과연 어떤 모습일까?

페이스비트,
당신이 보유해야 했던
암호화폐

처음부터 사업계획 내에 암호화폐가 들어가 있었다면 오늘날 페이스북이 어떤 모습일지 상상하는 건 그리 어렵지 않다. 바뀔 수 있는 거라곤 오직 플랫폼을 이루는 기초적인 기술과 이용자 경험에 미칠 수 있는 영향뿐이다. 그렇지 않으면, 페이스북은 이용자들이 웹사이트에 게시한 콘텐츠로부터 암호화폐를 벌어들일 수 있다는 추가적인 혜택을 이용자들에게 주는 것과 함께 이론적으로 오늘날과 거의 동일한 방식으로 운영될 수 있을 것이다.

페이스북 이용자가 암호화폐를 벌 수 있는 방법

이제 픽션이지만 페이스북의 가치 제안의 줄거리부터 시작해보자. 소셜 미디어 웹사이트로서 페이스북이라는 플랫폼은 커뮤니티 표준에 관한 몇 가지 규칙을 가지고 콘텐츠를 게시할 수 있는 기회를 전적으로 이용자들에게 제공하기 위해서 존재한다. 만약 혐오 발언이나 다른 인터넷 접속이 없는 깨끗한 상태로 콘텐츠를 유지한다면, 이용자들은 자신이 원하는 것이면 무엇이든 페이스북에 게시할 수 있다. 만약 페이스북이 암호화폐를 가지고 있다면, 이용자들은 브런치 카페에서 느긋하게 점심식사를 즐기며 요즘 유행하는 고양이 밈과 셀카를 올려 페이스비트Facebit를 얻을 수 있을 것이다.

하지만 잠시 뒤로 물러서서 암호화폐를 만들어내는 블록체인 기술 자체를 먼저 살펴보자. 모든 크립토 소셜 사이트에는 한 가지 특징이 있다. 어떤 것들은 스팀잇처럼 자체 블록체인에 구축되어 있는가 하면, 다른 어떤 것들은 이더리움 상의 마인즈와 같이 다른 블록체인에 구축되어 있다. 그 차이는 엄청나다. 우리는 페이스북이 자체적인 블록체인을 구축했다고 가정할 수 있다.

다음으로 우리는 페이스북의 그럴듯한 블록체인에 쓰일 합의 메커니즘을 결정해야 할 것이다. 우리는 그것을 '페이스체인Facechain'이라고 부르겠다. 페이스체인이 크립토 소셜 공간에서 인기 있는 위임지분증명DPOS이라는 합의 메커니즘을 사용한다고 가정하자. 더 나은 어떤 것이 나오지 않는 한, 위임지분증명은 아마도 크립토 소셜 블록체인의 표준이 될 것 같다.

기억한다면, 위임지분증명은 블록체인 이용자이 경우에는 모든 페이스체인 이용자가 되겠지만가 네트워크 검증자에게 투표하는 것에 달려 있다. 검증자는 결제 데이터가 들어 있는 블록을 승인한다. 페이스체인 검증자로서는 플랫폼에 어떠한 콘텐츠도 게시하지 않고도 풀타임 수입을 올릴 수 있다. 그 수입이란 블록체인 상에 각 참여자가 블록을 만들어내며 벌어들인 암호화폐의 일정 비율에 전적으로 기초해 있다.

다시 말해서, 만약 우리가 페이스체인이 다음 매개 변수를 기반으로 이용자에게 보상을 했다고 가정한다면, 우리는 페이스체인 검증자들이 단지 블록을 검증하는 것만으로 엄청난 수익을 낼 수 있다고 가정할 수 있다.

① 작성자 : 작성자가 페이스체인상에 포스팅한 콘텐츠로부터 만들어진 페이스

비트의 60%를 번다고 가정해보자.

② 페이스체인에 참여한 이들 : 페이스북 상의 누군가가 한 게시물에 댓글을 달 거나, 좋아요를 누르거나, 혹 그 게시물을 공유할 때 그들을 페이스체인에 참 여한 이들, 간단히 '페이스체이너 Facechainers'라고 해보자. 그러한 페이스체이 너들은 블록체인에 참여한 게시물로 인해 만들어진 모든 페이스비트의 20% 를 그들끼리 나눈다.

③ 검증자 : 검증자는 블록체인 상에서 그들이 검증한 블록으로 만들어진 페이 스비트의 15%를 가져간다. 그 중 3분의 2는 블록을 승인한 첫 번째 검증자에 게 돌아간다.

④ 페이스북 : 페이스북 당사자는 블록체인 상에서 생성된 각 페이스비트에 대 해 남은 5%를 가져간다.

여기에 한 가지 가정을 더 덧붙일 필요가 있다. 만약 당신이 지급 기간을 설정하 지 않는다면, 당신이 포스팅한 모든 게시물들은 영원히 암호화폐를 벌 수 있다. 그 런 일이 일어나지 않도록 하기 위해, 페이스북의 최대 지급액을 한 달로 가정해보 자. 그렇게 되면 포스팅한 지 한 달이 지난 게시물은 아무리 많은 참여가 있더라도 페이스북에서 한 푼도 건지지 못한다. 이런 정책은 모든 이용자들로 하여금 단지 페이스비트를 얻기 위해 철지난 콘텐츠로 리포스팅하기 보다는 새로운 콘텐츠를 끊임없이 생성하도록 강요한다. 올드 녹번연 Old Knockbunyan 의 샴 고양이가 테니스 신발에 고인 우유를 마시는 2년 전 비디오 영상을 천 번째 보고 싶어 하는 사람이 있겠는가?

이것은 또한 모든 작성자가 게시물이 포함된 블록의 유효성 검사가 끝난 후 한 달 동안 게시물에 대해 수익을 받지 못한다는 것을 의미한다. 그건 나쁜 일은 아니지만 주목할 가치가 충분히 있다.

2021년 1월, 페이스북 이용자들은 매일 1,000억 개 이상의 메시지를 게시했다. 각 포스팅된 게시물이 0.005페이스비트를 생성한다고 가정해보자. 그 페이스비트를 만드는 데 관여한 각 개인에 대한 내역은 다음과 같다.

- 콘텐츠를 만든 사람이 0.003페이스비트를 가져간다.
- 참여한 모든 페이스체이너들은 게시물 당 0.001페이스비트를 나눠 갖는다.
- 검증자는 검증된 각 블록에 대해 0.00075페이스비트를 나눠 가지며, 각 블록에는 여러 게시물과 코멘트에 대한 데이터가 포함된다.
- 페이스북은 게시물 당 0.00025페이스비트를 가져간다.

이 숫자에 따르면, 페이스북은 2021년 1월에 매일 25,000페이스비트, 한 달로 환산하면 775,000페이스비트를 벌었을 것이다. 페이스북이 1년 내내 매일 1,000억 개의 메시지를 올린다면, 페이스북은 1년 동안 총 912만5,000페이스비트를 벌어들인 셈이다. 만약 우리가 페이스비트의 가치가 2004년 이후 1.25달러로 약간 올랐다고 가정한다면, 2021년 페이스북이 포스팅된 게시물로 벌어들인 수입은 11,406,250달러에 달할 것이다.

페이스북은 2020년에 856억9,500만 달러의 연간 수익을 올렸다. 그 중 840억 달러 이상이 광고에 쓰였다. 이에 비해 1,140만 달러는 보잘것없는 액수지만, 페이스북은 현재 광고 외에 이용자가 포스팅한 게시물로는 아무것도 벌지 못하고 있다. 게다가 그 플랫폼은 암호화폐 거래, 광고, P2P 거래, 그리고 다른 채널에 대한 수수료를 벌 수 있었을 것이다.

훨씬 더 흥미로운 것은 이 시나리오에서 페이스북 작성자가 얼마나 많은 수입을 올렸을까 하는 것이다. 하루 게시물 1,000억 개로 페이스북 이용자들은 누적으로 매일 3,000페이스비트, 환산하면, 3,750억 달러를 벌어들였을 것이다. 모든 작성자들의 연간 수입을 전부 합하면, 총 136,875,000달러가 된다. 여기에 80대20의 규정을 적용하면, 2021년 페이스북 작성자 상위 20인이 각각 평균 547만5,000달러씩, 전체로 1,095억 달러를 벌어들일 것이다.

검증자들은 훨씬 더 잘 할 수 있었을 것이다. 만약 우리가 각각의 검증된 블록이 10개의 페이스북 게시물에 대한 데이터를 포함하고 있다고 가정한다면, 페이스북 검증자들은 매일 7천5백만 달러를 벌었을 것이다. 2021년 모든 검증자의 총 수입은 273억7,500만 달러가 될 것이다. 다시 말하지만, 80대20의 규정을 가정하면, 상위 20인의 검증자는 각각 210억 달러 이상, 즉 각기 10억 달러 이상을 벌어들일 것이다.

페이스북은 2020년 12월 기준으로 18억4천만 명의 일일 활성 사용자를 가지고 있는데, 이것은 우리의 상상 속 시나리오에서 평균 페이스북 사용자가 1년에 겨우 59.51달러를 벌 수 있다는 것을 의미한다. 현재 페이스북과 광고주들은 고양이 밈과 셀카로 돈을 버는 유일한 주체들이다.

이 작은 가치의 조각들은 시간이 지남에 따라 누적된다. 매일 1,000억 개의 메시지가 게시되면서 페이스체인 이용자는 오늘 하루에만 총 3억 개의 페이스비트를 벌어들일 것이고, 반면 페이스체이너들은 1억 페이스비트를 벌어들일 것이다. 만약 여러분이 전형적인 페이스북 이용자라면, 여러분은 이 두 가지 풀에서 전부 돈을 벌 수 있을 것이다.

평균적인 페이스북 이용자들이 이 수치들을 사용하여 벌 수 있는 수입을 읽는 것은 우울할 수 있지만, 그들 중 절반은 평균 이상일 것이라는 것을 명심하라. 많은 사람들이 최상위 소득계층이 될 것이다. 만약 역사가 다시 쓰일 수 있다면, 우리가 유튜브와 마이크로소프트 백만장자에 대해 읽었던 것처럼 페이스북 백만장자에 대해서도 읽을 수 있을 것이다. 하지만 그것은 페이스북 작성자가 지난 18년 동안 암호화폐를 만들어왔을 경우에만 해당된다.

페이스체인이 있다면
페이스비트를
벌 수 있는 방법

만약 누군가가 2004년 2월에 페이스북이라는 새로운 웹사이트가 이미 마이스페이스에 올린 콘텐츠를 이용자가 페이스북에 올려주면 돈을 주겠다고 말했다면, 여러분은 그들이 PVC 파이프로 된 신체 부위를 가지고 있다고 여겼을 것이다. 만약 그들이 당신이 페이스북에서 더 많은 돈을 벌고 있기 때문에 일용직 일을 그만둘 수 있을 거라고 말했다면, 당신은 그들이 대마초나 피우며 떠들고 있다고 심증을 굳혔을 것이다.

큰 파도는 잔물결로 시작된다. 모든 쓰나미는 서퍼들이 '모세관 파도'라 부르는 아기 파동으로 시작된다. 물론 그것은 화산폭발이나 해저지진과 같은 거대한 폭발로도 일어날 수 있지만, 그 폭발에 의해 생성된 파도조차 작게 시작하다가 점점 커지는 법이다. 이 과정이 천분의 1초가 걸리더라도 하나의 과정인 건 틀림없다. 크립토 소셜 소득도 마찬가지다.

어쩌면 돈만큼 오래된 수수께끼가 있다. "오늘 백만 달러를 가지고 싶으신가요, 아니면 첫날에 1페니를 받고, 둘째 날에 2배, 셋째 날에 그것의 2배, 그리고 30일 동안 매일 여러분이 전날 받았던 것보다 2배씩 받는 게 좋겠습니까?"

이건 장난 같은 질문이다. 오늘 1페니를 선택하면 10일째 되는 날 고작 5.12달러만 받게 된다. 20일째라고 해봤자 5천 달러가 조금 넘을 것이다. 28일째가 되어서야 100만 달러를 벌 수 있다. 그러나 30일째 되는 날에는 총 5,368,709.12달러를 받게 된다. 마지막 3일 동안만 총 9백만 달러 이상을 받게 된다. 이 모든 건 당신이 그것을 기다릴 인내심과 지혜를 가졌기 때문이다. 이 그림은 일반적으로 복리複利가 어떻게 작동하는지를 보여주는 데 사용된다. 크립토 소셜 소득도 이와 같은 방식으로 작동할 수 있다.

페이스마이스터 철수를 만나다

페이스북은 론칭한 그해 연말까지 100만 명의 월간 활성 이용자를 보유하고 있다. 12월 평가액이 2월과 동일하다고 가정한다면, 가치의 60%를 버는 100만 명의 이용자가 매달 3달러만 계산했을 것이다. 별로 고무적이진 않지만, 당신에게 철수를 소개하겠다.

철수는 2004년 2월 4일, 론칭 당일에 페이스북에 가입했다고 쳐보자. 그 해 마지막 달에 그는 100만 명의 다른 사용자들과 3달러를 나누어야 했는데, 이는 30만분의 1페니라는 엄청난 액수였다.

물론 철수는 바보가 아니다. 그는 비전을 품었다. 그는 한 가지 일을 잘 한다. 매일매일 그가 페이스북에 기여한 큰 공헌은 마크 저커버그를 조롱하는 것이다. 오늘날까지 그가 18년 동안 올린 모든 게시물들은 오로지 페이스북의 설립자에 대한 풍자적인 글이었다. 그리고 철수는 그 게시물들로 인해 생성된 페이스비트의 60%를 챙긴다.

만약 그가 하루에 50번 게시물을 올린다고 치자. 그것도 매일 말이다. 비교를 위해,

평균 페이스북 사용자는 하루에 54번 포스트를 올린다. 그가 하루에 50번 마크 저커버그를 놀리며 과연 얼마를 벌 수 있을까?

코인마켓캡이 리플에 대한 데이터를 가지고 있는 가장 빠른 날짜인, 2013년 8월 4일에 암호화폐 리플은 0.005886달러의 가격에 거래되고 있었다.

2021년 4월 8일에는 겨우 1.06 달러였다. 반면 폴카닷은 2020년 8월 2.90달러에 출시되었으며 2021년 4월 8일에는 41.71달러였다. 서로 다른 암호화폐기 때문에 다른 궤적을 갖고 있다. 철수의 진행을 따라가기 위해, 우리는 페이스비트가 평범한 궤적을 따랐다고 가정할 것이다. 페이스비트는 미화로 0.02달러에 출시되었으며 2021년에는 10.50달러로 평가되었다그림 6.2. 여기서 하나 덧붙이자면, 페이스북의 성장과 평판을 근거로 볼 때, 이러한 평가는 매우 보수적으로 잡은 수치라는 점을 말하고 싶다.

표를 보면 페이스비트의 가상 가치가 해마다 들쭉날쭉했다는 것을 알 수 있다. 이게 정상이다. 모든 암호화폐의 가치는 공급과 수요, 시장 상황, 그리고 내외부의 중요한 사건들을 기반으로 시시각각 상승하고 하락한다. 주식 시장처럼 말이다. 페이스북 플랫폼의 사용자 수가 증가함에 따라, 그것이 투자 목적이든 사용 목적이든 간에 더 많은 사람들이 그것에 관심을 표명함에 따라 페이스북의 암호화폐 역시 더 가치가 오를 것을 예상할 수 있다. 마찬가지로 이용자들이 암호화폐를 사용하기 시작하고 이를 다른 페이스북 이용자들의 광고나 아이템을 구매하며 소비할 때 시장 자체가 암호화폐 가치를 더 높게 평가하게 되고 결국 가치가 하락하며 정점에 달하게 될 것이다.

페이스비트의 가상 가격은 매일 변동하지만, 이 사례 연구의 목적상, 그림 6.2에 표시된 값은 언급된 연도 내에서는 일정하다고 가정하겠다.

페이스비트의 매해 가격 변동(가상)	
연도	페이스비트 가격
2004	0.02 USD
2005	0.39 USD
2006	0.98 USD9(한화 약 1,212원)
2007	1.32 USD(한화 약 1,634원)
2008	0.86 USD
2009	0.99 USD
2010	0.75 USD
2011	0.66 USD
2012	1.59 USD
2013	2.98 USD
2014	3.76 USD
2015	3.04 USD
2016	4.91 USD
2017	7.83 USD
2018	6.26 USD
2019	8.54 USD
2020	10.98 USD
2021	10.50 USD

그림 6.2 2004년부터 2021년까지 매년 페이스북의 가상화폐인 페이스비트의 가치. 암호화폐의 시장 가치는 미화나 다른 현실 화폐로 실제 가치를 결정한다. 암호화폐에 대한 수요가 늘면서 일일 변동성이 예상되는 상황에서도 암호화폐의 가치가 상승할 수 있다.

이 시나리오에서 철수는 2004년에 하루 50개의 페이스북 글을 게시하려면 총 25개의 페이스비트를 생성할 수 있다. 철수는 그 중 60%를 받을 것이기 때문에, 2004년에는 하루 수입이 0.15페이스비트가 될 것이다. 페이스비트 당 2센트로 계산하면 하루 총수입은 0.003센트가 된다. 365일을 곱하면 철수가 매일 마크 저커버그를 놀려먹으며 얻은 첫해 수입은 겨우 1.095달러에 불과하다. 하지만 철수는 똑똑하다. 그는 자신의 페이스북 지갑에 자신의 페이스북 비트를 간직하고 있으며 마크 저커버그의 재미있는 사진들을 계속 올리고 있다. 저커버그는 그때문에 돈을 벌고 있으므로 그의 글에 신경 쓰지 않는다.

2005년 말, 현재 페이스북은 550만 명의 월간 활성 이용자를 보유하고 있다. 2005년 내내 페이스마이스터인 철수는 그 해 총 18,250회 동안 하루에 50번씩 계속해서 글을 올렸다. 그의 게시물은 각각 .39달러로 총 91.25페이스비트를 생성했다. 철수는 모든 게시물의 60%를 먹으니까 54.75페이스비트에서 21.3525달러를 벌어들였다.

2006년 철수는 54.75페이스비트에서 53,655달러를 벌었다.

2007년 4월, 페이스북이 2,000만 명의 사용자를 가지고 있을 때, 철수가 연간 벌어들인 54.75페이스비트는 그에게 총 72.27달러의 수입을 가져다주었다.

다시 철수는 부지런하고 똑똑하고 선견지명이 있기 때문에, 페이스북에서 얻은 자신의 페이스비트를 계속 보관했다. 2005년부터 2007년까지 그의 총 수입은 148.3725달러였다.

2008년 8월, 페이스북은 1억 명의 사용자를 확보했다. 철수는 하루에 50개의 게시물을 부지런히 퍼블리싱해오던 속도를 유지했다. 그해 말에 그는 47.085달러를 벌었다. 현재까지 그의 총 페이스비트 수입은 195.4575달러였다.

2009년, 철수는 페이스북에서 54.2025달러의 수입을 올렸다. 지난 5년간 그의 페이스북 총 수입은 249.66달러였다.

매년 같은 부지런한 페이스를 유지하며 철수는 계속해서 마크 저커버그를 놀리기에 여념이 없었다. 철수는 페이스북이 뉴스를 만들 때마다 새로운 게시물을 만들어 페이스북과 페이스북 CEO를 줄기차게 풍자했다. 게시물마다 철수는 인기가 많아졌다. 그의 게시물은 더 많은 공유와 더 많은 좋아요, 그리고 더 많은 댓글을 받았다. 그는 결코 측은지심을 갖지 않았다. 2021년 말, 그의 총 수입은 3,633.21달러였다.

만약 그 수입이 당신에게 그다지 깊은 인상을 주지 않는다면, 당신이 지금 페이스북 게시물을 통해 얼마나 벌고 있는지 자문해보라. 또한 철수가 평균 이상의 포스팅 속도를 유지했다면 그로 인한 소득 잠재력도 고려해보라. 그가 50개 대신 하루에 200개씩 글을 올렸다면 2021년 페이스비트 수입만 2,000달러 이상일 것이다.

만약 그것도 여전히 낮아 보인다면, 철수가 이미 하고 있던 일을 하면서 돈을 벌고 있다고 생각해보라. 그는 페이스북에서 더 많은 시간을 보내지 않을 것이다. 그는 이미 허비한 시간을 몇 달러 더 버는 것으로 전환하고 있다. 나는 스테이킹 같이 수입에 영향을 미치는 다른 변수에 대해서는 일체 이야기하지도 않았다. 철수가 다른 이들의 게시물에 좋아요를 누르고, 댓글을 달고, 공유하거나 블록 검증자로 활동하는 것으로 벌어들일 수 있는 수입도 포함시키지 않았다.

또한 철수가 평균보다 생산성이 약간 낮은 사람으로 설정되었다는 사실을 명심하라. 게다가 철수가 기회가 있을 때마다 광고나 포스트 부스팅, 그룹 및 페이지 관리, 기타 플랫폼 활동과 같은 페이스체인 내 다양한 기능들을 활용한다면 이보다 훨씬 더 많은 수입을 올릴 수 있을 것이라는 점을 명심하라. 이 장의 나머지 부분에서는 철수가 어떻게 월수입을 늘릴 수 있는지 알아보기 위해 그중 몇 가지 옵션을 살펴보도록 하겠다.

페이스비트를 스테이킹하는 가치

페이스체인은 위임지분증명 합의 메커니즘을 사용하기 때문에 페이스비트 보유자는 암호화폐를 스테이킹해서 블록체인 내에서 자신의 영향력을 높일 수 있다.

간단히 말해서, 당신이 페이스북 계정에 500개의 페이스비트를 가지고 있고 지구 반대편에 사는 친구가 5,000개의 페이스비트를 가지고 있다면, 블록체인 상에서 그의 영향력은 당시보다 더 크다. 하지만 그건 당신이 지분을 스테이킹하고 있는 경우에만 그렇다.

블록체인으로 스테이킹이 이뤄질 수 있는 방법은 여러 가지가 있다. 스팀잇은 이용자들이 그들의 스팀을 스팀파워라고 불리는 특별한 보유 카테고리로 옮기도록 한다. 이용자들은 그것을 줄여서 SP라고 부른다. 이용자가 SP를 많이 가질수록 콘텐츠에 투표할 때 더 많은 표가 카운팅된다. 결과적으로 그것은 그들과 컨텐츠 퍼블리셔에게 더 많은 보상을 준다.

이걸 수학으로 표현하면 좀 이상할 수 있겠지만, 여기에는 간단한 방식이 존재한다. 철수가 마크 저커버그에게 풍자적인 사진을 올리기 시작한 첫 해에 그의 수입은 적었다. 동시에 그 수익을 스테이킹할 수 있는 그의 능력 역시 미미했다. 하지만 시간이 지남에 따라 그는 자신의 계정을 늘리고 더 많은 페이스비트를 벌어들일 수 있게 되었고, 페이스비트를 스테이킹할 수 있는 능력 또한 커졌다. 그가 지분을 스테이킹하기로 선택했다면 페이스체인에서 그의 힘과 영향력은 덩달아 커질 수 있다.

철수가 페이스북에 가입했을 때 10,000개의 페이스비트를 구입해서 즉시 그것들을 스테이킹했다고 가정해보자. 그 결과 자동적으로 그의 힘과 영향력은 증가했을 것이다. 기본적으로 이건 지름길이다. 페이스비트의 가치가 커지면서 철수가 스테이킹한 페이스비트의 가치도 덩달아 높아졌다.

위에서 언급한 가치들을 그대로 유지한다면, 철수가 페이스비트에 투자한 건 200달러에 불과했을 것이다. 1년 안에 그 투자는 3,900달러로 증가할 것이다. 만약 그가 초기 투자금을 한 번도 인출하지 않았다고 가정하면, 2021년에 철수의 초기 200달러 투자금은 10만5천 달러로 불어나 있을 것이다. 정말 놀라운 수익이다! 철수는 페이스북에 글을 올리지 않더라도 돈을 벌 수 있을 것이다.

좀 더 멀리 가보자. 철수가 2004년부터 2018년까지 매년 10,000개의 페이스비트를 자신의 계정에 추가했다면 어땠을까? 그의 페이스북 계정에는 189만 달러가 있을 것이다.

스테이킹으로 이용자가 자신의 계정에 암호화폐를 추가할 때마다 블록체인에 대한 그의 힘과 영향력은 커진다. 반대로 그가 조금이라도 스테이킹된 암호화폐를 제거하면 블록체인에 대한 힘과 영향력은 줄어든다.

철수는 자신의 스테이킹 계좌에 10만개 이상의 페이스비트가 있는 상황에서 블록체인에 대한 타인에 비해 자신의 힘과 영향력을 줄이지 않고 언제든지 그 중 일부를 제거할 수 있었다. 철수가 2021년 1월 5만 개의 페이스비트를 제거하고 집을 샀다고 하자. 페이스비트는 현재 각 10,50달러로 평가되고 있기 때문에, 그는 여전히 페이스북 계좌에 130만 달러 이상을 가지고 있을 것이다.

스테이킹이 철수에게 이익이 되는 방법은 또 있다. 페이스북이 출시될 당시, 페이스체인에 참가한 이용자들에게 그들이 페이스비트를 스테이킹할 때 보상해 주겠다는 결정을 내렸다고 가정해 보자. 페이스북은 이용자들이 페이스비트를 페이스북 경제권 내에 계속 두는 것을 장려하기 위해 인센티브를 줄 것이다. 이에 페이스체인은 10,000개의 페이스비트를 스테이킹할 때마다 이용자에게 발생한 모든 수익의 10%를 추가로 보상한다. 갑자기 복리 효과로 인해 철수가 18년 동안 마크 저커버그를 놀려 벌어들인 수익이 페이스비트를 더 많이 스테이킹할 때마다 늘어나게 된다.

스테이킹은 이용자에게 이익이 되지만 동시에 블록체인과 전체 암호경제에도 이익이 된다.

스테이킹이 블록체인 경제에 이익이 되는 방식

스테이킹은 마법의 알약이 아니다. 그건 순수하고 단순한 수학이다.

당신은 은행계좌에 돈을 보관하는 것에 익숙할 것이다. 한 때 은행 고객들은 저축통장에 돈을 넣어두므로 상당한 이자를 받을 수 있었다. 그 시절은 이미 지났지만, 스테이킹은 저축통장과 같다.

자신이 스테이킹한 암호화폐에 이자가 붙는 것 말고도 암호화폐의 가치가 높아지면 당신이 보유한 지분이 자연스레 늘어난다. 그런 점에서 스테이킹은 저축통장이라기보다는 뮤추얼펀드에 가깝다. 물론 뮤추얼펀드의 주식 가치가 떨어지면 뮤추얼펀드 자체의 가치가 떨어진다. 같은 방식으로 암호화폐 자체의 가치가 떨어지면 당신이 스테이킹한 암호화폐도 가치를 잃게 된다. 그런 일이 일어나지 않도록 하기 위해서는 상당한 양의 암호화폐가 유통될 필요가 있다. 블록체인 이용자들이 자신의 암호화폐를 지분으로 스테이킹하도록 유도할 만한 충분한 이유가 바로 그것이다. 충분히 많은 수의 이용자들이 그렇게 할 때, 암호화폐는 그것의 가치를 유지하고 시간이 지남에 따라 잠재적으로 가치가 증가한다.

2019년, 나는 네오 블록체인을 기반으로 만들어진 내러티브라는 플랫폼에 참여했다. 내러티브 플랫폼 제작자들은 스테이킹의 가치를 이해하지 못했다. 그들은 이용자들이 첫날부터 플랫폼의 기본 토큰인 내러티브 NRVE 에서 얻은 보상을 현금으로 바꿀 수 있도록 허용했고, 이용자들이 그들의 수익을 내러티브 경제 안에 두도록 권장하는 시도는 아무것도 하지 않았다. 그 결과 많은 이용자들은 그들의 수익을 즉시 현금으로 바꿨다. 내러티브의 가치는 베타 출시일로부터 내러티브 프로젝트가 종료될 때까지 지속적으로 하락했다. 그 프로젝트는 약 9개월 동안 지속되었는데, 이런 결과는 형편없는 경영을 보여주는 슬픈 증거였다. 아니면 내가 숨을 죽이고 가라앉는 배와 함께 내려갔기 때문에 그 이용자들이 나보다 더 똑똑했을지도 모른다.

암호경제는 통화만큼만 강하다. 통화는 계좌에 보관되거나 특정 목적을 위해 사용될 때 강세를 보인다. 그게 어떤 목적이든 될 수 있지만, 사람들이 그 암호화폐를 사용하거나 보유하면서 더 많은 이들이 그 암호화폐의 채택하는 만큼 가치도 올라간다는 것을 지켜볼 수 있는 무언가가 있어야 한다.

만약 갑자기 미화의 인기가 시들해졌다고 상상해 보자. 기업들은 고객들이 달러로 지불하려고 내밀 때 그 달러를 받지 않고, 누구도 더 이상 달러를 저축통장에 넣어 두지 않으며, 누구도 주식에 투자하면서 달러를 쓰지 않고, 심지어 누군가가 달러를 받았을 때 그냥 불태워 버렸다고 가정해보자. 미국 달러가 더 이상 가치를 유지하지 못할 때까지 과연 얼마나 걸릴까? 어떤 암호화폐든 이와 기본적으로 동일하다. 온-플랫폼이든 오프-플랫폼이든 다양한 방법으로 암호화폐를 사용할 수 있을 때, 그리고 그것을 사용하거나 보유하려는 사람들이 충분히 있을 때, 그 암호화폐는 가치를 지속적으로 갖게 될 것이다. 페이스마이스터인 철수가 등장하는 이전 시나리오에서 그는 자신과 수백만 명의 페이스북 이용자들이 포스팅을 하고, 돈을 벌고, 자신의 수입을 스테이킹할 만큼 충분히 블록체인에 신뢰했기 때문에 페이스비트에 대한 투자가 늘어나는 걸 지켜볼 수 있었다.

이제 페이스비트의 보상 시스템에 다양한 이용 사례가 추가되어 페이스비트가 어떻게 더 가치가 생기는지 살펴볼 것이다.

페이스체인이 페이스비트의 가치를 올리는 방식

페이스북 이용자들은 오늘날 다른 페이스북 이용자들과 교류할 수 있는 수없이 많은 방법들을 갖고 있다. 각 이용자는 다른 이용자가 게시물에 대해 좋아요를 달 수 있고 공유하거나 의견을 말할 수 있는 타임라인을 갖고 있다. 이 외에도 페이스북 그룹, 페이스북 페이지, 인스턴트 메시지, 페이스북 애드, 이벤트, 게임, 비디오, 마켓플레이스, 스토리, 펀드레이저, 구직 목록, 추억 알림, 뉴스, 영화 목록, 오퍼, 오큘러스 등이 있다.

자 이제 페이스북 이용자들이 플랫폼에서 페이스북 암호화폐를 사용할 수 있는 몇 가지 방법들을 알아보자.

페이스북 포스팅 나는 앞서 철수가 어떻게 18년 동안 마크 저커버그에 대한 풍자글을 게시하면서 돈을 벌었는지에 대해 이야기했다. 자세히 말하자면, 만약 페이스북이 암호화폐를 가지고 있다면, 이용자들은 다른 사람들이 좋아요를 누르거나, 공유하거나, 댓글을 달 때마다 그 화폐를 얻을 수 있다. 이용자는 또한 다른 이용자가 페이스북 게시물에 남긴 코멘트를 좋아하거나 공유하거나 댓글을 달 때마다 페이스비트를 얻을 수 있다. 하지만 이용자들이 페이스북 게시물을 가지고 페이스비트를 벌거나 쓸 수 있는 수많은 방법들이 존재한다.

먼저 팁을 주는 것부터 시작해보자. 일부 플랫폼에서는 이용자가 다른 이용자에게 팁을 제공할 수 있다. 퍼블리시0x에서는 팁이 주머니나 지갑에서 나오는 게 아니다. 대신 팁을 주는 행위로 블록체인 상에 팁이 생성되며, 그 팁은 게시물을 작성한 크리에이터에게 얼마나 줄지 선택하는 동시에 자신도 팁의 일부를 직접 벌 수 있다. 페이스북이 플랫폼상에 팁을 포함시킬 수 있는 많은 방법들이 있다. 개중에 가장 분명한 방법은 이용자가 자신의 페이스비트를 다른 이용자에게 전송함으로써 어떤 이유로든 아무 때고 다른 이용자에게 팁을 줄 수 있도록 하는 것이다. 각 이용자는 자신의 페이스북 프로필에 팁 버튼을 가질 수 있다. 또한 각 페이스북 게시물의 좋아요, 댓글 및 공유 단추 옆에 클릭 가능한 단추가 있을 수 있다.

페이스북은 또한 이용자들이 친구들의 타임라인에 페이스북 게시물을 올릴 수 있는 방법을 구현할 수 있다. 이러한 시스템은 페이지 관리자가 현재 자신의 페이지 게시물을 올릴 수 있는 방식과 유사하다. 이용자들은 페이스북 게시물이 친구들의 타임라인에 대해 추가 노출을 제공하기 위해 페이스비트로 요금을 지불하는 방식이 허용될 것이다.

아니면 이건 어떤가? 페이스북 이용자가 친구 중 한 명으로부터 특정 유형의 콘텐츠를 보고 싶어 하지 않았다면? 그 기회를 결정하기 위해 일부 알고리즘에 의존하는 대신, 페이스북은 이용자들이 페이스비트로 수수료를 지불함으로써 특정 유형의 게시물을 '선택'할 수 있도록 플랫폼을 조정할 수 있다. 반대로 사용자는 특정 유형의 콘텐츠를 더 많이 보고 페이스비트로 요금을 지불하여 이를 알리고 싶어 할 수도 있다.

이러한 조치들은 페이스북 이용자들이 낯선 사람들에 의해 설계된 알고리즘에 의해 좌지우지되는 지금과는 대조적으로 페이스북 이용자들 스스로 어떻게 페이스북을 경험하는지에 대해 더 많은 발언권을 주는 데 큰 도움이 될 것이다.

페이스북 그룹 페이스북 그룹은 페이스북을 이용하는 이들과 페이스체인에 참여한 이들이 암호화폐를 벌고 페이스비트를 써서 플랫폼에서 자신의 경험을 높일 수 있는 또 다른 기회를 제시한다.

페이스북 그룹에는 운영자가 있기 때문에, 운영자는 그룹에 가입할 때 다른 페이스북 이용자에게 수수료를 부과할 수 있다. 물론 그들은 다른 이용자들을 무료로 그룹에 참여시키는 것을 선택할 수도 있지만, 만약 그들이 독점성을 유지하고 이용자들의 행동에 더 많은 통제권을 갖기 원한다면, 요금제를 시행할 수 있다. 아니면 실버와 골드 및 플래티넘과 같은 향상된 혜택에 대해 이용자가 지불할 수 있는 계층형 멤버십 시스템일 수도 있다.

운영자가 그룹 구성원의 행동을 통제할 수 있는 또 다른 방법은 게시물에 대한 수수료를 부과하는 것이다. 운영자는 대부분의 콘텐츠를 무료로 그룹에 게시할 수 있지만, 오프플랫폼 콘텐츠나 제품을 홍보하는 게시물은 수수료를 필요로 한다. 아니면 운영자 옵션은 그룹 내에서 발생한 디지털 제품 판매의 일정 비율을 가져갈 수도 있을 것이다.

운영자들은 또한 나쁜 행동에 대해 벌금을 부과할 수 있는 힘을 가질 수 있다. 이용자가 선을 넘어 그룹의 규칙 중 하나를 위반하면 이용자의 페이스체인 지갑에서 벌금을 자동으로 인출하여 규칙을 어긴 위반자의 페이스비트가 미리 정해놓은 양만큼 감소한다. 이에 대해서는 이용자들이 해당 그룹에 가입하기 전에 동의를 받아야 할 것이다. 사전 동의에 따라 이런 조치들이 자동으로 시행되어야 하기 때문이다.

이러한 조치들이 시행되면, 그룹 운영자들은 단순히 좋은 운영자가 됨으로써 페이스비트를 얻을 수 있다. 물론 수익의 일부는 페이스북에도 돌아가겠지만, 인센티브화된 행동에 기반을 둔 시스템은 페이스북 운영자들에게 자신의 그룹 내 이용자 행동에 대한 더 많은 권력과 통제력을 주게 될 것이다.

페이스북 페이지   페이스북 포스팅처럼, 이용자들은 페이지에 게시된 포스트에 대해 좋아요를 누르거나 공유 및 댓글을 달 수 있다. 그러나 이러한 페이지를 소유한 사람은 누구나 페이지 운영자와는 별도의 계정을 가진 사업체일 수도 있다. 해당 페이지의 게시물에서 보상을 받을 수 있다. 관리자는 페이지 콘텐츠에서 수익을 얻을 수 있어 페이지 소유자가 다른 페이스북 이용자를 고용하여 페이지를 관리하고, 페이지 규칙을 시행하고, 소유자를 대신하여 콘텐츠를 게시할 수도 있다. 이것은 페이지에 퍼블리싱 느낌을 더 줄 수 있다.

지금처럼 페이지 소유자들은 게시물을 더 널리 배포하여 포스트를 끌어올릴 수 있다. 하지만 이미 이 페이지에 가입한 사람들에게 이러한 의무를 떠넘기는 대신, 소유자는 그들이 페이스비트에서 얼마를 지불할 의향이 있는지에 따라 얼마든지 자신의 콘텐츠를 끌어올릴 수 있다.

페이지 소유자들은 또한 다른 페이스북 이용자들과 계약을 맺어 페이지에 콘텐츠를 게시하게 할 수 있으며, 어쩌면 페이스비트로 그러한 콘텐츠에 대한 비용을 지불할 수도 있다.

이러한 퍼블리싱 이니셔티브의 변형은 페이스북 이용자들이 페이스북 페이지에 '후원된 콘텐츠'임을 게시한 것에 대해 요금을 부과하는 방식이 될 것이다. 페이지 소유자와 관리자는 플랫폼 지침을 위반하지 않는 범위 내에서 콘텐츠 지침을 설정할 책임이 있다. 이전과 마찬가지로 페이스북은 후원 콘텐츠 요금 중 일부를 빼갈 것이고 나머지를 페이지 소유자와 관리자가 나눠 가지게 된다.

이런 유형의 협정은 다른 방법으로도 유용할 수 있다. 페이스북이 좋아하지 않는 콘텐츠를 검열하는 대신, 페이지 소유자와 관리자는 문지기 역할을 하며 그러한 콘텐츠들을 걸러낼 것이다.

인스턴트 메시지 인스턴트 메시지는 페이스북 플랫폼이 갖고 있는 매우 훌륭한 도구다. 만약 이용자들이 메신저로 그들과 연락할 수 있는 특권을 위해 페이스비트로 요금을 지불하도록 요구할 수 있다면 어떨까? 이것은 이용자들에게 더 많은 통제력을 부여하고 스팸 메시지를 획기적으로 줄일 것이다. 물론 페이스북은 그 특권을 위해 이용자가 부과한 수수료의 작은 부분을 가져갈 수 있지만, 그건 개인 메시지 수신함을 관리할 책임을 전적으로 페이스북 이용자들의 손에 넘겨주는 정책이 될 것이다.

좋은 것은 만약 사용자들이 인스턴트 메시지를 통해 사업 상 거래를 하고 싶다면, 페이스북 메신저에서 바로 페이스비트로 계약하고 제품과 서비스에 대한 값을 지불할 수 있다는 점이다. 구매자는 자신의 지갑에서 필요한 양만큼 페이스비트를 해당 공개키로 보낼 수 있고, 판매자는 공개키로 청구서 지갑을 보낼 수 있다. 이렇게 하면 거래는 즉시 체결된다. 비트코인의 거래 시간은 10분에 불과하다. 심지어 일부 블록체인들은 단 몇 초 만에 거래를 처리한다.

페이스북 애드   페이스북 이용자들은 이미 미국 달러나 자국 통화로 페이스북 광고를 살 수 있다. 만약 그들이 법정화폐 대신 페이스비트를 사용하여 광고비를 지불할 수 있다면 어떨까?

그렇게 할 수 있는 데는 분명한 이점이 있을 것이다. 철수와 같은 페이스북 이용자는 수년 동안 콘텐츠를 게시하고, 스테이킹을 하고, 상품을 판 후, 다양한 방법으로 페이스비트를 얻음으로써 상당량의 페이스비트를 광고비로도 쓸 수 있었다. 이용자가 페이스비트에 투자하지 않았다면 사실상 아무런 비용도 들지 않았을 것이다. 만약 그들이 소유한 유일한 페이스비트가 페이스체인 활동에 따른 보상이었다면, 그들은 블록체인에 있는 그들의 자원을 가지고 그 광고비를 효과적으로 지불했다.

페이스북 이용자들이 페이스비트를 사용할 수 있는 또 다른 방법은 광고에서 완전히 벗어나는 것이다. 브레이브 브라우저의 독특한 특징은 크롬과 파이어폭스와 같은 다른 웹브라우저가 보여주던 광고들을 차단하는 기능이다. 대신 이용자가 자발적으로 광고를 보고 베이직어텐션토큰을 획득할 수 있다. 이 기능은 자유롭게 설정하거나 해제할 수 있다. 페이스북 이용자들은 마찬가지로 광고를 차단하기 위해 페이스비트를 지불함으로써 광고를 차단하거나 볼 수 있으며, 그 대안으로 페이스북은 광고 시청을 선택한 사용자에게 수익의 일부를 공유함으로써 사용자들이 광고를 볼 수 있도록 동기를 유발할 수 있다.

예를 들어, 철수가 마크 저커버그에 대한 풍자적인 페이스북 게시물들을 모두 책으로 만들기로 마음먹었다고 가정해 보자. 그는 페이스북에서 《저크의 연간 페이스》라는 표제의 책을 판매하고, 수년간 자신이 벌어들인 페이스북을 이용해 출판 관련 전용 페이지를 광고한다. 한 달 동안, 그는 이 광고에 2,000 페이스비트를 쓴다. 페이스북의 정책은 광고비의 60%를 광고 시청자들과 공유하면서 나머지는 자체적으로 챙기는 것일 수 있다.

이용자들이 페이스북 광고로 페이스비트를 얻을 수 있는 다른 방법들도 있다. 만약 이용자들이 그들의 타임라인에 광고를 허용하고 그렇게 함으로써 광고 수익의 일부를 벌 수 있다면 어떨까? 페이지 소유자 및 그룹 진행자도 이와 동일한 작업을 수행할 수 있다.

페이스북 이벤트 만약 페이스북이 이용자들이 이벤트를 게시하도록 유도하기 위해 페이스비트에 약간의 수수료를 부과한다면, 다른 이용자들은 해당 이벤트가 자신의 타임라인과 페이지, 그리고 그룹에 나타나도록 허용함으로써 그 비용의 일부를 벌어들일 수 있을 것이다. 이벤트 포스터는 이벤트를 활성화하고 더 큰 규모로 이벤트를 홍보하기 위해 추가 요금을 지불할 수 있다.

게임 게임은 페이스북 이용자들이 단순히 플랫폼에서 즐기는 것만으로 페이스비트를 얻을 수 있는 또 다른 기회를 제공한다.

페이스북에는 현재 수천 개의 게임이 있다. 액션게임부터 워드게임까지 이용자들은 페이스북에서 많은 시간을 게임을 즐기면서 보낸다. 그런데 만약 그들이 게임에 소비하는 시간에 대한 보상을 받을 수 있다면 어떨까? 게임 개발자는 이용자들이 게임 플레이에 참여하는 그 시간만큼 암호화폐를 벌 수 있다. 반면 플레이어는 게임에서 상대와 경쟁을 하는 것으로 암호화폐를 벌 수 있다. 모든 것이 페이스체인에서 일어나는 일이기 때문에, 게임 플레이어가 즐기는 동안 게임 스스로 암호화폐를 생성해 낼 것이다.

이용자들은 게임 내에서도 페이스비트를 사용할 수 있다. 2020년 10월, 페이스북의 가장 인기 있는 게임은 텍사스 홀덤이었다. 이 게임에서 이용자들은 디지털 칩을 얻기 위해 포커를 한다. 진짜 돈도 아닌 그저 가짜 칩이다. 그건 아마도 미국 내 많은 주에서 진짜 칩을 걸고 하는 포커게임이 불법이기 때문일 것이다. 하지만 이용자들이 칩을 얻으려고 게임을 할 때, 그가 이긴 게임의 수, 이긴 토너먼트의 수, 그리고 다른 게임 내 성과에 기초하여 페이스비트를 얻을 수 있다면, 그것은 기술적으로 보았을 때 도박이 아닐 것이다. 그것은 대회에서 우승한 것 때문에 받는 상賞이 될 것이다. 이용자들이 베팅으로 페이스비트를 사용하지만 않는다면, 암호화폐는 여전히 정당한 보상으로 간주될 것이다.

페이스북이 제공하고 있는 징가 포커의 텍사스 홀덤 다른 게임들도 비슷하게 페이스북 이용자들에게 보상을 줄 수 있다. 예를 들어, 페이스북 게임인 헤이데이Hay Day에 플레이어들은 옥수수와 콩, 밀과 같은 농산물을 사고팔기 위해 게임 내 화폐를 사용한다. 그들은 또한 파이와 구운 제품과 같은 부산물을 만들어 팔 수 있다. 그들이 일정한 수준에 도달하면, 그들은 추가적인 가축과 잔디 장식물과 같은 새로운 특전을 받는다. 만약 그들이 대신 페이스비트를 얻고 그 페이스비트로 게임 내 특전을 샀다면 어떨까? 그리고 그들이 파이를 굽고 상품을 구워서 헤이데이 시장에서 팔 때 페이스비트를 얻는다면 어떨까? 게임 플레이어는 게임을 함으로써 추가적인 보상을 받을 뿐만 아니라 게임 제작자는 페이스북 본사과 마찬가지로 게임 내 거래에 대해 소정의 페이스비트를 얻게 될 것이다.

이 밖에도 플레이어와 게임 제작사, 페이스북이 법정화폐로 전환할 수 있는 암호화폐를 얻을 가능성은 무궁무진하다.

페이스북 마켓플레이스 페이스북 마켓플레이스는 페이스북에서 인기 있는 장소다. 플랫폼 이용자는 사실상 모든 합법적인 항목들을 리스트에 올리고 다른 이용자에게 판매할 수 있다. 이용자들은 공구와 책, 의류, 자동차, 부동산, 전자제품, 가구, 생활용품, 그리고 많은 다른 물건들을 시장을 통해 판매한다.

대부분의 리스트는 단순히 크레이그리스트 Craigslist, 크레이그 뉴마크가 1995년 처음 시작한 웹사이트로 판매를 위한 개인 광고, 구직, 주택 공급, 이력서, 토론 공간 등을 제공한다. 스타일의 리스트로 이용자들이 판매하기 위해 아이템의 설명과 이미지를 게시한다. 그런 다음 관심 있는 구매자는 판매자에게 메시지를 보내고 실제 거래를 위한 시간과 장소를 설정한다. 경우에 따라서는 구매자가 지금 구매 버튼을 클릭하면 판매자가 구매자에게 상품을 우편으로 보낼 수도 있다. 그런데 이번 거래는 페이스체인의 토종 암호화폐인 페이스비트를 이용해 손쉽게 이뤄질 수 있다. 이용자들은 그 대신 실제 화폐를 사용하는 것을 선택할 수 있지만, 만약 당신이 거의 20년 동안 페이스북에서 놀면서 수천 개의 페이스비트를 벌었다면, 이번 기회에 그간 힘들게 번 암호화폐를 사용하고 싶을지도 모른다.

매번 거래는 페이스비트의 가치를 올린다

이용자들이 이 가상의 페이스북 플랫폼에서 페이스비트를 벌고, 쓰고, 사용할 수 있는 더 많은 방법들이 있다. 스토리부터 뉴스, 오퍼부터 오큘러스까지 모든 플랫폼 이용자가 다른 이용자와 주고받는 상호 교류는 페이스비트를 획득함으로써 양자 모두에게 혜택을 줄 수 있다. 그리고 그것은 궁극적으로 페이스북 본사가 그 거래를 통해 얻을 수 있는 기회기도 하다. 블록체인의 다른 참여자들도 혜택을 볼 수 있다. 앞서 지적한 바와 같이, 거래 검증자들은 블록체인 트랜잭션으로 만들어진 각 페이스비트의 일부를 나눠 받게 될 것이다.

이러한 활용 사례가 많아질수록 블록체인 내 토큰의 가치가 높아진다. 이것이야말로 모든 암호경제의 미학이다. 암호화폐가 가치를 갖기 위해서는 암호화폐를 소유하고 사용하려는 사람이 충분히 많아야 한다.

강력한 암호화폐를 가진 페이스북은 기업으로서 현재의 페이스북보다 더 강력한 방식으로 소셜 미디어 거물이 될 수 있다. 아시다시피 페이스북은 지구상에서 가장 큰 소셜 미디어 플랫폼이고, 마크 저커버그는 지구상에서 가장 부유한 조만장자 중 하나다. 만약 이 플랫폼이 암호화폐로 출시된다면, 저커버그는 지구상에서 초유의 거부가 될 것이고, 페이스북은 단순히 상품을 배송하는 아마존보다 더 가치 있는 기업으로 거듭날 것이다.

물론 양지가 있다면 음지도 있는 법이다. 현재 페이스북에 자주 쏟아지는 대부분의 비판은 이용자의 행동을 자발적으로 끌어내는 강력한 암호경제로 사라질지도 모른다. 다른 한편으로 그것은 또한 다른 비판을 불러일으킬 것이다.

철수가 스테이킹 없이도 풀타임 수입을 벌어들일 수 있을까

여러분은 철수가 페이스비트를 전혀 스테이킹하지 않고도 전적으로 수입을 페이스북에 게시물을 올리는 것에 의존한다면 어떻게 될지 궁금해 할지 모르겠다. 그렇게 하고도 그는 과연 생계를 꾸릴 수 있을까?

난 그가 충분히 생계를 유지할 수 있다고 생각한다.

그는 자신의 수입을 늘릴 수 있는 몇 가지 방법이 있었을 것이다. 한 가지 분명한 방법은 게시물의 생산성을 높이는 것이다. 하루에 50번 글을 올리는 대신 하루에 100번 글을 올린다면 수입을 두 배로 늘릴 수 있었다. 만약 그가 게시물을 더 만들고 싶다면, 하루에 200번도 올릴 수 있을 것이다. 물론 이런 전략의 단점은 철수가 페이스북에 글을 올릴 수 있는 시간이 하루에 너무 많이 든다는 것이다. 결국 그는 포스팅에 쓸 수 있는 시간을 최대로 늘릴 것이다.

철수가 게시물을 작성하는 데 대략 5분이 걸린다고 가정해 보자. 이는 비율상 한 시간에 12개의 게시글을 올린다는 의미다. 하루 8시간 동안 철수가 페이스북에 글을 쓸 수 있는 최대 능력은 96개 정도다. 하지만 그는 조금 더 가서 100개의 글을 올린다. 그렇게 해서 즉시 수입을 두 배로 늘린다. 2021년, 그의 예상 수입은 대략 140만 원까지 증가한다.

그가 천 원을 쓸 때마다 이용자 참여로 1,500원의 추가 보상을 받도록 광고와 게시물 홍보 비용을 지불했다고 가정하자. 만약 그가 그 해 동안 포스트 부스팅과 광고에 총 630만 원을 썼다면, 그는 자신의 포스트로부터 120만 원의 수입을 추가로 벌었을 것이다. 현재 그는 2021년에 260만 원을 벌었다.

그럼에도 여전히 한 달 동안 살아갈만한 수입으로는 부족하다. 하지만 철수는 진취적인 사람이라서, 〈만평〉이라는 페이스북 그룹을 시작했고 다른 이용자들을 초대했다. 시간이 지남에 따라 그 그룹은 10,000명의 회원으로 성장했고 철수는 회원 당 매일 0.1원의 수입을 얻을 수 있었다고 가정해보자. 그것은 하루에 25,000원, 즉 연간 9,125,000원을 추가로 벌게 된다.

철수는 여기서 멈추지 않는다. 그는 〈마크 저커버그 놀리기〉라는 페이지를 시작한다. 그는 하루 종일 자신의 페이지에 마크 저커버그에 대한 풍자적인 게시물을 게재하기 위해 다른 포스터들을 끌어들인다. 그는 또한 게시물을 승인하는 것을 돕기 위해 운영자를 고용한다. 예를 들어, 그가 개인 수입의 25%를 다른 포스터의 게시물에서 번다고 가정해보자. 철수의 페이스북 수입은 추가로 340만 원이 들어온다. 이제 그의 페이스북 연간 수입은 1,536만 원이다.

퇴근 후에는 철수가 텍사스 홀덤을 즐긴다고 해보자. 매일 밤, 퇴근 후에 그는 그의 친구들과 게임을 하면서 한 시간을 보낸다. 그는 좋은 선수기 때문에 하룻밤에 평균 15,000원을 벌지만 주말에는 뛰지 않는다. 260일 만에 그는 텍사스 홀덤을 해서 390만 원의 상금을 벌어들인다.

철수는 자신의 페이스북 활동을 통해 돈을 버는 데 꽤 능숙하기 때문에, 다른 페이스북 참가자들에게 플랫폼에서 수입을 늘리는 방법을 가르치면서 한 달에 한 번 공개 행사를 주최하기로 결심한다. 그는 참가자들에게 15개의 페이스비트를 행사 참가비로 받고 매달 12명의 열성적인 학생들을 끌어들인다. 그 활동으로 매달 그의 호주머니에는 238만 원이 꽂힌다. 1년이면 총 2,856만 원이다. 2021년 그의 총 수입은 대략 4,800만 원이 되었다.

블록 검증자로서 철수가 검증하는 일로 평균보다 낮은 189만 원을 추가로 벌었다고 가정해 보자. 이로써 연간 총 수입은 대략 6,700만 원에 이른다.

이 수치들은 아주 보수적으로 잡은 것이다. 난 당신이 창조적인 기술과 약간의 사업적 지식만 갖고 있다면 크립토 소셜 미디어가 참여자들이 안정적인 수입을 버는 데 엄청난 잠재력을 갖고 있다는 사실을 금세 이해할 수 있을 것으로 본다.

───────────── SUMMARY ─────────────

이 시나리오는 단순히 판타지에 불과하지만, 오늘날 페이스북 이용자들이 하는 것과 같은 방식으로 소셜 미디어 친구들과 소통하고 콘텐츠를 게시함으로써 암호화폐를 얻는 방식이 이미 일부 소셜 미디어 플랫폼에서 활발하게 사용되고 있다. 나는 모든 크립토 소셜 미디어 이용자가 수입을 올릴 수 있다고 장담할 수는 없다. 어떤 정부도 사업주가 단지 사업을 시작한다고 해서 수입을 올릴 수 있다고 장담하진 못한다. 창업과 마찬가지로 크립토 소셜 미디어 계정을 개설하는 것도 하나의 기회일 뿐이다.

각 소셜 미디어 참여자의 소득 잠재력은 이용자가 게시물을 얼마나 자주 올리는지, 콘텐츠에 대한 참여를 얼마나 잘 유도하고 있는지, 마케팅과 브랜드 구축에 얼마나 능통한지, 결과를 얻기 위해 얼마나 끈질기고 인내하는지, 그리고 주도적으로 무엇을 하는지를 포함한 몇 가지 요소에 따라 달라진다.

이번 장은 페이스마이스터인 철수가 현재는 없는 페이스북의 가상 블록체인에 글을 올리는 것에서 암호화폐 수입을 어떻게 늘릴 수 있었는지 보여주는 가상 실험으로 단지 당신에게 크립토 소셜의 잠재력을 설명하기 위한 예시일 뿐이다. 나는 이것이 장차 현실이 될 거라고 믿지만, 몇몇 크립토 소셜 이용자들은 철수보다 훨씬 더 잘 할 것이라고 믿는다.

PART 07

블록체인은 어떻게
소셜로 바뀌었나

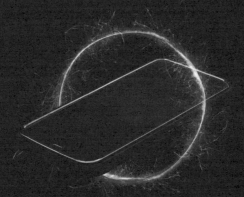

탈중앙화는 블록체인 기술의 기본적인 특징으로 꼽히지만, 탈중앙화의 이점을 달성하기 위해 블록체인 기술이 반드시 필요한 건 아니다. 마스토돈과 같은 연합 프로토콜도 암호화폐 없이 탈중앙화를 제공한다. 하지만 내 생각에는 블록체인 기반의 소셜 미디어가 장기적으로 제공할 수 있는 잠재력과 더 나은 혜택이 더 많다고 생각한다. 그러한 혜택 중 하나는 다름 아닌 자기 화폐화(자신의 정보와 콘텐츠를 통해 스스로 돈을 벌 수 있는 능력)의 가능성이다.

암호분야 선구자들은 금융과 데이터 스토리지, 물류와 같은 다른 응용분야에 초점을 맞췄지만, 일부 기업형 암호분야 기업가들은 완전히 다른 길을 밟았다. 그들은 소셜 애플리케이션을 가지고 놀아보기로 결정했다.

사상사에서 볼 때, 보통 수백 개의 다른 시도가 뒤따르기 전에 어떤 일에 한두 번의 성공적인 시도만 필요로 한다. 크립토 소셜 미디어의 세계도 다르지 않다. 불과 몇 년도 되지 않아 수백 명의 블록체인 개발자들이 차세대 소셜 미디어 플랫폼을 개발했다. 이들은 그 플랫폼으로 이용자들이 자신의 콘텐츠를 게시한 대가로 암호화폐를 벌어들일 수 있는 능력을 제공하고자 했다. 이번 장에서는 콘텐츠를 게시하는 것만으로 탈중앙화된 자기 화폐화의 도구가 될 수 있도록 돕는 몇몇 플랫폼과 프로토콜에 대해 설명할 것이다.

돈이
소셜로
둔갑하는 방법

돈은 소셜적이다. 돈의 가치는 오로지 사회 계약에서 나온다. 돈이 디지털이 된다고 해서 소셜적이지 않은 건 아니다.

오늘날 거의 모든 사람들이 비트코인에 대해 들어본 적이 있다. 비트코인 전도사로 꼽히는 안드레아스 M. 안토노풀로스는 비트코인을 블록체인의 첫 번째 앱으로 지칭한다. 블록체인은 데이터를 저장하는 간단한 방식으로 이럴 경우 데이터는 변조나 삭제, 변경 및 제거가 불가능하다. 이러한 기능을 나타내는 용어로는 불변성 immutability 이라는 말이 있다.

비트코인이 만들어진 이래로 블록체인은 다른 응용 프로그램의 기반 기술로써 제 역할을 해왔다. 그 중 하나가 소셜 미디어다.

페이스북과 트위터, 인스타그램, 핀터레스트, 유튜브 따위는 모두 다른 애플리케이션과 용도를 가진 소셜 미디어 웹사이트다. 마찬가지로 블록체인 기반 소셜 미디어도 그와 유사한 다양성을 보여준다. 어떤 것들은 웹 2.0의 소셜 미디어 애플리케이션을 흉내 내려고 시도한다. 또 다른 것들은 완전히 다른 새로운 무언가를 창조하려고 한다. 결국 탈중앙형 소셜 미디어는 탈중앙화 기술을 가져다가 암호화폐가 아닌 다른 앱에 사용하는 것이다.

태초부터 인간은 가치 있는 물건을 교환해 왔다. 돈으로 쓰인 첫 번째 물건은 아마도 돌이나 조개껍질이었을 것이다. 동굴에서 우거하던 원시인이 돌로 망치를 만들 수 있다는 사실을 깨닫게 된 순간, 망치는 내재적 가치가 있는 물건이 되었다.

원시인은 아마 처음 돌망치를 뽑냈을 때 자신도 웃겼을 것이다. 그의 동굴에 거주하던 동료들은 아마도 "저게 뭐야?"라고 물었을 것이다. "그걸로 뭘 할 수 있어?" "못이 없는데 어떻게 사용할 거야?" 그러나 결국 원시인이 돌망치를 휘두르며 실용적으로 사용하는 모습을 보고는 그들도 똑같은 망치를 원했을 것이다. 그들 중 몇몇은 동료만큼 창의적이거나 진취적이지 않았고, 아니면 망치를 만드는 법을 몰랐거나, 자신의 망치를 만들 시간이 없을 정도로 양떼를 돌보고 농작물을 심느라 바빴을지도 모르기 때문에, 원시인은 아마 한 다발의 양털이나 석류 한 바가지를 놓고 자신의 망치와 거래를 제안했을 게 분명하다. 금세 그는 꽤 괜찮은 사업을 시작했고 스스로 동굴 입구에 간판을 내걸 수 있게 되었다.

물론 아마亞麻과 바위 그 자체가 돈은 아니다. 하지만 그것들은 가치가 있는 품목이 될 수 있다. 따라서 하나를 다른 것으로 바꿀 수 있다. 그러나 그렇게 하는 것은 당장 문제를 일으켰다. 한 품목의 실제 가치를 다른 품목에 견주어 결정하는 공통의 기준이 없었고, 돌망치와 천 쪼가리의 가치를 결정하는 데 있어 모든 사람들은 각자 나름대로의 기준을 가지고 있었다.

어느 날, 돌들을 뜨다가 몇몇 진취적인 국가 관료들이 화폐에 대한 아이디어를 생각해냈다. 만약 그가 평범한 돌들을 가져와 그것들을 작은 원반으로 잘라서 각기 원반들의 크기에 값을 매긴다면 어떨까? 만약 그가 그 원반들의 가치에 대해 다른 모든 사람들도 동의하도록 만들 수 있다면, 그것들은 아마나 양모, 대추, 그리고 돌망치와 같은 다른 가치 있는 품목들과 교환될 수 있을 것이고, 국가는 그들만의 독특한 경제 시스템을 갖게 될 것이다. 갑자기 통화 정책과 중앙집권적인 통제로 완성된 통화 체계가 뚝딱 생겨났다.

당시만 해도 이런 아이디어가 꽤 진보적이었기 때문에 지역 화폐들이 하나의 대세로 자리 잡았다. 역사를 살펴보면, 가치 있는 물건을 또 다른 물건과 쉽게 거래할 수 있는 어떤 종류의 돈도 없었던 사회는 지구 어디에서도 찾아보기 힘들다.

결국 상인과 소비자가 한자리에 모여 거래하고 물물교환하고 사고팔며 상품과 서비스를 교환할 수 있는 시장이 하나둘 생겨나기 시작했다. 시장은 고대의 소셜 미디어 플랫폼이었다. 소비자들은 말과 낙타, 그리고 전차를 타고 가서 쇼핑몰을 돌아다니고 살 물건을 찾고, 몇 주 동안 보지 못했던 친구들과 어울릴 수 있었다. 한 마디로 화폐는 소셜적이었다. 돈은 상업을 촉진시킬 수 있는 도구였지만, 사회적 참여를 촉진시킬 수도 있었다. 그리고 실지로 그랬다.

안토노풀로스는 그의 세 권의 책 시리즈 《돈의 인터넷》에서 다음과 같이 말했다.

우리는 서로 간에 가치를 교환함으로써 사회적 유대의 기초를 형성하기 때문에 이것(돈)을 사회적 교류의 기초로서 사용한다. 그래서 돈은 또한 매우 중요한 사회적 구성물이다.

돈이 사회적 구성물이자 기술이며 사회적 유대를 만드는 도구라는 점을 감안할 때, 비트코인의 발명으로 화폐의 성격을 바꾼 블록체인 기술이 이제 디지털 화폐를 중심으로 사회적 관계를 낳은 사교적 교류를 촉진하는 하나의 도구로 탈바꿈한 것도 전혀 이상할 게 없다. 2016년 이후 100개가 넘는 소셜 미디어 프로젝트 중 대부분은 적어도 하나의 암호화폐를 활용하고 있다. 그리고 그것들 중 상당수는 거래가 가능하다.

경제학자들은 돈의 기능에 세 가지가 있다고 말한다.

- 교환의 매개
- 가치의 저장
- 계산의 단위

안토노풀로스는 여기에다 네 번째 기능을 추가했다. 바로 통제의 체계다.

그는 1970년 리처드 닉슨 대통령이 서명한 은행비밀조약 BSA 을 돈을 정치적 도구로 바꾼 결정적인 촉매로 지목한다. 닉슨은 마약과의 전쟁을 진전시키기 위해 해당 법을 승인했고, 궁극적으로 '전 세계의 모든 금융 거래에 대한 완전한 감시를 목표로 하는' 감시 국가를 만들었다. 안토노풀로스는 계속해서 돈이 가진 바로 이 기능 때문에 다른 모든 기능들이 망가진다고 말한다. 안토노풀로스는 또한 돈을 언어라고 부른다. 돈은 테크놀로지이자 표현의 수단이며 정치적인 발언이고 나아가 콘텐츠 유형이다.

이 마지막 특성은 소셜 미디어에 대한 논의와 관련하여 상당히 적절하다. 한편, 디지털 머니 또는 일부 플랫폼에서 '토큰'이라고 불리는 것은 다른 유형의 콘텐츠 이를테면, 그래픽이나 서비스, 디지털 자산 및 현실세계에서 구입할 수 있는 거의 모든 것 와 교환할 수 있는 유형의 콘텐츠다.

인터넷에서 우리는 콘텐츠를 여러분이 읽는 텍스트, 웹 페이지를 예쁘게 보이게 하는 그래픽, 비디오, 팟캐스트, 그리고 정보가 풍부한 미디어라고 생각한다. 그러나 안토노풀로스는 그 정의가 암호화폐를 포함하도록 범위를 넓혔다.

2018년 3월, 나는 최초의 블록체인 기반 소셜 미디어 플랫폼 중 하나인 스팀잇에 가입할 기회를 가졌다. 플랫폼에서 활동한 1년 반 동안, 나는 해당 플랫폼의 토종 암호화폐인 스팀을 내 스팀잇 블로그에서 사용할 수 있는 그래픽과 교환할 수 있었고, 스팀에서 암호 기반 사업을 위한 콘텐츠를 작성하는 대가로 돈도 받았다. 나는 또한 게임 전설을 쓰는 것을 돕고 게임 제작자들이 후원한 스토리 콘테스트에서 우승한 것 때문에 플랫폼에서 인기 있는 게임으로부터 수집 가능한 디지털 트레이딩 카드로 보상을 받았다. 그런 의미에서 디지털 자산_{수집 가능한 디지털 트레이딩 카드}과 토종 암호화폐는 교환과 가치 척도의 매개가 됐다. 이런 유형의 틈새 상거래는 다양한 블록체인 기반 소셜 미디어에서 매일 일어나고 있다. 그것도 지금 당장 말이다.

다음은 블록체인을 기반으로 구축된 소셜 미디어 프로젝트 몇 가지와 수익을 창출하고 가치를 저장하며 플랫폼 사용자의 교환 매체로 기능하는 데 어떻게 활용되고 있는지 보여준다.

소셜
블록체인과
만나다

소셜 미디어가 무엇인지 정의하는 게 점점 더 어려워지고 있다. 소셜 미디어 플랫폼의 광범위한 범주는 여러 개의 서로 다른 범주들로 다시 나눌 수 있다. 블로거와 워드프레스 같은 웹사이트들은 소셜 블로그 플랫폼이라고 불린다. 페이스북과 링크드인, 트위터는 소셜 네트워크로 분류된다. 트위터의 경우에는 마이크로블로그라는 용어가 더 자주 사용된다. 이제는 과거지사가 되었지만 소셜 북마킹은 소셜 마케터들 사이에서 주목할 만하다고 생각하는 웹 사이트를 북마크하는 방법이었다. 현재는 뉴스 웹사이트로 변신한 디그와 지금은 없어진 딜리셔스는 10년 전까지만 하더라도 인기 있던 소셜 북마크 웹사이트였다. 소셜 게임의 범주를 더하면 '소셜 미디어'라는 용어는 거의 쓸모없어진다.

그럼에도 불구하고, 온라인에서 사귀고 놀 수 있는 방법들은 많이 있다. 누구는 모든 데이트 웹사이트도 간단히 소셜 미디어 범주에 넣을 수 있을 것이다.

다음에 열거된 웹사이트 목록은 오늘날 우리가 이해하는 바로는 블록체인과 암호화폐 커뮤니티를 제외하고 블록체인 개발자들이 대중적인 소셜 미디어 웹사이트를 만들려는 시도를 보여준다. 내가 2019년 처음으로 이 주제에 대해 글을 썼을 때, 그와 같은 31개의 플랫폼을 나열했다. 하지만 그것들 중 상당수는 사라졌거나 다른 사이트로 바뀌었다.

　더 폭넓은 매력을 지닌 기능을 만들거나 소셜 플랫폼을 구축하는 것에 대해 많은 이야기가 있지만, 현재까지는 주류로 편입될 만큼 실질적인 돌파구와 같은 플랫폼은 없었다. 스팀잇이 거의 가까이 도달했지만, 정치는 막 뜨고 있는 한두 개의 진짜 경쟁자들을 가지고 스팀잇을 사실상 한물 간 플랫폼으로 만들었다. 그럼에도 불구하고 구체적인 사항들을 보기 위해 전체적인 동향을 살펴보는 건 이치에 맞는 일이다.

　웹이 성장하고 분산됨에 따라 우리는 소셜 애플리케이션을 블록체인으로 구축하려는 새롭고 흥미로운 시도들을 보게 될 것이다. 현재, 여기 아직 생명이 남아 있는 몇 개의 플랫폼들이 있다.

스팀잇

　아무래도 암호화폐를 출시한 최초의 크립토 소셜 플랫폼인 만큼 스팀잇부터 논의를 시작하는 게 적절하다고 본다.

　스팀잇은 여러 가지 결점에도 불구하고 세 가지 중요한 면에서 성공을 거두었다. 먼저, 다른 플랫폼이 따라올 수 있도록 크립토 소셜 공간을 처음으로 개척했다. 둘째, 스팀잇은 이전의 다른 많은 사업체들이 파산할 때 5년이라는 기록에서 살아남았다. 셋째, 아마도 이게 가장 중요할 거 같은데, 스팀잇이 모든 암호화폐의 시가총액을 통틀어 상위 10위권 내로 올라섰다는 점이다. 스팀잇은 그렇게 할 수 있었던 내가 아는 유일한 크립토 소셜 플랫폼이다.

　그 이후 스팀이 300위권 밑으로 추락한 것은 암호화폐 시장의 변동성을 방증하는 대목이다. 알트코인이 단 며칠 만에 수백 개의 순위를 오르내리는 건 그리 드문 일이 아니다.

스팀잇은 2016년 3월 소셜 미디어 웹사이트에서 사용자가 생성한 콘텐츠에는 보상이 따라야 한다는 원칙하에 출시했다. 페이스북과 트위터와 같은 대중적인 소셜 미디어 사이트들은 사용자가 만든 콘텐츠로부터 이익을 얻었고, 그 액수가 종종 수십억 달러에 달했기 때문에, 스팀잇 설립자였던 재정분석가 네드 스코트 Ned Scott 와 컴퓨터과학자 대니얼 라리머 Daniel Larimer 는 콘텐츠를 생성하는 사용자들도 또한 보상을 받아야 한다고 주장했다.

〈와이어드〉 매거진에 따르면, 2017년 10월까지 이 사이트는 5만 명의 사용자에게 스팀으로 3,000만 달러를 지불했다. 사용자당 평균 600달러에 달했다. 하지만 대부분의 사용자들은 그 근처에서도 돈을 벌지 못했다. 같은 〈와이어드〉 기사는 몇 달 만에 41,000달러를 벌어들인 한 유저를 언급했다. 그 사용자는 스팀잇에서 거둔 자신의 성공을 떠벌렸다.

스팀잇에 대한 솔직한 평가를 하려면, 1세대 유저들의 성공이 주로 비트코인이 2017년 1월 1,000달러 이하에서 11개월 후 20,000달러 이상으로 상승한 호황 매수세에 크게 기인했다는 점을 반드시 지적해야 한다.

비트코인 상승장은 하나에 0.1612달러 하던 시절에서 결국 개당 3.01달러로 한 해를 마감했던 스팀을 포함해 암호화폐 시장 전체를 견인했다. 그해 들어서면서 스팀은 시가총액 10위였다. 그리고 그 해 마지막 날, 스팀은 암호화폐 시장의 엄청난 가치 상승에도 불구하고 39위였다. 같은 기간 동안 다른 많은 알트코인들이 스팀의 300% 상승을 앞질렀기 때문에 일어난 일이었다.

스팀잇의 보상 체계는 너무 복잡해서 그것을 이해하려면 대학에서 수학을 전공해야 할 필요가 있을 정도다. 블로거들은 자신의 콘텐츠를 게시하고 투표자들은 업보트나 다운보트를 하는데, 일부는 자신의 스팀파워 SP가 높을수록 그의 투표가 더 가치 있다. 에 의해, 그리고 일부는 개인의 선호도 단 이 옵션은 새로 가입한 유저에게는 무용지물이다. 에 의해 이루어진다. 어느 순간, 다운보트 버튼이 사라졌다가 몇 달 후에 되돌아오기도 했다.

스티미언은 자신의 게시물 콘텐츠뿐만 아니라 게시물에 달린 댓글, 자신과 타인의 댓글, 댓글에 달린 답글에 대해 암호화폐를 벌어들인다. 실제 게시물보다 댓글 때문에 더 많은 보상을 받는 경우도 흔하다.

7일이 지나고, 표가 달린 수와 가중치를 기준으로 콘텐츠를 포스팅한 당사자와 업보터는 스팀과 플랫폼의 토종 '스테이블코인'인 스팀달러의 형태로 일정한 비율의 보상을 받는다. 스팀달러는 스팀의 변동성을 상쇄하기 위해 계획되었지만 안타깝게도 완벽하게 작동되지는 않았다.

스팀파워 이면에 있는 아이디어는 경제를 강화하기 위해 자신의 스팀을 걸고 플랫폼 위에서 이를 유지하자는 것이었다. 만약 유저가 스팀파워를 현금화하려면 '파워링 다운 powering down'이라고 불리는 13주간의 과정을 거치는데, 이 과정을 통해 스팀파워를 다시 스팀으로 전송한다. 사용자는 여러 단계의 과정을 거쳐 스팀을 암호화폐 거래소에서 비트코인이나 다른 암호화폐로 바꿀 수 있다.

2018년 3월, 내가 스팀잇에 조인했을 때 스팀은 1.83달러로 시가총액 29위였다. 거의 2년 후에 내가 스팀잇에 마지막 포스팅을 올렸을 때, 스팀은 70위까지 떨어졌고 가격은 0.1878달러 언저리였다. 그로부터 1년도 채 지나지 않은 2021년 1월 17일 비트코인이 5만 7,000달러 이상으로 오르며 또 다른 암호화폐 상승장이 한창인

가운데 스팀은 0.1993달러까지 오르는 게 전부였고 시총은 145위에 머물렀다.

스팀잇은 몇 개의 이슈가 있었다. 우선, 플랫폼은 형편없는 유저인터페이스 UI 를 가지고 있다. 포스팅은 투박하고 직관적이지 않으며 유저는 마크업 언어를 사용해야 한다. 그 결과, 일부 진취적인 스티미언 스팀잇 유저들은 네이티브 포스팅 UI보다 더 잘 작동하는 대체 UI를 만들어냈다. 코드는 오픈 소스였기 때문에, 누구나 대체 웹사이트를 만들고, 그것을 스팀 블록체인에 연결할 수 있었다. 유저들은 그들의 콘텐츠를 두 인터페이스의 모든 메트릭스에 접근하여 두 개의 사이트에다 모두 포스팅할 수 있었다. 이는 탈중앙화가 갖는 멋진 특징 중 하나이며, 전체 블록체인에도 큰 이점이 있다.

일부 인터페이스는 데스크톱 앱이었다. 한 사용자는 스팀프레스라는 워드프레스 플러그인을 만들어 블로거들이 스팀잇에 동시에 글을 올릴 수 있도록 했다. 이 콘텐츠는 스팀잇에서 자신의 블로그로 되돌아가는 링크와 함께 두 곳에 모두 나타나곤 했다.

스팀잇이 직면한 가장 큰 문제 중 하나는 비드봇 입찰로봇 이었다. 이것들은 업보트에 지불을 용이하게 하는 컴퓨터 프로그램이었다. 스티미언들은 업보트를 받기 위한 특권을 따내려고 입찰을 넣곤 했다.

지정된 시간에, 비드봇은 가장 높은 가격을 제시한 입찰자에게 그 입찰자가 지정한 게시물에 대한 업보트를 허가했다. 입찰자가 초과 입찰을 할 수 있기 때문에 이 과정에 참여하는 게 반드시 이익으로 이어지는 건 아니었지만, 일부 진취적인 스티미언들은 플랫폼의 트렌딩 페이지에 자신의 게시물을 올릴 때까지 여러 개의 비드봇을 사용하는 법을 터득했다. 물론 트렌딩 페이지에 올라간다는 건 그 게시물들이 단지 페이지의 인기 때문에 다른 유저들로부터 표를 더 얻을 것이라는 것을 의미했다. 결국 인기 있는 게시물에 투표하는 건 7일간의 지급 기간 이후 그 게시물에 대한 보상에서 1프로를 받는 것을 의미했다. 수준 높은 콘텐츠 크리에이터들 다수가 대거 불만을 터뜨린 큰 소동이었으나 아무 소용이 없었다. 그리고 크리에이터들부터 이익을 얻은 자들 중에는 그들을 소유했던 몇몇 블록 검증자들도 다수 포함되어 있었다.

개인적으로 당황스러웠던 또 다른 이슈는 네트워킹 문제였다. 대부분은 오프사이트에서 일어났다. 블로그 게시물에 댓글을 달고 다른 유저를 태그하는 것 외에도, 윤리적으로 자신의 게시물에 관심을 끌고 싶다면 플랫폼의 커뮤니티 역할을 했던 몇 개의 디스코드 그룹에 가입해야 했다. 스팀잇은 해당 유저들에게 유익한 소셜 커뮤니티를 플랫폼에 만들 방법이 없었고, 이상하게도 유저들 중 누구도 2020년 악명 높은 하드포크가 일어나기 몇 달 전까지만 해도 유용하게 쓰일 네트워킹 기능들을 갖춘 온체인 애플리케이션을 구축하려고 나서지 않았다. 나는 디스코드 커뮤니티가 게시물을 홍보하고 많은 표를 끌어 모으는 가장 효율적이고 효과적인 방법이라는 사실을 깨달았다. 하지만 그건 시간이 많이 걸렸다. 좋은 디스코드 커뮤니티에는 유저들이 자신의 게시물에 대한 지원을 요청하기 전에 다른 유저의 게시물을 먼저 지원하도록 권장하는 규칙이 있었기 때문이다.

또 다른 진취적인 스티미언은 플랫폼 유저들이 다른 유저들에게 자동으로 업보트할 수 있도록 하는 자동보트 앱까지 만들어냈다. 그건 투표를 더 효율적으로 만들었지만, 동시에 그건 유저들이 한 번도 읽지 않은 게시물에 투표하게 된다는 걸 의미했다. 그런 관행은 금세 퍼졌고 장려되기까지 했다.

스팀잇이 출범한 지 1년이 지난 후, 공동설립자인 댄 라리머는 자신의 탈퇴를 알렸다. 스코트와 라리머는 공개적으로 그의 퇴사가 우호적인 관계에서 이뤄졌다는 데 동의했다. 라리머는 심지어 탈퇴 후에도 오랫동안 자신의 계정지갑에 들어있던 많은 스팀파워를 팔지 않고 보유하고 있었고, 때로 자신의 스팀잇 블로그에 글을 올리기도 했다.

이후 2019년 스팀잇은 블록체인 상에 있는 누구나 특별한 용도로 사용할 수 있는 토큰을 만들 수 있는 권한을 주는 스마트미디어토큰 Smart Media Tokens 을 도입할 계획이었지만, 두세 명의 증인들이 선수를 쳤다. 스팀잇 블록체인 상에서 토큰을 주조할 수 있는 능력은 날개 돋친 것처럼 이용되었고 많은 유저들이 그 기회를 이용했다. 그러나 그렇게 해서 만들어진 토큰들 대부분은 아무 짝에도 쓸모없는 것들로 판명되었고, 잘 된 건 몇 개에 불과했다.

스팀잇은 2020년 초 트론을 만든 저스틴 선 Justin Sun 이 인수하면서 무너졌다. 몇몇 증인들은 새 주인이 회사가 스테이킹된 스팀 STEEM 에 접속하는 것을 막기도 했다. 얼마 지나지 않아 스팀은 포크되었고, 유명한 증인들 상당수가 자신의 계정에 스팀의 양과 똑같은 수준의 토큰을 제공하는 하나의 대안으로 하이브를 만들었다. 당연히 선을 지지하는 스티미언들은 하이브의 에어드롭에서 제외되었다.

한 옵저버는 스팀잇을 '피라미드 사기'라고 불렀다. 그 말이 조금은 가혹할 수도 있겠지만, 스팀잇은 확실히 1세대 유저들과 더 많은 스팀파워를 보유한 사람들에게 호의적이다. 나는 사이트를 이용하는 동안 최대 계정을 소유한 유저들 상당수가 자기 자신에게 매몰되어 자신의 파벌 안에서만 맴돌 뿐, 대양에서 헤엄치고 있는 작은 물고기들을 지지하지 않고 서로의 게시물에 업보트를 누르는 행태를 지켜보았다. 하지만 잠시 동안일지라도 스팀잇을 재미있는 장소로 만들어 준 몇 가지 예외적인 특징들이 있었다.

많은 스티미언들은 플랫폼을 효과적으로 사용하고 스팀파워를 늘일 수 있는 방법을 다른 사람들에게 가르치는 데 앞장섰다. 대부분은 스팀잇이 시대를 앞서가다 보니 제대로 관리되지 않았지만, 스팀잇을 멋진 곳이 되도록 만들어준 열정적이고 헌신적인 유저 팬들을 갖고 있었다. 지금은 트론과 완전히 통합되고 말았지만 말이다.

마인즈

마인즈는 스스로를 '크립토 소셜 네트워크'로 부른다. 와이어드는 스스로를 '안티 페이스북'이라 불렀다.

이 사이트는 2015년 이더리움 블록체인에 론칭하여 블록체인 기반 소셜 미디어 사이트로는 처음으로 실시간 운영되었다. 사용자는 블로그를 쓰고, 뉴스피드를 확인하며, 그룹에 참여하고, 메신저 앱에서 채팅하며, 사진 및 동영상을 게시하고, 채널을 틀 수 있다.

나는 스팀잇을 일종의 소셜 블로그 애플리케이션으로 분류했지만, 마인즈야말로 진짜 소셜 네트워크다. 마인즈의 설계 패턴은 미디움보다는 페이스북의 설계를 더 따르는 편이다. 뉴스피드에서 이용자는 다른 이용자의 게시물을 볼 수 있는데, 이 게시물은 종종 제3자의 콘텐츠에 걸린 링크, 클릭 한 번으로 유사한 주제의 게시물로 이동할 수 있는 태그, 그리고 빠르고 쉬운 게시물을 만들기 위한 '스픽 유어 마인드 Speak your mind' 필드를 갖고 있다. 게시물을 만든 후에 이용자는 매달 7달러만 내면 자신의 게시물로 돈을 벌 수도 있고 그 게시물에 태그를 지정하거나 그것을 NSFW not safe for work. 포르노나 누드, 고어물 등 온라인상의 위험한 게시물을 뜻한다.로 놓을 수도 있다.

마인즈는 지난 몇 년 동안 홈페이지를 바꿨다. 로그인하지 않더라도 홈페이지에서 일부 내용을 볼 수 있었다. 오늘날 홈페이지는 기본적으로 판매 페이지다. 그래서 실제 콘텐츠를 보려면 계정을 만들어야 한다.

도널드 트럼프의 페이스북과 트위터 및 스냅챗과 유튜브 금지가 있기 한참 전인 2018년 마인즈는 극우 극단주의의 온상이라는 비판을 받았다. 마인즈는 검열을 전혀 하지 않겠다고 선언하며 강경한 입장을 취했다. 만약 어떤 사람이 사이트 진행자에 의해 부당하게 검열되었다고 느낀다면, 마인즈는 이런 불만을 판결할 수 있는 배심원단을 가지고 있다.

마인즈가 론칭한 건 2015년이었지만, 마인즈의 ERC-20 토큰은 2018년 말까지도 도입되지 않았다. 중요한 건 계정에 토큰이 몇 개 있어야 마인즈에 글을 게시할 수 있다는 거였다. 다시 말해서, 여러분은 페이스북과 트위터에서 할 수 있는 것처럼 마인즈에 가입하는 것만으로 글을 게시할 수 없다는 뜻이다. 사이트에서 토큰을 구입하거나 다른 이용자가 토큰을 선물하도록 해야 비로소 포스팅을 시작할 수 있다. 마인즈 토큰을 가지고 있으면 다음과 같은 여러 가지 작업들을 수행할 수 있다.

- 광고 및 채널 프로모션을 통해 게시물을 늘리고 시청자의 범위를 넓힐 수 있다.
- 회원자격을 업그레이드하여 독점 콘텐츠에 액세스할 수 있다.
- 다른 이용자에게 팁을 줄 수 있다.

여러분이 마인즈에 가입하면, 그들이 제일 먼저 알고 싶어 하는 것은 여러분들이 흥미를 느끼는 콘텐츠는 무엇인가 하는 점이다. 마인즈는 여러분에게 몇 개의 해시태그 중에서 하나를 골라 달라고 요청해서 여러분을 위해 콘텐츠를 추천할 수 있다. 이 옵션을 건너뛸 수도 있고 질문에 대답하여 설치를 계속할 수도 있다. 그 다음에 핸드폰 번호와 지리적 위치, 생년월일을 물어본다. 각 질문에 답하는 것은 선택사항이다.

전자메일 주소를 확인한 다음, 왼쪽에 일부 탐색 아이콘과 오른쪽에 제안된 콘텐츠 채널이 있으며 콘텐츠 스트리밍은 앞에 게시된다.

마인즈는 이용자가 암호화된 메시지를 통해 다른 이용자와 직접 대화할 수 있는 메신저 애플리케이션도 갖추고 있다.

루프마켓(구 트라이브)

내가 알기로는 트라이브 Trybe 는 이오스 블록체인을 기반으로 구축된 최초의 크립토 소셜 플랫폼이었다. 이후 루프마켓 Loop Markets 으로 이름을 바꾸고 테라 블록체인으로 옮겨갔다.

이용자들은 페이스북이나 다른 소셜 네트워크와 같이 다른 플랫폼 사용자들을 팔로우할 수 있을 뿐만 아니라 플랫폼에 자신의 콘텐츠를 게시해서 다른 이용자들이 이를 즐길 수도 있다. 루프에서는 네트워킹 부분이 스팀잇보다 더 자유롭지만, 콘텐츠는 훨씬 더 형식적이다. 시작하자마자 트라이브는 암호화폐에 관한 기사만을 원했는데, 이는 캣 밈을 공유하는 데 혈안이 된 모든 사람에게만 국한되어 있었다. 현재 루프에서 많은 고양이 밈을 볼 수는 없겠지만, 콘텐츠의 다양성만큼은 훨씬 더 크다.

루프를 더욱 사교적으로 느끼게 하는 또 다른 기능은 다이렉트 메시지 시스템이다. 루프 사용자는 요금을 내지 않고도 플랫폼을 통해 서로 메시지를 보낼 수 있다.

트라이브는 처음에 워드프레스를 기반으로 만들어졌다. 오픈소스가 되면서 워드프레스는 해커들에게 인기 있는 표적이 된 것으로 악명이 자자하다. 사실 트라이브가 만들어진 직후, 나는 그 사이트에 접속하려고 했지만 다운되었기 때문에 거절되고 말았다. 지갑에 내가 가진 토큰이 다 남아 있어서 무엇보다 불편했다. 트라이브의 웹사이트나 루프의 웹사이트가 해킹당해서 이용자가 토큰을 잃어버렸다는 말은 나는 들어본 적이 없다. 그리고 플랫폼 역시 블록체인들을 여기저기 건너다니기 전에 워드프레스에서 나왔다.

사실 나는 루프에 간헐적으로 포스팅을 올려왔다. 그때마다 게시물이 제대로 저장되지 않아서 다시 작성해야 할 때가 있었다. 매번 그런 건 아니었지만 종종 일어난 일이었다.

암호화폐인 루프LOOP를 플랫폼 밖으로 전송하려면 루프의 프로필을 테라 지갑에 연결해야 한다. 이를 위해 데스크톱 지갑을 다운로드받거나 루프가 구축 중인 크롬 확장 기능이나 모바일 지갑을 사용할 수도 있다.

파나마에 본사를 두고 있는 루프는 소셜 미디어 플랫폼 그 이상이다. 이 플랫폼에는 중개자 없이 암호화폐 거래를 용이하게 하는 탈중앙형 거래소 덱스DEX가 들어가 있다. 덱스는 거래자들이 인간 매니저 없이 뮤추얼펀드처럼 운용되는 자동화 투자수단인 유동성 풀을 통해 추가적으로 암호화폐를 벌 수 있게 해준다. 이용자는 풀에 암호화폐를 추가하고 해당 풀에 보유한 지분 비율에 따라 보상을 받는다. 이때 스마트 컨트랙트라고 불리는 프로그램은 미리 정해진 간격으로 보상을 분배한다.

루프는 거래 수수료의 75%를 덱스를 통해 유동성 공급자에게, 25%를 루프 토큰을 보유한 이용자에게 나눠준다.

2021년 10월 28일, 루프를 공동 설립하고 현 CEO인 톰 노우드 Tom Norwood는 자신이 최초로 비트코인과 바이낸스코인을 테라 블록체인에 이전했다고 발표했다.

루프는 또한 NFT 시장도 구축하고 있다. NFT에 대해서는 뒷장에서 자세히 논의하겠지만, 플랫폼 이용자들이 플랫폼에서 고유한 자산을 판매함으로써 자신의 얻은 수익 루프를 간접 수익으로 전환할 수 있는 또 다른 기회가 될 것이다.

루프에는 리더보드도 있다. 댓글수와 기사 순위, 게시된 기사수 등을 기준으로 상위 루퍼가 누구인지 알 수 있다. 솔직히 말해서, 나는 리더보드에 대해서는 별다른 감명을 못 받았다. 왜냐하면 나는 일주일 동안 단 두 개의 기사만 올린 상태였기 때문이다. 이용자는 교육적인 정보를 담은 기사를 작성하고 다른 이용자는 해당 기사에 대한 투표와 코멘트를 통해 해당 기사와 상호 작용할 수 있다. 꽤 틀에 박힌 스타일이라고 할 수 있다.

플랫폼에서 내가 쓴 기사에 대한 참여도는 다른 크립토 소셜 플랫폼보다 좋진 않지만, 나는 매일 활동하진 않는다. 그럼에도 불구하고 루프는 스팀잇보다 훨씬 더 매력적인 부분들을 가지고 있지 않다.

루프는 크립토 소셜 미디어가 그 어떤 커뮤니티도 가보지 못한 곳으로 나아가고 있다는 사실을 증명해준다. 내가 이 플랫폼을 지금도 여전히 주목하고 있는 이유다.

코일

코일 Coil 은 플랫폼이라기보다는 프로토콜에 가깝다. 나에게 있어 이 사실은 훨씬 더 유용하며, 장기적으로는 이것이 코일에 많은 범용성과 잠재력을 제공한다고 생각한다.

코일은 소셜 네트워크 이상의 차세대 수익화 시스템이다. 물론 그것은 소셜 네트워크 플랫폼, 블로그 또는 다른 유형의 웹 사이트에서 수익화 시스템으로 사용될 수도 있다. 플랫폼이 코일을 수익화 시스템으로 활용하기 위해서는 코일 애플리케이션 프로그래밍 인터페이스API 를 연결해야 한다. 다만 현재는 코일 API에 연결된 웹사이트 수가 제한되어 있다.

코일은 서로 다른 장부를 통해 결제를 전송하도록 설계된 개방형 프로토콜군#인 인터레저를 기반으로 한다. 인터레저와 같은 교차체인 파이프라인 없이는 비트코인 지갑 주소를 가진 사람에게 이더를 보내거나, 반대로 이오스 주소를 가진 사람에게 비트코인을 보낼 수 있는 방법이 없다.

코일만의 독특한 점은 콘텐츠 소비자들이 독점 콘텐츠에 접근하기 위해 매달 5달러를 지불한다는 점이다. 콘텐츠 작성자는 이용자들이 자신의 콘텐츠를 얼마나 이용하는지에 따라 수익을 얻는다. 이용자는 모든 콘텐츠에 접근하기 위해 월 1회 요금을 지불하는 반면, 창작자는 모든 사용자가 자신의 콘텐츠를 소비하는 시간에 따라 보상을 받는다. 물론 회원들이 보상을 받지 않고 콘텐츠를 올리고 읽을 수 있는 무료 레벨도 있다.

코일 계정에 등록하는 것은 쉽고 간단하다. 이용자들은 암호화폐 지갑만 있으면 된다. 하지만 업홀드 Uphold 와 게이트허브 Gatehub 라는 두 가지 옵션이 있다.

사용자가 개인 블로그나 비즈니스 블로그를 통해 돈을 벌고 싶다면 코일이 제공하는 웹 수익화 메타태그를 자신의 계정 설정에 복사해 홈페이지 〈헤드〉 섹션에 붙여넣기만 하면 된다. HTML을 기반으로 구축된 모든 웹사이트나 블로그는 이러한 방식으로 수익화를 할 수 있다. 워드프레스와 기타 콘텐츠 관리 시스템을 기반으로 구축된 웹사이트도 코일을 사용하여 얼마든지 수익을 창출할 수 있다.

코일은 또한 유튜브와 트위치와 같은 다른 소셜 채널에서 돈을 버는 데에도 사용될 수 있다. 코일 계정을 해당 플랫폼의 계정에 연결하기만 하면 컨텐츠로 수익을 챙길 수 있다.

코일을 통해 콘텐츠에서 돈을 버는 다른 방법으로는 블록체인 기반의 비디오 공유 웹사이트인 시나몬, 데브코딩용, 사진작가 및 비주얼 스토리텔러를 위한 콘텐츠 사이트인 익스포저, 해시노드, 해커눈, write.as 등이 있다. 나는 시간이 지날수록 코일 수익화 생태계에 더 많은 플랫폼이 동참할 것으로 예상한다.

코일은 이용자가 수익화된 콘텐츠를 볼 때마다 시간당 36센트를 지불하고 웹사이트에 접속하는 모든 이용자에 대해 1분마다 소액결제가 전송된다. 다만 코일은 리플 프로토콜의 토종 암호화폐인 리플로 결제한다.

최근까지 코일은 사이트 내에 크리에이터들을 위한 블로그 플랫폼을 가지고 있었다. 그러나 코일 블로그는 옵션 상 블로거들이 코일 프로토콜을 사용하여 자체 수익을 거둘 수 있는 블로그를 따로 설정하도록 설계된 write.as로 이전되었다.

퍼블리시0X

퍼블리시0X PublishOX 는 스스로를 '크립토 기반의 블로그 플랫폼'이라고 부르는데, 이는 매우 정직한 명칭하다. 나는 이것이 실제로 그 약속에 부응하는 몇 안 되는 블록체인 기반 소셜 미디어 플랫폼 중 하나라고 주장하고 싶다.

비슷한 시기에 출시된 다른 소셜 미디어 웹사이트들과 달리, 퍼블리시0X는 이용자들이 플랫폼에 참여하기 위해 기본 토큰을 구매하도록 강요하지 않았다. 이들은 ICO를 하지도 않았고 암호경제에 이용자들이 어떻게 투자할 수 있는지, 그리고 건강과 부, 영원한 행복의 시대를 안내하는 교묘한 이름의 암호화폐를 어떻게 볼 수 있는지에 대한 가식적인 약속도 하지 않았다.

퍼블리시0X 플랫폼은 단순하지만 매력적이다. 설립자들은 그것을 미디움에 비유하지만 대신 독자들에게는 월 5달러의 구독료가 없다. 대신 퍼블리시0X는 독자들이 읽은 기사에 남긴 팁을 바탕으로 독자와 작가에게 돈을 지불하며, 독자들이 그 팁을 작가와 어떻게 나눌지 결정할 수 있다. 기본설정은 필자의 경우 80%, 독자의 경우 20%다. 독자는 바를 이동하여 해당 비율을 자신이나 필자에게 유리하게 변경할 수 있다. 나는 내가 쓴 기사에 대해 100% 팁을 받은 적도 있다.

퍼블리시0X에서 또 다른 점은 토종 암호화폐가 없다는 점이다. 즉, 자체 통화를 갖고 있지 않다. 작가와 독자는 현재 앰플AMPL과 팜FARM을 포함한 ERC-20 토큰을 얻는다. 퍼블리시0X는 다양한 시기에 회원들에게 바운티BNTY, 하이드로HYDRO, 다이DAI, 베이직어탠션토큰BAT, 이더, 아이팜iFARM, 루프링LRC 등을 배포해왔다.

퍼블리싱0X는 쓰기 및 읽기를 통해 암호화폐를 획득하는 것 외에도 플랫폼을 홍보하기 위해 암호화폐를 지급하는 앰배서더 프로그램을 운영하고 있다. 앰배서더는 할당된 추천링크를 사용하여 Publish0X 회원이 남긴 팁의 5%를 획득한다.

2020년 12월, 퍼블리시0X는 이용자들이 출시 이후 서로에게 1,000만 번 팁을 줬으며, 매년 600%씩 성장했다고 보고했다. 퍼블리시0X는 또한 트래픽이 증가했고 프로젝트를 블로그하기 위해 이 사이트를 사용하는 암호화폐 브랜드들의 수도 증가했다. 가짜계정이 이용자들을 속이고 플랫폼에서 벌어들인 암호화폐를 훔치는 데 이용되고 있다고 플랫폼 설립자들이 이용자들에게 경고할 정도로 퍼블리시0X는 성장했다.

퍼블리시0X는 암호화폐 프로젝트를 위한 글짓기 대회도 진행한다. 2019년에는 4개의 대회를 개최하였다. 2020년에는 플랫폼이 더 많은 대회를 개최될 정도로 인기가 높았다. 공모전에서 우승하면 후원 프로젝트에서 암호화폐를 획득하게 된다.

퍼블리시0X는 자체 개선에 관심이 있는 것으로 보이는 하나의 크립토 소셜 플랫폼이다. 예상되는 몇 가지 변화들로는 이더리움이 아닌 토큰, 밈 콘테스트 및 기타 이벤트들이 포함될 가능성이 있다.

마스토돈

마스토돈 Mastodon 은 이 목록에 들어있는 다른 소셜 네트워크와는 본질적으로 다른 놈이다. 무엇보다 마스토돈은 탈중앙화에 진심이다. 그것은 명목상뿐만 아니라 실제로 탈중앙화되어 있다. 그리고 마스토돈은 블록체인 기술을 기반으로 하지 않는다.

마스토돈은 여러 플랫폼들이 연합되어 있으며, 하나의 플랫폼이라기보다는 프로토콜에 가깝다. 이용자가 커뮤니티에 가입하고 동시에 여러 커뮤니티에 콘텐츠를 게시하면서 해당 커뮤니티에 속하지 않을 수도 있는 팔로워들과 긴밀한 연결될 수 있는 프로토콜이다. 실제로 두 네트워크의 구성원은 두 네트워크에 모두 게시할 수 있고 두 네트워크에 연결되지 않은 팔로워가 게시물을 보게 할 수 있다. 네트워크의 각 커뮤니티는 서로 다른 관리자에 의해 운영되며 모두 독립적으로 돌아간다. 한 걸음 더 나아가 마스토돈 네트워크에 있는 모든 사람들은 공동체를 만들고 그 공동체를 사적 또는 공개적으로 돌릴 수도 있다.

마스토돈이 여기에 나열된 다른 소셜 네트워크와 또 다른 운영 방법은 홍보할 암호화폐가 없다는 것이다. 사실 마스토돈은 이용자들이 어떠한 종류의 보상이나 인센티브도 받을 수 있는 방법을 제공하지 않는다. 암호화폐는 마스토돈이 추구하는 목표가 아니다.

즉, 현재 수준의 마스토돈은 범위가 제한적이다. 그들은 내용에 대해 매우 엄격한 규칙을 가지고 있다. 인종차별주의나 이를 옹호하는 발언, 성차별주의나 이를 옹호하는 발언, 카스트주의나 이를 옹호하는 발언, 외국인혐오나 폭력적 민족주의 그리고 성별이나 성소수자에 대한 차별이나 옹호로 정의되는 일체의 차별은 절대 있어선 안 된다. 게다가 '공공의 건강을 해치는' 허위 정보와 음모론은 용납되지 않는다. 그 밖에도 용납할 수 없는 내용들이 많이 있으며, 모두 서비스 약관에 명시되어 있다. 이를 위반하는 사람에 대해서는 가혹한 처벌 서비스취소이 부과된다.

마스토돈은 고작 12개의 커뮤니티 분류를 가지고 있으며, 그들 중 많은 수가 단지 하나의 커뮤니티를 가지고 있다. 음악 범주에는 두 개의 커뮤니티만 있는 반면, LGTBQ+ 범주에는 여덟 개의 커뮤니티가 있다. 저널리즘은 1개, 예술은 8개, 테크놀로지는 15개의 범주가 있다. 음식은 하나밖에 없다. 마스토돈의 잠재력은 충분하지만 현재 상태로는 범위가 너무 좁다.

트위터 같은 환경에서는 회원들의 콘텐츠에 500자 제한이 있다.

웨일셰어스

웨일셰어스 Whaleshares 는 스팀잇의 아류로 출시되었다. 시간이 흐르면서 웨일세어스는 그들만의 독특한 성격을 드러내기 시작했다.

가입 절차부터 다르다. 트위터에서는 이 과정이 거의 순식간이지만, 이메일로는 이삼 일 정도 걸린다. 트위터 아이디를 사용하여 등록하려면 먼저 크롬 또는 브레이브 브라우저에서만 사용할 수 있는 웨일볼트 WhaleVault 라는 웨일셰어스 브라우저 확장판을 설치해야 한다. 이 경우, 트위터 팔로우의 크기와 범위에 따라 자동으로 다수의 웨일셰어스 토큰을 스타트업 보너스로 받게 된다. 또한 브라우저 확장 기능을 사용하여 가입할 경우 웨일셰어스상의 이름이 트위터상의 이름과 동일하다는 점도 유의해야 한다.

웨일셰어스에 글을 올리려면, 자신의 계정에 웨일셰어스 WLS 라고 불리는 암호화폐를 적어도 최소한의 양만큼은 유지해야 한다. 이건 대부분의 스팀잇 아류들의 특징이자 스팀잇 자체의 특징이기도 하다. 블록체인을 운영하는 데 일정한 비용이 들기 때문에 많은 프로젝트들이 수수료를 부과하는 셈이다. 이더리움은 가스비, 이오스는 수수료가 있고 스팀잇과 웨일셰어스는 신규 이용자의 게시 용량을 제한해 블록체인 운영비를 부담한다. 이러한 한계를 극복하는 가장 좋은 방법은 간단히 WLS를 구입하는 것이다. 이런 페이-투-플레이 방식은 짜증나지만 블록체인 공간에서는 흔히 볼 수 있다.

사피엔

복수의 소식통이 2016년 미 대선에 가짜뉴스가 영향을 미쳤다고 보도하면서 이 이슈가 대대적으로 다뤄졌다. 이후 4년간 도널드 트럼프 대통령은 하루 평균한 차례씩 뉴스나 여론조사, 언론기사 등을 언급하며 '가짜 fake'라는 단어를 사용했다.

소셜 미디어에 퍼진 가짜뉴스는 선거뿐만 아니라 과학과 역사, 그리고 깊이 뿌리 박힌 문화적 진실과 같은 사실에 기반한 다른 학문들에도 파괴적인 영향을 미칠 수 있다. 일반적으로 가짜뉴스는 진짜처럼 보이지만 잘못된 정보와 왜곡된 사실, 또는 주제에 대한 진실과 관련하여 의도적으로 독자들을 오도하는 뉴스 스토리를 만드는 거짓 시도에 불과하다. 이러한 내용은 이익을 얻기 위한 수단으로 또는 여론을 특정 방향으로 기울이기 위해 의도적으로 사실을 왜곡하는 수단으로 조작될 수 있다. 어느 쪽이든, 거짓뉴스는 많은 사회적 피해로 이어질 수 있다.

사피엔 sapien 은 2016년 미 대선에 대한 반응으로 출범했으며 가짜뉴스가 선거 결과에 영향을 미쳤다고 보도했다. 처음부터 사피엔은 스스로를 가치증명 플랫폼이라고 부르며 메시지에 가짜뉴스를 포함시켰다.

이더리움 블록체인을 기반으로 구축된 토종 암호화폐 사피엔 SPN 은 ERC-20 토큰이다. 이 사이트는 2016년 폐쇄된 알파로 출시되었다. 사피엔은 2017년 프라이빗 베타에 진입해 2018년 ICO 토큰 판매를 시작했다. 사피엔은 2020년 4분기까지 매달 천만 명의 이용자를 유치하겠다는 야심찬 목표를 세웠다. 2021년 4월 현재, 이 사이트의 트래픽은 감소하고 있으며 목표치의 근처에도 미치지 못하고 있다.

사피엔의 원대한 아이디어는 나름의 가치가 있다. 회사를 검열 주체로 만들거나, 회사가 통제하는 알고리즘의 복잡성에만 의존하기보다, 사피엔은 탈중앙화를 통해 가짜뉴스와 검열, 그리고 그밖의 다른 악성 콘텐츠와 싸우려고 한다. 이용자는 자신이 올린 콘텐츠가 가치 있고 전문성이 있다는 사실이 입증되어야 평판 포인트를 획득할 수 있다. 어떤 의미에서는 모든 탈중앙화 소셜 미디어 플랫폼이 추구하는 모델이기도 하다.

하지만 사피엔은 그 약속을 지키지 않고 있다. 가짜뉴스가 발견되고 있기 때문이다. 비록 페이스북에서처럼 셀 수 없이 많은 업보트와 공유하기로 순위에 오르지 못할 수는 있지만, 가짜뉴스가 존재한다는 사실에는 변함이 없다.

사피엔 이용자들은 핵심 주제를 중심으로 한 커뮤니티를 '부족tribes'으로 묶인다. 이용자들은 콘텐츠를 만들고 뉴스를 공유함으로써 사피엔SPN을 얻는다. 먼저 이용자는 등록하고 자신의 전자메일 주소를 확인한다. 메일 확인은 이용자 이름과 패스워드를 입력한 후 전자메일로 전송된 버튼을 클릭하기만 하면 된다. 이는 페이스북이나 트위터, 그 밖의 다른 인기 있는 소셜 미디어 웹사이트에서 사용되는 방식과 본질적으로 같은 보안 수단이다.

사피엔을 얻기 위해서는 이더리움 지갑이 필요한데, 긍정적인 측면은 이더리움을 지원하는 지갑이 시장에 넘쳐난다는 점이다.

사피엔은 2020년 9월 새로운 부족 리더들을 끌어들여 신규 부족들을 설립하고, 이들을 홍보하며, 새로운 이용자들을 플랫폼으로 끌어들여 최고 수준의 콘텐츠를 만들고 공유하기 위해 보조금 형태로 1만 사피엔을 헌납하기도 했다.

사피엔에 가입하자마자 이메일 주소와 스마트폰 번호를 확인하면 요금으로 10개의 요금을 받는다. 이 요금들은 플랫폼에서 자신이 좋아하는 게시물과 댓글을 올리는 데 사용된다. 1개의 요금이 사용될 때, 요금 수신자는 100개의 사피엔 토큰을 받는다. 마찬가지로 수신된 요금은 수신자에게 각각 100개의 사피엔 토큰으로 보상한다. 이용자에게는 매일 10개의 요금이 지급되며, 이를 사용하지 않을 경우 총 100개까지 요금이 부과된다. 또한 사용자가 100 사피엔에 대한 추가 요금을 구입할 수 있는 메커니즘이 마련되어 있다.

이용자는 요금 외에도 콘텐츠에 대한 업보트나 다운보트가 가능하다. 이는 이용자에게 암호화폐로 보상하지 않지만 요금도 들지 않는다. 이용자가 사피엔을 구매하고 싶다면 키버 암호화폐 거래소에서 구매할 수 있다.

사피엔 플랫폼은 매력적이지만 블록체인 공간에서 흔히 볼 수 있는 것처럼 플랫폼 로드가 느린 편이다. 사피엔은 현재 정체성의 위기를 겪고 있는 것 같고 더 많은 이용자를 끌어들이지 않으면 과거 공룡처럼 멸종될 수 있을 것 같다.

스모크 네트워크

스모크 네트워크Smoke Network 계정에 가입하려면 콘텐츠 특성상 이용자가 21세 이상이거나 (치료 목적의)합법적인 마리화나 환자임을 표시해야 한다. 스스로를 '최초의 탈중앙화된 대마초 네트워크'라고 부르는 스모크 네트워크의 태그라인은 다음과 같다.

"피우고 돈 받아라, 반복하라. Smoke, Get Paid. Repeat."

한때 가입하지 않고도 스모크 네트워크에서 콘텐츠를 읽을 수 있었지만, 현재는 웹사이트가 재설계되었다. 이용자는 댓글을 달거나, 공유하거나 흔히 리스모크(Resmoke)라고 함, 콘텐츠에 투표할 수 있으며, 게시 및 다른 이용자와의 교류에 대한 보상을 받을 수도 있다. 하지만 해당 플랫폼은 대마초와 관련된 내용만 다루고 있다.

스모크 네트워크는 위임지분증명 합의 메커니즘으로 된 자체 블록체인을 가지고 있다. 많은 블록체인 기반의 소셜 미디어 사이트와 마찬가지로 스모크 네트워크 역시 스팀 블록체인을 기반으로 하고 있다. 플랫폼의 토종 암호화폐는 스모크 SMOKE 라고 불린다.

스모크는 2018년 4월과 5월에 ICO를 했다. 최초 발행 당시 토큰의 가치는 1달러였다. 코인마켓캡에 따르면, 스모크의 최근 가치는 0.044418에 불과했다. 최근 내가 접속을 시도했지만 해당 블록체인에 액세스할 수 없었다. 스모크 네트워크는 구글플레이스토어에 앱도 출시했지만 지금은 더 이상 존재하지 않는다. 나는 해당 프로젝트가 끝나지 않았을까 싶다.

쏘미

쏘미 SoMee 의 한 가지 흥미롭고 독특한 측면은 이용자들이 링크드인 프로필이나 씨빅 지갑 계정을 사용하여 오쓰 OAuth 를 통해 해당 계정을 열 수 있다는 점이다. 페이스북으로 승인하는 기능은 조만간 가능할 것 같다.

오쓰를 사용해서 계정을 만들 때 불편한 점은 링크드인에서 사용하는 이름이나 씨빅 지갑과 연동된 이름, 향후 가능하다면 페이스북과 연동된 이름이 쏘미에서 이용자의 실제 이름으로 정해진다는 점이다. 예를 들어 링크드인에서 실명을 사용할 경우 쏘미의 계정 이름이 실제 이름이 되고 만다. 하지만 쏘미에서는 등록 후 이름을 변경할 수 있다.

2021년 8월, 다른 암호화폐 소셜 미디어 플랫폼의 한 이용자는 회사의 마케팅 책임자가 10만 달러 상당의 쏘미토큰 SAT 을 가지고 도주했다는 내용의 쏘미 업데이트 스크린샷을 게시했다. 3개월 뒤, 유튜버 스코트 커닝햄은 쏘미의 블록체인이 1년 중 대부분 다운돼 자신이 플랫폼에서 벌어들인 펀드에 접속하는 데 어려움을 겪고 있다고 전했다. 이 업계에서 그다지 놀랄 일은 아니지만, 나는 커닝엄의 주장을 입증할 만한 뉴스기사를 찾지는 못했다.

소셜X

다른 프로젝트 백서에 해당 프로젝트가 인용될 때 소셜 미디어 프로젝트의 영향력이 얼마나 깊이 스며들었는지 확인하는 건 그리 어려운 일이 아니다. 소셜X SocialX 는 스팀잇에 이어 줄줄이 출시된 많은 다른 블록체인 기반의 소셜 미디어 웹사이트들과 마찬가지로, 지금까지 가장 성공적인 탈중앙형 소셜 미디어 플랫폼과 스스로를 비교해왔다. 백서에 '우리가 스팀잇과 다른 이유 Why we are different to STEEMIT '라는 제목의 섹션이 있는 이유다.

소셜X가 스팀잇과 다른 몇 가지 이유가 있다. 가장 분명한 것은 스팀잇이 소셜 블로그 플랫폼인 반면, 소셜X는 이용자에게 사진과 비디오를 공유하는 데 있어 탈중앙화된 경험을 제공하기 위해 만들어졌다는 점이다.

다른 블록체인 기반의 소셜 미디어 웹사이트와 마찬가지로 소셜X도 사용자가 자신의 콘텐츠를 공유하고 다른 이용자의 콘텐츠와 상호 교류함으로써 보상을 받을 수 있다. 토종 암호화폐는 ERC-20 토큰인 소셜엑스 socx 인데, 이 토큰은 이 사이트가 이더리움 블록체인을 기반으로 구축되었다는 의미다.

소셜X의 백서에 따르면, 자사 플랫폼은 다른 소셜 네트워크들이 해결하지 못하는 열 가지 문제를 해결했다고 자랑한다. 그 문제들은 다음과 같다.

① 가짜 계정과 가짜 좋아요, 가짜 팔로워가 불가능하다. 커뮤니티는 어떤 콘텐

츠가 가치 있는지 결정한다.

② 많은 고품질 콘텐츠를 신속하게 제작하고 찾을 수 있다.

③ 플랫폼의 가치가 이용자에게 전달된다.

④ 이전보다 저렴한 비용으로 블록체인 기술을 가지고 데이터의 신뢰성을 확보한다.

⑤ 탈중앙화된 사진 및 비디오 : 자신의 콘텐츠를 자신이 소유한다.

⑥ 모든 사진이나 비디오를 수익화할 수 있다.

⑦ 사진 또는 동영상의 라이선스 및 권한을 관리할 수 있다.

⑧ 소셜X 토큰으로 커뮤니티에 보상한다.

⑨ 우리가 가장 사랑하는 사진 및 비디오에 훌륭한 커뮤니티를 구축할 수 있다.

⑩ 커뮤니티에 보상한다는 건 가치 있는 콘텐츠에 정당한 보상을 준다는 뜻이다.

소셜X의 주요 화두 중 하나는 페이스북과 인스타그램과 같은 다른 소셜 미디어 플랫폼의 이용자들이 자신의 데이터를 통제하지 않는다는 것이다. 이용자 데이터는 중앙집중식 서버에 저장되고 여러 대륙의 컴퓨터와 서버 간에 공유되기 때문에 이용자는 누가 해당 데이터에 액세스할 수 있는지 알 수 없다. 그리고 대부분의 주요 웹사이트에서는 이용자 데이터를 손상시키는 데이터 침해가 발생했다. 소셜X는 탈중앙화 내부자들 사이에서는 단순히 IPFS라고 불리는 인터플래너터리 파일 시스템 InterPlanetary File System 을 사용하여 탈중앙화를 통해 이러한 문제를 해결하는 것을 목표로 한다. IPFS는 인증된 에이전트에 의해 검색되고 회수될 때까지 여러 컴퓨터에 정보를 저장하는 기술이다.

이 플랫폼이 해결하고자 하는 또 다른 문제는 수십억 개의 이용자 생성 콘텐츠를 만들고도 이를 이용자와 나누지 않는 플랫폼들과는 반대로 이용자가 자신의 콘텐츠를 수익화할 수 있는 능력이다. CEO인 마르셀 포신저 Marcel Fossinger 는 한 블로그 게시물에서 2017년 3분기 페이스북 이용자들이 평균 5.03만 달러를 벌어들인 반면 페이스북은 103억 달러의 수익을 올렸다고 밝혔다.

아다만트

아다만트 ADAMANT 는 소셜 네트워크가 아니다. 그보다는 블록체인 기반의 개인 메신저에 가깝다. 소셜 네트워크는 아니지만 메시지 전달이 소셜 미디어의 본질적인 부분이기 때문에 이 목록에 포함시키는 것이 적합할 것이다. 아다만트는 어떤 소셜 미디어 플랫폼과도 관련이 없으며 실제로 소셜 미디어 플랫폼 자체도 가지고 있지 않지만, 그렇다고 아다만트가 제공하는 메신저 서비스가 가치 없다는 뜻은 아니다. 아다만트 이용자들은 많은 블록체인 기반의 소셜 미디어 플랫폼이 약속하는 몇 가지 혜택을 누리고 있다. 그 혜택에는 다음과 같은 것들이 포함된다.

- 익명성
- 완벽한 프라이버시 : 실제로 아다만트는 이용자의 이메일이나 전화번호를 요구하지도 않으며, IP주소를 추적하지도 않는다.
- 탈중앙화

블록체인 위에 구축된 사설 P2P 메시지 서비스인 아다만트는 독특한 서비스를 제공한다. 아다만트 지갑을 이용하면 환전이나 중개 없이 다양한 암호화폐를 직접 주고받을 수 있다. 아다만트를 통해 메시지를 보내는 데 아주 적은 비용이 들기는 하지만, 토종 암호화폐인 아다만트 ADM 로 환산하면 미화로 0.00024 달러에도 미치지 못한다.

아다만트는 또한 사업용 메시지 솔루션도 갖고 있다.

프롭스 프로젝트/유나우

프롭스 프로젝트 PROPS Project 는 몇 가지 긍정적인 이유들로 유명하다. 백서에서는 프롭스 프로젝트를 '토큰화된 디지털 미디어 경제 tokenized digital media economy '라고 언급한다. 또한 2021년까지 내가 본 것 중에서 유튜브의 대안들 중에서 최고의 플랫폼과 파트너십을 맺었다.

프롭스 프로젝트는 이더리움 블록체인의 사이드체인이다. 해당 프로젝트는 이용자가 프롭스 네트워크로부터 이더리움 블록체인 상에서 상호 교류할 수 있도록 해준다. 이 프롭스 네트워크는 개발자가 블록체인에 앱을 구축할 수 있도록 권한을 허용한 오픈소스 네트워크다. 프롭스 PROPS 에 구축된 첫 번째 앱은 유나우 YouNow 였는데, 이는 유튜브의 대안 플랫폼이다.

2021년 12월 31일까지 이용자들은 네트워크 앱을 통해 디지털 콘텐츠를 만들고 다른 사람의 콘텐츠와 상호 교류하여 프롭스 토큰을 얻을 수 있었다. 프롭스 토큰은 이용자가 다른 이용자가 만든 콘텐츠에 업보트를 하고 추천할 수 있도록 했다. 이용자들은 또한 네트워크 프로토콜을 통해 서로에게 팁을 줄 수도 있다. 토큰은 이용자들이 하나의 프롭스 앱에서 네트워크 상의 다른 앱으로 평판을 전송할 수 있게 했다. 네트워크 검증자는 토큰을 걸고 추가 보상을 받을 수 있다.

프롭스 프로젝트는 또한 이용자들이 자신이 게시한 콘텐츠로 수익을 낼 수 있도록 허용했다.

이 플랫폼의 많은 투자자 중에는 633만 명의 구독자를 가진 인기 유튜브 채널 〈필립 드 프랑코 쇼〉의 사회자 필립 드프랑코 Philip DeFranco 가 있다. 2016년, 유튜브는 광고주들이 불쾌하다고 여기는 콘텐츠를 담은 동영상에 수익화를 제한하는 프로그램을 설치하면서 드프랑코를 포함한 몇몇 유명 블로거들로부터 거센 반발을 샀다. 그때문에 많은 유튜버들이 플랫폼을 떠났다. 드프랑코는 남았지만, 그는 그 정책에 반대했다. 그때 그는 프롭스 프로젝트에 관심을 갖게 되었다.

2021년 8월, 프롭스는 연말부터 토큰 발행을 중단한다고 발표했다. 그 후, 유나우는 이용자들을 위한 로열티 프로그램에 변화가 없을 것이라고 발표했다. 사실, 올해 초, 유나우는 그것의 프롭스 포인트를 프롭스 프로토콜에서 분리했다.해당 플랫폼은 향후 언젠가 암호화폐의 이름을 바꿀 계획이다.

엘비알와이크레딧/오디시

엘비알와이크레딧/오디시 LBRY/Odysee 는 유튜브의 또 다른 대안으로 여겨지지만, 사실은 그 이상이다. 이들은 스스로를 '디지털 콘텐츠 생태계'라고 부른다. 그들의 스펙은 책, 영화, 음악, 그 밖의 다른 디지털 콘텐츠를 말하고 있지만, 대부분 콘텐츠는 영상이다.

LBRY는 다운로드 가능한 데스크톱 앱으로 시작했지만, 현재 그 앱은 중단되었다. 오디시는 완전히 지원되며 브라우저 기반의 새 버전이다.

LBRY의 독특한 측면 중 하나는 유튜버들이 자신의 유튜브 콘텐츠를 LBRY에 자동으로 동기화할 수 있다는 점이다. 크리에이터는 LBRY에 게시함으로써 콘텐츠를 보는 이용자를 위해 LBRY 암호화폐인 LBC를 획득할 수 있다. 게다가 이용자들은 그들의 LBRY 콘텐츠가 LBRY에서 유튜브로 직접 게시되는 동안에도 LBRY에 먼저 게시할 수 있고 그렇게 함으로써 더 많은 보상을 받을 수 있다. 이것은 매우 좋은 인센티브지만, 대부분의 콘텐츠 제작자들은 유튜브에서 더 많은 조회수를 얻을 것이라고 말해도 무방하다.

또 다른 흥미로운 점은 LBRY가 스스로를 중앙집중화된 조직을 갖춘 탈중앙화된 프로토콜이라고 부른다는 것이다. 다시 말해서, 플랫폼 기술은 탈중앙화되어 있지만, 동시에 중앙집중화된 커뮤니티 소유의 비영리단체의 통제 하에 있다. LBRY는 자체 블록체인 위에 세워졌다.

하이브

2020년 초, 스팀잇과 트론 재단은 스팀 블록체인 상의 스팀 및 기타 디앱이 트론 블록체인에 통합되도록 하는 파트너십을 발표했다. 그 제휴는 좋은 결정이어야 했으나, 그 이후에 일어난 일은 블록체인 커뮤니티 전체에 큰 충격을 안겨 주었다.

그때까지 스팀잇을 괴롭혀왔던 많은 문제들이 마침내 수면 위로 떠올랐다. 자업자득이었다.

2018년, 암호화폐 시장에 약세장이 펼쳐졌을 때, 스팀잇은 직원의 70%를 해고했다. 이런 조치는 스팀잇 커뮤니티와 잘 맞지 않았고 약간의 내분이 뒤따랐다.

1년이 지난 후에도 스팀잇은 여전히 재정난에서 벗어나지 못했다. 스팀잇의 CEO가 인수자를 물색하기 시작해 결국 트론 CEO인 저스틴 선을 찾아냈다. 일부 언론은 이를 두고 적대적 인수라고 평가했다.

이 매각은 스팀잇 커뮤니티의 많은 구성원들, 특히 증인들을 화나게 했고, 그들은 이후 저스틴 선이 부당한 영향력을 가지고 지분을 사용하는 것을 막기 위해 체인을 소프트포크해버리기도 했다. 한 가지 특별한 관심사는 스팀잇 본사의 통제 하에 있고 개발 목적으로 지정되었던 스팀과 관련이 있었다. 이에 대응하여 저스틴 선은 자신의 증인들을 심어두었다.

본질적으로 모든 상위 20명의 증인들과 함께 블록 탐험가를 포함한 상위 디앱 중 몇몇이 하드포크를 단행했고 그렇게 하이브 Hive 를 만들었다.

처음에 하이브 토큰은 스팀보다 성능이 뛰어났다. 하지만 그것은 오래가지 못했다. 2021년 1월 26일, 하이브는 0.1414까지 떨어졌고, 스팀도 0.1809로 곤두박질쳤다.

하이브가 스팀잇에서 포크를 했을 때, 이 플랫폼은 대부분의 스팀잇 사용자들의 스팀과 1대 1로 매칭시켰다. 이용자가 1,000개의 스팀을 가지고 있다면 1,000개의 하이브도 가지고 있는 셈이었다.

플랫폼은 독립적으로 운영되며 하이브는 자체 블록체인이다. 증인도 따로 가지고 있다. 플랫폼은 기본적으로 스팀잇을 그대로 모방한 것이다. 적어도 포장 수준에서 두 플랫폼 간의 차이는 거의 없다.

에테르

에테르 Aether 는 일대다수 이메일 애플리케이션이거나 아니면 데스크톱이나 스마트폰에 다운로드하는 별반 다르지 않은 포럼 앱이다. 개념은 간단하고 직접적이어서 이해하기 어렵지 않다. 이용자는 완전히 익명으로 활동할 수 있다. 다시 말해, 그들은 전화번호와 이메일 주소, 심지어 알려주기 원하지 않는다면 실명조차 수집하지 않는다. 완전히 익명이고 탈중앙화되어 있기 때문에, 얼마든지 두 사람이 동일한 핸들 이를테면, @park처럼 을 쥐고 있을 가능성이 있다. 그 두 사람 중 한 명이 해당 핸들을 소유하겠다는 특전을 사지 않는 이상 동명이인이 같은 핸들을 소유할 수 있다. 물론 그때라도 유지비를 지급하지 못하면 그 권리를 잃게 되지만 말이다.

에테르는 꽤 새로운 아이디어였지만 많은 추종자들을 끌지 못했다. 그러나 이용자들이 커뮤니티 운영자를 선택할 정도로 완전히 탈중앙화되어 있다. 덕분에 이용자는 그룹을 시작할 수 있지만, 해당 그룹의 모든 구성원들이 운영자를 투표로 거부할 경우, 해당 운영자는 그룹에서 사라진다. 독재자가 없다는 뜻이다. 심지어 온순한 독재자도 용납되지 않는다.

이용자는 서브 Subs 라고 하는 커뮤니티에 가입하고 시각적으로 그래픽만 아니라면 콘텐츠를 게시할 수 있으며, 웹페이지에 대한 링크를 게시할 수도 있다. 그러나 게시된 모든 콘텐츠는 6개월이 지나면 사라진다. 유일한 예외는 다른 이용자가 로컬 하드 드라이브에 이 게시물을 저장하는 경우다.

에테르에 대해 내가 발견한 한 가지 흥미로운 점은 이용자가 게시한 모든 콘텐츠가 'Creative Commons BY-SA 4.0' 라이선스의 적용을 받는다는 데 동의해야 한다는 것이다. 다만 벌어들일 암호화폐는 없다. 만약 가장 내밀하고 은밀한 어두운 비밀을 에테르로 공유하고 싶다면, 에테르는 기꺼이 당신을 도울 것이다.

에픽스

에픽스APPICS는 인플루언서와 브랜드를 하나로 묶은 소셜 미디어 앱으로, 이용자는 에픽스APX라는 토큰 형태의 보상을 받을 수 있다. 이 회사의 홈페이지에 따르면, 에픽스의 생태계는 "라이프스타일, 열정 및 이용자가 창출한 수익을 단일 모바일 애플리케이션 내에서 통합하고 있다." 나이키를 좋아한다면 그 브랜드로 암호화폐를 벌 수 있는 식이다.

이런 제안은 특별히 흥미 있는 건 아니지만, 이용자의 관점에서 볼 때 가치는 다음과 같다. 트위터와 페이스북에서 하루 종일 관심도 없고 원하지도 않은 브랜드의 광고 세례를 받는 대신, 이용자가 관심 있고 좋아하는 브랜드 광고에 노출되면 교류에 따라 일정한 보상을 받을 수 있다.

그건 단순해 보이지만, 에픽스와 같은 소셜 미디어 앱을 사용하는 브랜드는 자사 콘텐츠를 창조적으로 만들어야 할 것이다. 광고가 싱거우면 안 볼 게 뻔하다. 관심을 끌지 않는 광고는 이용자들이 꺼버릴 것이다.

이용자들은 친구들과 교류하면서 사진과 비디오를 업로드 할 수 있다. 또한 지갑을 통해 P2P로 암호화폐를 보내고 앱을 통해 암호화폐를 서로 맞교환할 수도 있다. 이용자들은 20개 이상의 다른 범주 또는 해시태그에서 콘텐츠를 검색할 수 있다. 이용자들도 토큰을 사재기함으로써 앱에 대한 영향력을 높인다.

에픽스는 스팀 기반의 앱으로 시작해 이용자가 스팀엔진을 통해 에픽스 토큰을 획득할 수 있다는 점에서 또 다른 흥미를 자아낸다. 이오스 기반의 토큰도 있어 사실상 에픽스가 듀얼 블록체인 앱이 되었다. 토큰을 획득하기 위해서는 이용자가 먼저 토큰을 구입해야 한다. 스팀과 하이브의 하드포크 이후, 에픽스는 스팀 블록체인을 떠나 텔로스로 이동했다.

그 밖의 크립토 소셜 플랫폼

새로운 크립토 소셜 플랫폼은 항상 등장해왔다. 어떤 건 단순하고 어떤 건 좀 더 복잡하지만, 크립토 소셜 플랫폼은 많은 사람들이 놀기 좋아하는 공간인 건 분명해 보인다. 새롭게 등장한 플랫폼들은 다음과 같다.

마로 마로 Maro 는 스스로를 '만인을 위한 가치 교환 플랫폼'이라고 부르고 있다. 그들은 전 세계 사람들이 연결할 수 있는 '글로벌 네트워크 경제'를 만들기 위해 여전히 노력하고 있다.

카르마 카르마 Karma 는 이오스 블록체인을 기반으로 만들어진 모바일 앱이다. 이용자들은 해당 앱을 통해 콘텐츠를 만들고 다른 사람들과 공유함으로써 카르마를 얻는다.

센트 센트 Cent 는 현재 베타 버전에 있는 또 다른 크립토 소셜 사이트다. 이들은 콘텐츠 제작자 중 누가 가장 많은 돈을 벌었고, 가장 많은 암호화폐를 제공받았는지를 보여주는 리더보드를 갖고 있다. 콘텐츠 범주에는 글로벌, 사진, 쓰기, 음악 및 크립토 아트가 있다.

쿤쿤 쿤쿤 QunQun 은 서로 독립적인 소셜 커뮤니티가 있는 트위터 같은 플랫폼이다. 누구나 커뮤니티를 만들고 자신의 콘텐츠나 프로필을 다른 커뮤니티로 자유롭게 옮길 수 있다. 이용자와 커뮤니티 관리자는 플랫폼에 참여함으로써 암호화폐를 벌 수 있다.

하이퍼스페이스 하이퍼스페이스 Hyperspace 는 마스토돈과 통합되어 있으며 윈도우와 맥 컴퓨터용 데스크톱 애플리케이션을 제공한다. 하이퍼스페이스는 그들만의 마스토돈 공동체를 갖고 있다.

토룸 토룸 Torum 은 애스톤 XTM 이라는 ERC-20 토큰을 사용자에게 보상한다. 암호화폐 마니아, 암호화폐 작가, 암호화폐 프로젝트 제작자를 겨냥한 프로젝트라는 데 만족하는 분위기다. 그들의 목표는 비디오게임, NFT 마켓플레이스, 그리고 DEX를 포함하는 소셜 파이낸스 메타버스가 되는 것이다. 이용자들은 또한 NFT인 아바타를 만들 수 있다. 토룸은 이더리움에서 시작했으나 이더리움 가스비 상승을 해결하기 위해 바이낸스스마트체인으로 전환했다. 토룸은 가장 인기 있는 암호화폐 거래소 두 곳의 투자 부문인 후오비벤쳐스 Huobi Ventures 와 큐코인랩스 KuCoin Labs 의 지원을 받고 있다.

소시올 소시올 Sociall 의 태그라인에는 "소셜 미디어를 다시 상상하기."라는 표제가 붙어 있다.

인도스 인도스 Indorse 는 링크드인의 대안처럼 보이는 보다 흥미로운 탈중앙형 소셜 미디어 웹사이트 중 하나다. 이제 인도스는 개발자들의 실력을 평가하는 것을 임무로 삼는다. 여전히 탈중앙화를 유지하고 있다.

보일크 보일크 Voilk 는 베어셰어스 Bearshares 라고 불리는 스팀잇 아류로 시작했지만, 2021년 지금의 브랜드로 변경되었다. 이용자는 콘텐츠를 공유하고 새로운 이용자를 플랫폼으로 불러옴으로써 보일크 VOILK 를 획득할 수 있다.

2017년, 채팅 앱 킥 Kik 은 킨 Kin 이라는 이름의 ERC-20 토큰을 만들고 있다고 발표했다. 킨의 목적은 킥에서 디지털 금융 거래를 촉진하는 것이다.

킨은 앱 개발자들이 킥상에 앱을 만들고 그에 대한 보상을 얻을 수 있는 기회를 제공한다. 킥 사용자는 이러한 앱과 상호 교류하면서 보상을 받을 수 있다. 콘텐츠 작성자는 채팅 앱에서 콘텐츠를 만들고 보상을 받을 수 있다. 암호화폐는 현재 킨 재단 Kin Foundation 에서 관리하고 있다.

페이스북이 리브라를 출시하려다가 실패한 부분에서 킥은 성공을 거뒀다. 전통적인 소셜 미디어 세계에서 탈중앙화에 도달한 킥은 보상 시스템으로 수요를 창출하고 이용자를 만족시키는 미션을 잘 수행해냈다. 2020년 4월 4일, 이용자들이 플랫폼에서 총 430만 달러를 지출하며 킨의 매출은 최고조에 달했다. 2020년 4월 18일 기준으로 630만 명의 활동적인 수익자들이 있었다.

다른 앱들도 킨 암호화폐를 사용하고 있다.

스팀잇 아류들

스팀잇은 시가총액 기준으로 자사의 암호화폐를 최상위권으로 올린 최초의 크립토 소셜 플랫폼인 것 말고도 크립토 소셜 문화에 또 다른 중요한 업적을 남겼다. 그것은 스팀잇을 모방한 많은 아류들에 많은 영감을 던져주었다는 것이다. 이러한 플랫폼들을 방문하면 스팀잇의 소스코드를 사용하여 구축되었음을 대번에 알 수 있다. 심지어 그들 대부분은 스팀잇과 똑같이 생겼다.

골로스 골로스Golos는 러시아판 스팀잇이다.

세레이 세레이Serey는 콘텐츠에 대한 빅 테크놀로지의 영향력에 맞서기 위해 출시되었다. 자체 블록체인을 기반으로 구축된 사용자들은 콘텐츠 생성과 상호 교류를 통해 세레이 코인을 획득한다. 사이트의 디자인은 퍼블리시0X와 매우 흡사하다.

디튜브 디튜브DTube는 스팀잇 디앱이다. 이는 스팀잇 블록체인을 기반으로 하지만 스팀잇과는 별개의 애플리케이션임을 의미한다. 그만큼 스팀잇과 상호작용을 할 수 있고 스팀잇 이용자들이 게시된 동영상 콘텐츠에 투표할 수 있게 해준다. 디튜브는 유튜브의 대안 플랫폼으로 이용자가 자신의 동영상 콘텐츠를 게시하고 다른 사람의 동영상 콘텐츠와 상호 교류함으로써 스팀을 얻는다.

디라이브 디라이브DLive는 스팀잇 디앱으로 시작했지만 그 이후 다른 블록체인으로 이전했다. 이용자들은 그들의 콘텐츠를 실시간 스트리밍하고 암호화폐를 벌 수 있다. 레몬Lemon은 보상제도의 명칭이다. 이용자들이 비트토렌트 생태계를 위한 암호화폐인 비트토렌트BTT를 적립할 수 있다. 사용자는 자신의 BTT를 걸고 더 많은 수익을 올릴 수 있다.

망해버린 크립토 소셜 사이트들
웹사이트들은 다양한 이유로 명멸을 거듭한다. 관리가 제대로 되지 않아 사라져

버리는 경우도 있고, 개중에는 흡인력이 전혀 없는 경우도 있다. 이는 그 플랫폼들이 애초에 나쁜 커뮤니티였거나 웹사이트가 매력적이지 않았다는 걸 의미하지 않는다. 공교롭게 타이밍이 나빴을 수도 있다. 그럼에도 불구하고 그 이유는 차치하고라도 다음에 열거한 크립토 소셜 플랫폼들은 한때 왕성하게 운영되었지만 지금은 생명력을 잃고 죽어버렸다.

위쿠 위쿠Weku 는 스팀잇을 모방한 아류 플랫폼이다.

오노 오노Ono 는 채팅 앱이었다가 이제 테크 크리티컬 Tech Critical 이라는 뉴스 사이트로 리디렉션된 플랫폼이다.

옵시디언 옵시디언 Obsidian 은 구글에서 안전하지 않은 플랫폼이라고 지정된 플랫폼이다.

쏠라 쏠라 Sola 는 한 VPN 서비스업체에 인수되었다. 이상하게 보일 수도 있지만, 만약 쏠라의 기술이 개인정보 보호와 보안에 유용했다면, VPN 서비스는 그것에 관심을 가졌을 것이다. 특히 그 기술이 자신들의 서비스 제공을 강화한다면 더욱 그렇다.

델리게이트콜 델리게이트콜 DelegateCall 은 큐오라나 야후!와 같은 탈중앙화된 질의응답 웹사이트였다. 이용자들은 질문하고 대답하는 것에 대해 암호화폐로 보상을 받을 수 있다. 이제 이 사이트를 클릭하면 개발자를 위한 교육 사이트로 리디렉션된다.

내러티브 이야기: 열악한 암호경제 사례 연구

자체적으로 다루어 볼 만한 플랫폼 중 하나가 바로 내러티브다. 베타 버전은 2019년 4월 론칭되었는데, 이 플랫폼은 크립토 소셜 플랫폼으로 출시하지 말아야 할 방법에 대한 유용한 경고성 이야기로 손색이 없다.

나는 내러티브의 설립자들이 기본적인 경제 원리를 이해하지 못했다고 믿는다. 그들은 2018년에 ICO를 통해 자금을 조달했다. 소위 투자자들은 토큰의 가치가 오르기를 기대하며 토큰을 샀다. 종종 초기 후원자들은 출시 직후 토큰을 팔아치우기 때문에 토큰의 가치가 하락하는 일이 비일비재하다. 그러나 내러티브의 이야기는 다르게 전개되었다.

내러티브의 개념은 커뮤니티가 플랫폼을 관리하는 것이었다. 설립자들과 내러티브를 소유한 회사는 손을 뗄 예정이었다. 그들은 개발에만 관여할 것이었다.

플랫폼의 구조는 소위 '틈새 niches'라고 불리는 것에 초점을 맞췄는데, 이는 누구든 틈새시장을 제안하면 선거 과정을 통해 승인되었다. 그리고 나서 그 커뮤니티는 그 틈새시장을 승인해야 하는지 아닌지에 대해 투표하기로 되어 있었다. 만약 승인이 난다면, 그 틈새시장은 경매에 붙여지고 최고 입찰자에 의해 구매될 것이었다.

설립자들이 의도했던 또 다른 거버넌스 계층에는 틈새 운영자들이 포함되어 있었다. 공천 과정으로 시작하여 그들이 선출되기 전까지는 틈새 오너들이 대신 운영자 역할을 했다. 이것은 치명적인 실수임이 금세 드러났다.

틈새 운영자는 자신이 조정하고 운영하는 틈새를 위해 콘텐츠를 승인하거나 승인하지 않는 역할을 담당했다. 만약 콘텐츠가 틈새 주제와 맞지 않는다면, 그것은 승인되지 않아야 했다. 그러나 불행하게도 몇몇 부정직한 틈새 오너들은 그렇게 하지 않았다. 사실 몇몇 오너들은 공개적으로 이용자들이 자신의 틈새에 어떤 종류의 콘텐츠라도 게시하도록 장려했는데, 그들은 그것이 낮은 품질이거나 틈새에 맞지 않더라도 그대로 승인해주곤 했다.

그들이 왜 이런 짓을 하는지 우리는 쉽게 알 수 있다. 틈새 오너와 틈새 운영자 모두 틈새에 게시된 콘텐츠에서 발생하는 보상의 일부를 가져갔기 때문이다.

플랫폼이 론칭한 다음 피 튀기는 싸움이 벌어졌다. 플랫폼 이용자들이 스팸이나 트롤, 불량한 콘텐츠로부터 이익을 얻는 부정직한 틈새 오너들을 포함한 플랫폼에 산적한 문제들을 해결하기 위한 방법들을 제안할 때마다 개발팀은 "그건 우리의 문제가 아니다."라고 둘러대거나 문제를 해결하겠다고 약속해 놓고는 시간만 질질 끌었다. 그러는 와중에 문제는 더 심각해졌다.

내러티브는 또한 플랫폼 이용자에게 내러티브 NRVE 라고 불리는 토큰을 플랫폼에 스테이킹하도록 권장하는 메커니즘이 없었다. 월별 지급 기간과 막대한 보상금으로 많은 이용자들은 토큰을 즉시 현금화하여 그들의 자국 통화로 전환해대기 시작했다. 연말이 되자, 내러티브 경제는 말 그대로 붕괴했고 플랫폼도 함께 무너지고 말았다.

물론 이야기에는 더 많은 것들이 있지만, 어쨌든 결론은 내러티브의 설립자들은 인간의 본성에 유의하지 않았고 플랫폼에 토큰을 계속 보관하도록 권장하지 못했다는 것이다. 이용자들은 플랫폼에서 토큰을 사용할 방법이 없었고 토큰을 보유하고 있어도 별 다른 인센티브가 없었기 때문에 현금화하여 그들의 지역경제만 활성화시켰다. 한 나이지리아인은 첫 번째 돈을 지급 받은 후에 내러티브로 소를 샀다고 자랑스럽게 포스트를 게시하기도 했다.

내러티브는 여러 가지 방법으로 이런 문제들을 해결할 수 있었다. 스테이킹 프로토콜을 썼더라면 이용자가 플랫폼에 내러티브를 유지하도록 장려했을 것이다. 틈새 운영자 선거를 먼저 했더라면 틈새 오너들의 탐욕과 권력 남용에 대한 견제와 균형으로 작용했을 것이다.

결론적으로 플랫폼 메커니즘이 출시 전에 잘 고려되지 않는다면, 설립자나 이용자 모두 그 플랫폼이 오래 지속될 것이라고 기대해서는 안 된다. 그런 점에서 내러티브의 경우, 역설적으로 너무 오래 살았는지도 모른다.

우리는 거의 매일 새로운 크립토 소셜 네트워크나 블록체인을 기반으로 한 소셜 미디어 플랫폼이 등장하여 인류가 역사의 이 시점에 직면한 독특한 기회를 활용하고 있다는 소식을 듣는다. 그들 중 몇몇 플랫폼은 성공할 것이다. 그리고 다수는 실패할 것이다. 크립토 소셜 미디어의 발달과 관련하여 우리가 반드시 이해해야 할 중요한 핵심에는 세 가지가 있다.

1. 여기가 머물러 있어야 할 곳이다. 스팀잇, 마인즈, 퍼블리시0X, 루프, 하이브는 이용자들이 암호화폐를 벌 수 있는 권리를 대가로 계정을 설정하고, 콘텐츠를 게시하고, 서로의 콘텐츠와 교류할 수 있다는 것을 입증했다.
2. 콘텐츠 수익화를 달성하는 데 이보다 더 나은 방법은 항상 있을 것이다.
3. 수익화, 프라이버시 보호 및 신원 관리는 소셜 미디어와 나란히 나아간다. 프로토콜은 미래다. 각종 소셜 미디어 플랫폼들이 트래픽과 이용자 참여, 플랫폼 혜택을 놓고 벌이는 게임에서 경쟁자들보다 앞서 나가기 위해 한창 경쟁을 벌이고 있기 때문이다.

크립토 소셜 미디어는 계속해서 커뮤니티 발전에 대한 제안서를 들이밀고 있지만, 이것은 나름의 문제점들을 갖고 있다. 2021년 9월, 그레이프네트워크 Grape Network 는 180만 달러의 벤처 자본을 조달한 후 솔라나 블록체인을 깼다. 자본 확충이 워낙 뜨겁다 보니 투자자 봇이 분산망에 과부하를 걸면서 반나절 동안 먹통이 되기도 했다. 이번 사건은 블록체인 기술이 여러 면에서 레거시 인터넷 기술보다 우수하지만 완벽함과는 아직 거리가 멀다는 사실을 입증했다.

또 다른 주목할 점은 일부 크립토 소셜 미디어 이용자들이 현재 플랫폼에서 상당한 수입을 올리고 있다는 사실이다. 암호화폐 유튜버 스코트 커닝햄 Scott Cunningham 은 2021년 11월 자신의 미디엄 블로그에 암호화폐로 얻은 9월 수익이 697.25달러라고 올렸다. 그 정도의 수익을 올린 사람이 커닝햄만이 아니다. 같은 달, 존 웨그하웁트 John Wegehaupt 는 2021년 10월 자신의 암호화폐 수익이 1,151.73달러였다고 자신의 퍼블리시0X 블로그를 통해 밝혔다. 웨그하웁트의 수익은 대출과 스테이킹, 암호화폐 투자 수익률 등을 포함한 것이었지만, 이러한 투자는 그가 지난 몇 달 동안 암호화폐 플랫폼에 콘텐츠를 올리면서 벌어들인 암호화폐를 활용해 이뤄졌다. 그의 2021년 10월 암호화폐 블로그 수입은 274.97달러였다.

이건 크립토 소셜에 있어서는 빙산의 일각에 불과하다. 커닝햄과 웨그하웁트 모두 현재의 콘텐츠 제작 속도를 지속한다면 수익이 더 높아질 것은 뻔하다. 그들은 언젠가 크립토 소셜 플랫폼 내의 활동으로 풀타임 수입을 얻을지 모른다. 게다가 미래의 크립토 소셜 플랫폼과 프로토콜은 오늘날 우리가 보는 것보다 훨씬 향상되어 있을 것이다.

인터넷 지원이 가능한 크립토 소셜 플랫폼과 프로토콜이 얼마나 많은지는 아직 확정되지 않았다. 개인적으로 나는 각기 살아남은 블록체인이 1대3까지 지원할 수 있는 잠재력을 가지고 있다고 믿지만, 이용자들은 궁극적으로 이 새로운 소셜 미디어 세계에서 누가 살아남고 누가 번성할지를 결정할 것이다. 지금이야말로 최초의 크립토 소셜 백만장자가 되기를 원하는 사람들이라면 수영장에 뛰어들 수 있는 절호의 기회다.

PART 08

블록체인 상의
소셜 게임

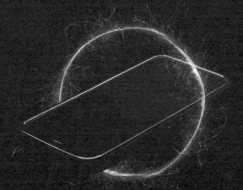

탈중앙화 게임이 히트하는 건 시간문제였다. 소셜 미디어가 탄생한 직후, 게임 자체가 탈중앙화를 향한 본격적인 질주를 시작했다. 그 이유는 쉽게 알 수 있다. 돈과 마찬가지로 게임도 본질적으로 소셜적이기 때문이다.

인터넷이 세 번째 반복 iteration 을 향해 발전함에 따라, 블록체인은 더 소셜적이 될 것이다. 그리고 그것은 온라인 게임에 진심인 마니아들에게 더 많은 게임의 기회를 줄 것이다. 스팀잇의 전성기 시절, 블록체인의 가장 인기 있는 애플리케이션 중 하나는 스플린터랜드라는 게임이었다. 그래서 요즘 하이브 이용자들은 농담 반 진담 반으로 하이브 블록체인을 '스플린터랜드 블록체인'이라고 부른다.

소셜 미디어가 인터넷의 자연스러운 확장이고, 크립토 소셜 미디어가 블록체인의 자연스러운 확장이라면, 소셜 게임이 소셜 미디어와 크립토 소셜 미디어 모두의 자연스러운 확장이라는 사실이 이치에 맞는다. 이번 챕터에서는 소셜 게임이 암호화폐에 의해 새롭게 변화하고 있는 다양한 방식에 대해 알아볼 것이다.

게임의
소셜적
속성

게임은 커뮤니티가 형성되기 시작하자마자 참여자들과 프로모터들에게 사회적 교류와 오락, 그리고 수익성을 제공했다. 인간은 게임을 하고, 또 게임을 하는 걸 보고, 게임의 승자를 축하하는 것을 좋아한다. 그게 우리 인간의 본성이다.

야구공을 등 뒤로 던지거나, 솔리테어의 한 수를 무르거나, 내 분신과 틱택토 한 판을 하지만 않는다면, 대부분의 게임에는 두 명 이상의 사람들이 참여하기 때문에 게임이 진행될 때마다 어떤 식으로든 소셜적 요소가 있다. 물론 전략게임이나 카드게임, 보드게임, 비디오게임 등 다양한 종류의 게임이 있겠지만 말이다.

아무도 인류의 조상이 즐겼던 가장 오래된 게임이 무엇인지 확실히 알지 못하지만, 고대 사회가 게임을 했다는 사실만큼은 확실하다. 체스는 기원후 600년경에 개발되었다. 바둑은 기원전 2,000년 경 중국에서 시작되었다. 메소포타미아 사람들은 기원전 2,500년에 보드게임을 했다. 심지어 백개먼 Backgammon 은 기원전 3,000년으로 거슬러 올라간다. 이집트 게임인 세네트 Senet 는 아마도 그보다 더 오래되었을 것이다. 이들 게임들을 하려면 최소한 두 명의 플레이어가 필요하다.

게임이 본질적으로 소셜적 측면을 가지고 있다는 것을 감안할 때, 게임의 한 종류를 두고 '소셜 게임'이라고 부르는 건 뭔가 이상하게 보일지도 모른다. 인터넷 상에서는 그런 용어가 돌아다니고 있지만 말이다.

월드와이드웹의 발전은 1991년 첫 번째 웹사이트가 등장한 이래 주로 소셜적이었다. 오늘날 세계에서 가장 많이 방문하는 두 개의 웹사이트는 소셜 미디어 웹사이트인 유튜브와 페이스북이다. 2021년 1월 검색 트래픽이 가장 많이 방문한 사이트 다섯 개 중 세 개는 소셜 미디어 웹사이트였다. 소셜 미디어는 확실히 인터넷이 우리에게 준 가장 중요한 선물 중 하나이다.

돈과 게임처럼 웹도 본질적으로 소셜적이다. 소셜 게임이야말로 팀 버너스 리가 개발한 위대한 발명품이 낳은 또 다른 부산물이다. 지난 몇 년 동안, MMORPG라고 불리는 대규모 멀티플레이어 온라인 롤플레잉 게임의 성장은 전 세계의 수백만 명의 팬들을 끌어 모았다. 이 게임은 플레이어가 캐릭터를 꾸밀 수 있게 해주며, 게임 내내 이를 통제할 수 있다. 한 마디로 다양성이 풍부한 장르다.

지금까지 MMORPG는 하나의 컬트적 현상이면서 동시에 괴짜들이 시간을 보내는 방법이었다. 그러나 코비드 19 대유행은 벤처캐피털 세계에서 주류 소셜적 경험으로서의 잠재력에 대한 논의를 불러일으켰다. 지금도 한창 논의가 이뤄지고 있다는 점을 감안하면, 소셜 게임을 빼고 소셜 미디어를 이야기하는 건 어려워졌다.

블록체인은 인터넷과 별개의 기술이 아니다. 블록체인은 인터넷의 연장선상에 있다. 모든 블록체인은 월드와이드웹과 어떤 방식으로든 상호 작용한다. 블록체인이 발전해온 과정의 이면에는 인터넷을 탈중앙화되었던 과거로 되돌리자는 구상이 짙게 깔려 있다. 소셜 게임 분야만큼 그러한 가능성이 큰 곳은 없다. 토너먼트 플레이를 제외하고 게임 자체는 게임과 플레이를 통제할 사람이 따로 필요하지 않다. 플레이어들이 함께 모여 경기 시간을 관리하고, 모두가 규칙을 따르는 한 중재자는 필요 없다. 심판이 있는 경기에서도 심판을 중앙권력이라고 볼 수 없다. 심판은 단지 두 팀이 규칙을 준수하도록 하기 위해 존재할 뿐이다.

현대의 전문 스포츠 경기를 제외하고 대부분의 게임은 비공식적으로 진행된다. 빅 클럽들과 구단 등 스포츠 프랜차이즈는 엄연히 사업이기 때문에 선수들과 팬들이 그 스포츠를 게임이라고 부를지라도 스포츠 경기는 사업답게 운영되어야 한다. 그러나 보드게임과 카드게임, 주사위게임, 그리고 그 밖의 다른 게임들은 직업으로서가 아니라 사교적 수준에서 다른 사람들과 관계를 맺는 방법으로 더 자주 활용된다. 블록체인은 그 아마추어 사회활동을 가지고 이 시대의 평범한 철수와 영희를 위해 수익성 있는 사업으로 탈바꿈할 수 있는 무한한 잠재력을 가지고 있다.

온라인 게임은
왜 그렇게
인기가 있을까

1980년대에는 아케이드 게임이 대유행이었다. 나는 개인적으로 아케이드 게임에는 관심이 없었지만, 모퉁이에 있던 편의점이나 쇼핑몰로 달려가서 팩맨이나 아스테로이드, 동키콩, 센티피드, 트론, 갈라가, 폴 포지션 같은 아케이드 게임에 연신 25센트짜리 동전을 집어넣던 코흘리개 친구들이 있었다. 그래, 이렇게 된 이상 모든 걸 고백해야겠다. 나는 그 중에서 팩맨과 폴 포지션을 정말 좋아했다.

나중에 이 게임들은 닌텐도와 아타리, 그리고 플레이스테이션이 주도권을 놓고 경쟁을 벌이며 모든 가정의 거실마다 하나씩 진출했다. 그 이후 아케이드 게임들은 PC 안으로 들어갔다. 이후 인터넷이 등장했을 때, 게임 제작자들은 인터넷이라는 새로운 매체를 발견했고 자신들의 게임을 온라인으로 가져갔다.

그러한 게임들은 인터넷이 등장하기 훨씬 이전부터 있었고 심지어 아케이드 게임 이전에도 있었다. 1960년대 초, 플라톤 PLATO 이라고 불리는 시간 공유 시스템이 일리노이대학에서 개발되었다. 플라톤이 내놓은 첫 번째 2인용 게임은 1960년대 후반에 코딩되었다. 1970년대에 플라톤은 다른 위치에 있는 학생들에게 교육적인 게임을 할 수 있게 장을 열어주었고, 그 결과 멀티플레이 컴퓨터게임이 등장했다.

소셜 게임 역시 거기에 기원이 있었다.

1970년대에는 컴퓨터상에 여러 가지 다양한 게임들이 생겨났다. 그 중에서 널리 보급된 머드 MUD 라는 게임이 있었는데, 이는 멀티-유저 던전 Multi-User Dungeon 의 약자였다.

1973년, 메이즈 미로라는 게임이 최초의 PC용 슈팅 게임을 도입했다. 1974년까지 이인용 게임은 8인용 게임으로 확대되었고, 아파넷을 통해 플레이할 수 있게 되었다.

시간이 지나면서 컴퓨터 그래픽이 비약적으로 향상되었고 컴퓨터게임은 더욱 정교해졌다. 이 게임들이 인터넷에서 기회를 발견한 것은 어찌 보면 당연한 일이었다.

1984년, 컴퓨서브 CompuServe 는 아일랜드 오브 케스마이 Islands of Kesmai 라고 불리는 게임을 만들었다. 많은 사람들은 이 게임을 최초의 멀티플레이어 온라인 롤플레잉 게임 MORPG 으로 여긴다. 닌텐도와 세가, 플레이스테이션은 모두 MORPG 장르에 진출했고, 비디오게임 제작자들은 이러한 시스템을 따라한 좌우형 롤플레잉 게임들을 쏟아냈다. 1990년대 말, 가장 인기 있는 게임들은 MORPG 차지였다. 이 게임들이 온라인으로 건너가는 데에는 그리 오랜 시간이 걸리지 않았다.

1991년, AOL은 유명한 던전 앤 드래곤즈 Dungeons & Dragons 라는 롤플레잉 게임을 출시한 TSR과 협력하여 정교한 그래픽을 보여주는 최초의 MMORPG인 네버윈트 나이츠 Neverwinter Nights 를 만들었다. 이 게임은 너무 인기가 많아져서 AOL은 몇 년 후에 게임 플러그를 뽑아야 했고, 그 후 자신만의 게임 문화를 만들었다.

울티마 온라인 Ultima Online 은 1997년에 출시되었고 전 세계 수십만 명의 게임 플레이어가 결국 이 게임을 채택하면서 현재까지 가장 빠르게 성장하고 있는

MMORPG가 되었다. 리니지는 MMORPG 100만 명의 이용자를 달성한 최초의 게임이었지만, 주로 한국에서만 인기를 끌었다. 세컨드 라이프는 2003년에 출시되었지만, MMORPG라기보다는 플레이어가 아바타를 만들고 지지고 볶고 사랑을 나누며 온라인 생활을 이어가는 가상세계에 가까웠다. 여전히 세컨드 라이프의 인기에는 논쟁의 여지가 없다. 월드 오브 워크래프트는 2004년에 출시되었고, 2012년까지 미국에서 최종적으로 1,200만 명의 구독자를 달성하며 신기록을 세웠다.

세컨드 라이프의 흥미로운 점은 그것이 게임이 아니라 하나의 경험이라는 것이다. 플레이어는 아바타라고 불리는 캐릭터를 만들고 실제 사람이 할 수 있는 모든 것을 하게 만든다. 아바타들은 집을 짓고, 사업을 시작하고, 다른 아바타와 관계를 맺고, 예술을 창조하고, 종교 활동을 하고, 가상 재산을 거래하고, 자잘한 범죄도 저지르고, 자체 화폐인 린든달러를 가지고 이것저것을 사고 팔 수 있다.

세컨드 라이프는 자체 통화를 보유하고 내부 경제체제를 운영하고 있기 때문에 암호경제학에 있어 중요한 연구 사례가 된다. 해당 경제는 2006년 9월까지 세컨드 라이프의 GDP가 6,400만 달러에 도달하도록 견인했다.

세컨드 라이프 플레이어는 개발사인 린든랩과 린든달러를 실물화폐로 교환할 수 없지만, 게임 내 사업 활동으로 잉여소득이 발생하면 페이팔을 통해 환불을 요청할 수 있다. 세컨드 라이프는 게임 내 사업 활동을 통해 최소 1명의 백만장자를 탄생시켰다.

세컨드 라이프는 최근 소송을 포함한 여러 논란을 일으켰다 그림8.1. 이 중에는 불법 도박 행위, 기술적 문제, 보안 침해, 저작권 침해 문제, 금지 및 계정 삭제, 허위 DMCA 통지, 가상 폭동, 의심스러운 성행위와 관련된 폰지 사기 등이 포함된다. 한마디로 세컨드 라이프는 인간 본성이 갖고 있는 선과 악을 나타내는데, 실제로 이

그림8.1 〈알파빌 헤럴드〉는 세컨드 라이프 내의 활동을 보도하는 가상 신문으로 시작했지만 훨씬 더 많은 분야로 확대되었다. 마지막으로 보고된 이야기는 2016년에 있었다. (출처: 스크린 캡처)

런 특징은 그러한 가상게임 환경에 있어 우리가 얼마든지 예상할 수 있는 것이다. 그것은 또한 소셜 게임의 무엇이 그렇게 매혹적인지를 함께 보여준다.

사람들은 가상세계의 이야기에 몰입할 수 있기 때문에 소셜 게임을 사랑한다. 소설을 읽거나 좋아하는 음악가와 함께 하는 것처럼 소셜 게임은 우리 뇌에서 창조를 담당하는 중심부위를 건드린다. 소셜 게임은 우리가 더 나은 자아를 탐사하고 현실세계에서는 표현하기 주저했던 내면을 탐구할 수 있는 환경 속에서 매우 깊게 타인들과 우리를 동일시할 수 있게 해준다. 우리는 현실에서 되고 싶었던 존재가 될 수도 있고, 가장 가까운 친구들과 가장 혹독한 비평가들에게 말하기 두려웠던 것을 표현할 수도 있다. 소셜 게임과 가상세계는 우리가 면역력을 가지고 그리고 더 적은 결과들을 가지고 이러한 환상을 지속할 수 있게 도와준다.

블록체인 게임의 성장

2017년 말, 이더리움 블록체인에 크립토키티즈라는 수집용 카드 게임이 공개되면서 작은 파문을 일으켰다. 10월에 공개적으로 출시된 이 게임은 같은 해 12월에 엄청난 인기로 인해 이더리움 네트워크를 먹통으로 만들기도 했다.

수개월 만에 이더리움 블록체인 이용자들이 크립토키티의 디지털 사육 반려동물을 소유하는 특권을 얻고자 기꺼이 450만 달러를 썼다. 2017년 12월 2일, 가장 높은 가격에 팔린 크립토키티는 '제네시스 Genesis'라는 이름의 디지털 고양이였다. 당시 11만4,481달러에 팔렸다. 구매자는 이더로 결제했다.

크립토키티는 NFT, 즉 대체불가토큰 Non-functible token 이라는 범주에 속한다. 이들은 독특한 암호화폐다. 각 크립토키티에는 다른 크립토키티와는 다른 디지털 서명이 있다. 이 특별한 캐릭터는 각각의 크립토키티를 그 자체로 수집 가능하게 만든다. 이러한 내재적인 희소성 때문에 각 크립토키티에 대한 수요가 증가하면 각 크립토키티는 생성되었을 때보다 더 많은 가치를 가질 수 있다.

사실 크립토키티는 최초의 NFT가 아니었다. 비트코인은 기념주화를 가지고 있었고, 카운터파티도 개구리 페페 Pepe the Frog 를 가지고 있었다. 이더리움에는 크립토펑크가 있었다. 그러나 크립토키티는 이것들과 달리 주류가 수용한 최초의 NFT였다.

NFT로서 각 크립토키티는 디지털 아트나 크립토 수집품, 디지털 자산 및 암호화폐로 분류될 수 있다. 토큰은 정의상, 그것이 토종이 아닌 기존의 블록체인의 위에 만들어진 암호화폐를 말한다. 이더는 이더리움 네트워크의 토종 암호화폐다. 이더리움상의 다른 모든 것들은 토큰으로 분류된다.

이더리움 블록체인에는 두 가지 유형의 주요 토큰이 있다. ERC-20은 가장 일반적인 유형이며 블록체인 상의 다른 토큰 및 이더와 상호 작용하는 방법에 대한 특별한 규칙을 가지고 있다. 그러나 ERC-20 프로토콜은 각 자산마다 고유한 디지털 서명을 갖고 있는 토큰을 만드는 데에는 적합하지 않다는 약점이 있었다. 이를 위해 ERC-721 프로토콜이 만들어졌다. 크립토키티는 이 프로토콜을 사용하여 만들어진 최초의 NFT다.

ERC-721 프로토콜이 갖는 또 다른 독특한 측면은 블록체인 상에 있는 각 개별 자산의 이동을 추적할 수 있도록 설계되어 있다는 점이다. 예를 들어, 철수가 이더리움 블롭이라는 NFT를 만들어 영희에게 판매하면 블록체인은 철수의 지갑에서 영희의 지갑까지 그 단일 자산을 추적하게 된다. 1년 뒤 영희가 이를 크립토키티와 맞바꾸면 이더리움 블롭이 바뀐 새 주인의 지갑까지 추적이 가능하다. 어디로 가든지 추적할 수 있다. 이 특징은 다음의 몇 가지 이유 때문에 중요하다.

소유권 이더리움 블롭은 세상에 단 한 개뿐이기 때문에 누가 소유하고 있는지 추적하는 것이 중요하다.

이력 예술과 고부가가치 수집품 세계에서 소장이력은 자산을 분석하여 그것의 진위를 결정하는 과학이다. 만약 수집가가 반 고흐의 희귀본 그림을 갖고 있다가 팔기로 결정하면 구매자는 그것이 진품인지, 즉 프린트한 그림이 아닌 진짜 반 고흐의 그림인지 알고 싶어 할 것이다. 이력 추적은 그러한 결정을 가능하게 한다.

가치 결정 ERC-721 프로토콜은 디지털 자산이 어디로 가든지 추적이 가능하기 때문에 해당 자산이 언제 생성되었는지, 몇 번 변경되었는지, 누가 소유했는지 등을 표시할 수 있다. 그런 이력은 구매자에게 엄청나게 가치 있는 정보가 될 수 있다. 예를 들어, 연예인이 잠깐 동안 그것을 소유했다고 판단되면, 그 사실만으로도 자산의 가치를 증가시킬 수 있다. 누군가는 마크 큐번 Mark Cuban, 미국 NBA 댈러스 매버릭스 구단주이자 전설적인 부동산 부호이 한때 같은 디지털 자산을 소유했다는 것을 안다면 해당 작품을 더 가치 있는 것으로 볼 수도 있다.

2018년 3월, 크립토키티는 대퍼랩스 Dapper Labs 라는 별도의 회사로 분사하여 1,500만 달러를 모금했다. 두 달 후, 디지털 자산 중 하나가 14만 달러에 팔렸다. 같은 달, 그 회사는 유명인사 브랜드 버전의 디지털 자산을 출시했지만 법적 문제 때문에 거래를 중단했다.

크립토키티는 전통적인 의미에서 게임이 아니다. 차라리 디지털 수집품에 가깝다. 수집가들은 가상의 고양이를 구매하여 번식시키고 판매한다. 간단히 말해서, 고양이 분양이다. 그러나 크립토키티의 출시는 암호화폐와 소셜 커뮤니티, 그리고 블록체인의 게임을 바라보는 새로운 방법을 창출했다.

디센트럴랜드

2020년 2월, 이더리움 블록체인에 세컨드 라이프와 같은 가상세계가 디센트럴랜드 Decentraland 라는 게임의 형태로 등장했다. 플레이어는 아바타를 만들어 땅을 사고, 사업을 하고, 예술작품을 만들 수 있다. 이 모든 과정에서 이더를 벌어들인다.

세컨드 라이프와 디센트럴랜드의 차이점은 플레이어가 탈중앙화된 자율조직에 참여하고 플레이어가 되는 것만으로 그 가상세계 안에서 일어나는 일들에 투표할 수 있는 권리를 갖게 된다는 점이었다. 그것은 탈중앙화의 개념을 완전히 새로운 수준으로 끌어올렸다. 또한 온라인 소셜 커뮤니티의 본질을 근본적으로 변화시켰다.

디센트럴랜드의 제작자들은 그것을 "사용자들이 소유한 세계 최초의 가상세계"라고 불렀다.

사용자가 가상세계 안에서 토지를 취득하고 그 위에 건물을 짓는다. 디센트럴랜드 안에는 구역을 규제하는 그 어떤 법안도 없기 때문에, 이용자들은 거기다 우주 식민지나 야구장, 기업형 홍등가, 중세시대 미로, 또는 그들이 상상할 수 있는 어떤 것이든 건설할 수 있다. 플레이어는 게임 내 소프트웨어개발키트 SDK 를 사용하여 원하는 모든 것을 만들 수 있다. 만약 그들이 의류를 만들고 싶다면, 얼마든지 제작할 수 있다. 만약 그들이 카지노를 차리고 싶다면, 그것도 할 수 있다. 만약 그들이 교회를 짓고 다른 게임 참가자들을 예배에 초대하고 싶다면, 또한 그렇게 할 수 있다.

디센트럴랜드 마켓플레이스에는 게임 내 플레이어가 만든 상품들이 올라온다. 플레이어는 다른 플레이어가 만든 이러한 게임 내 자산을 구입하여 게임에 사용하거나 돈을 받고 재판매할 수 있다. 이 시장에는 웨어러블, 토지 구획 및 부동산, 그리고 던킨도넛과 테슬라와 같은 실제 세계에서 통용되는 상호들도 등장한다. 디센트럴랜드에서 통용되는 화폐는 마나 MANA 라 불린다.

디센트럴랜드가 론칭한 것은 2020년이었지만, 구상은 이미 크립토키티 열풍이 불기 직전인 2017년이었다. 이 회사는 ICO를 통해 2천만 마나, 즉 6만8천 이더를 모금했다. 2017년 12월 첫 번째 토지 경매에서, 회사는 1,500만 달러의 땅을 팔았다. 2018년 9월, 네시 Nessie 라고 이름의 거물급 투자자가 토지들을 구매하며 땅값을 상승시켰다. 같은 해 12월, 회사는 두 번째 토지 매각에서 660만 달러를 더 모았다. 2021년 11월 14일 기준 마나의 가치는 5.24달러, 시가총액은 95억 달러로 시가총액 기준 전체 23위에 오르는 기염을 토했다.

토지는 디센트럴랜드의 주요 자산이다. 그 토지의 가치를 높이는 요인 중 하나는 내재된 희소성이다. 디스트릭트를 제외한 일반 토지는 민간택지 4만5천 필지로 고정돼 있다. 물론 실제 세계와 마찬가지로 지역과 인프라가 해당 토지의 가치와 수요를 결정할 수 있다.

디센트럴랜드는 시간이 지남에 따라 계속 개선될 여지가 있다. 플레이어용 그래픽과 도구에 대한 도전도 있었지만, 이마저도 결국 해결이 될 것이다. 그렇지 않다면, 나는 디센트럴랜드가 끝나는 곳에 그것과 매우 가까운 또 다른 개념이 생겨날 거라고 생각한다.

그 밖의 이더리움 게임들

2018년 말까지 이더리움 블록체인 상에는 40여개 이상의 게임이 돌아가고 있었다. 그들 모두가 MMORPG는 아니었다. 몇몇은 카드게임이나 주사위게임이었고 다른 몇몇은 롤플레잉게임이었다. 그러나 이는 크립토키티가 새로운 장르의 블록체인 활동에 얼마나 빠른 영향을 미쳤는지를 여실히 보여준다. 각각의 경우 플레이어는 획득한 모든 게임 내 자산을 확보하고, 게임을 하면서 암호화폐를 벌 수 있는 능력이 있으며, 해당 암호화폐를 쉽게 실제 돈으로 전환할 수도 있고, 많은 경우 이더리움 블록체인의 다른 게임에서 게임 내 자산과 캐릭터로도 사용할 수 있다. 그러한 이더리움 게임에는 대표적으로 다음과 같은 것들이 있다.

크립토알케미 크립토알케미 CryptoAlchemy 에서 플레이어는 주기율표에서 화학 원소를 구입한다. 그들이 더 많은 원소들을 획득함에 따라 원소들을 가지고 실험하고 흥미로운 조합들을 만들어낼 수 있다.

크립토어썰트 크립토어썰트 CryptoAssault 는 대규모 멀티플레이어 온라인 워게임 MMOWG 이다. 플레이어는 군대를 만들고, 영토를 차지하며, 전투에 임하고, 자원을 채굴하고, 다른 플레이어와 동맹을 맺기도 한다.

디솔루션 디솔루션 Dissolution 은 디스토피아의 미래를 배경으로 한 슈팅 RPG 다. 게임 내 암호화폐인 오멘 OMEN 을 얻기 위해 플레이어가 자산을 모으고 플레이에 임한다.

드라고네룸 드라고네룸 Dragonereum 은 플레이어가 용을 구매하고, 이를 번식시켜 싸우고, 다른 플레이어와 교환하는 암호 수집식 카드게임이다.

갓스 언체인드 갓스 언체인드 Gods Unchained 라는 인기 있는 게임에서 플레이어들은 디지털 트레이딩 카드를 모으고 다른 플레이어들과 싸운다. 카드는 오픈 마켓에서 거래될 수 있고 플레이어들은 상금을 따내기 위해 토너먼트에 임하기도 한다.

로드리스 로드리스 Lordless 라는 이 판타지게임에서 플레이어는 주점 주인이나 현상금 사냥꾼의 역할을 할 수 있다. 만약 그들이 선술집 주인 역할을 한다면, 현상금 사냥꾼을 모집하고 그들로 하여금 퀘스트를 완수하게 해서 보상을 받을 수 있다. 아니면 아예 현상금 사냥꾼으로 나서서 퀘스트를 완수하고 보상을 얻어도 된다.

프로젝트 제네시스 프로젝트 제네시스 Project Genesis 에서 플레이어는 인공지능 정체성을 가정하고 극저온으로 얼린 냉동인간을 다른 행성으로 운반하려 할 때 비밀을 밝혀낸다. 플레이어는 다른 이더리움 기반 게임으로 가져갈 수 있는 자산을 획득한다.

워 라이더스 또 다른 MMOWG인 워 라이더스 War Riders 는 플레이어가 자동차를 구입하고 군수품을 장착할 수 있도록 한다. 그들은 로고와 메시지로 그들의 차량을 맞춤 제작하고, 적을 공격하고, 차고 위치를 확장하고, 더 나은 무기를 만들거나 구입하고, 심지어 돈을 받고 다른 플레이어들을 보호해 줄 수 있다. 플레이어는 게임 중에 이더를 얻는다.

월드오브이더 월드오브이더 World of Ether 에서 플레이어는 이더리안이라고 불리는 생물을 수집하여 크립토키티처럼 번식시킨다. 반면 크립토키트와 다른 점은 다른 이더리안과 싸워 경험치를 얻을 수 있다는 점이다. 플레이어의 파워가 올라가면 더 희귀하고 강력한 몬스터들을 번식시키거나 그런 상대와 교전할 수 있다.

플레이어가 이러한 게임에서 획득하는 자산은 이더리움 블록체인 상에서 주조된 ERC-721 토큰들이다. 토큰으로서 그것들은 오픈 마켓에서 거래하거나 되팔 수 있는 플레이어들에게 귀중한 자산이 된다. 귀여운 생물들을 모으는 것에서부터 전쟁게임에서 적들을 폭파시키는 것에 이르기까지 플레이어들은 재미를 느끼면서 동시에 금전적 가치가 있는 보상도 얻을 수 있다. 심지어 MLB 크립토베이스볼 MLB Crypto Baseball 이라고 불리는 실제 야구와 같은 판타지게임도 있다.

스플린터랜드

스팀잇에 가입한 지 두 달 뒤, 나는 스팀몬스터 Steem Monsters 라는 새로운 스타트업 게임에 대해 들었는데, 그때 다른 스팀잇 참가자의 사소한 질문에 내가 정확하게 답변을 달자 그는 나에게 해당 카드를 주었다. 그 거래는 2018년 4월에 이루어졌다.

당시 게임은 아직 시작되지도 않았다. 게임 제작자들은 카드를 만들고 픽션 작문 대회를 후원하고 있었다. 참가자들은 게임에 등장하는 캐릭터 몬스터를 기반으로 이야기를 썼다. 승자들은 해당 게임 카드를 땄다. 여러 대회에서 우승한 후, 난 게임에서 게임 전설에 대한 뒷이야기를 만들어 내는 팀에 초대받았다. 그 해 말, 게임은 공식적으로 론칭했고 플레이어는 몬스터 수집 카드가 다른 팀과 포인트를 놓고 1대1 결투를 벌이는 토너먼트에 참가할 수 있었다.

2019년 4월, 스팀 몬스터스는 스플린터랜드 Splinterlands 로 브랜드를 바꾸고 트론 블록체인 상에서 게임을 진행할 수 있게 조정했다. 같은 해 8월, 해당 게임은 게임 내 플레이어 거래에서 100만 달러를 등록하기도 했다. 2020년 1월, 그들은 이더리움 블록체인 상에서도 스플린터랜드 자산을 사용할 수 있게 했다. 같은 해 6월, 스팀/하이브 하드포크 이후, 스플린터랜드는 스팀 블록체인을 벗어나 하이브 블록체인으로 옮겨갔다.

하이브로 이전할 무렵, 스플린터랜드는 가장 많이 플레이된 블록체인 게임이었다. 전 세계의 수백만 명의 플레이어들이 매일 NFT로 스플린터랜드 카드를 사고팔며 거래한다. 이 게임 역시 몇 가지 독특한 특징들을 가지고 있다.

스플린터랜드에 대한 흥미로운 사실 중 하나는 그것이 담고 있는 세계 전설이다. 이 게임의 제작자들은 배경과 역사, 이야기에 등장하는 비플레이어 캐릭터들, 그리고 게임 내의 여러 지역에 관한 정보들을 수집했다. 플레이어는 무료 계정을 만들어 플레이할 수 있지만 토큰을 벌려면 서모너의 마법책 Summoner's Spellbook 에 10달러를 써야만 한다.

플레이어는 토지와 물약, 스킨, 게임 내 화폐인 다크에너지크리스탈 DEC 도 살 수 있다. 또한 플레이어가 서로 수집 가능한 트레이딩 카드를 사고팔고 거래할 수 있는 오픈 마켓도 개설되어 있다. 그리고 그들은 상금을 탈 수 있는 토너먼트에 참가할 수도 있다. DEC는 자체 코인마켓캡 목록을 갖고 있으며 공개된 암호화폐 시장에서도 자유롭게 거래할 수 있다. 하지만 디센트럴랜드의 마나만큼 높은 순위에 오른 것은 하나도 없다.

이 카드들은 금박을 포함한 다양한 종류와 희귀본들로 출시된다. 불, 땅, 물, 생명, 죽음, 용, 중성 등 7개의 스플린터 splinter 들이 존재한다. 각 스플린터에는 적어도 한 명의 서모너 summoner 가 있고 나머지는 모두 몬스터들이다.

카드에는 도입 시기에 따라 여러 가지 에디션들이 있다. 첫 종류는 알파 카드였지만, 현재 모두 유통되고 있다. 두 번째 종류는 베타였다. 프로모 카드와 리워드 카트, 언테임드 카드도 있다. 게임은 다이스라고 불리는 카드를 특징으로 한다.

플레이어는 NFT를 조합하여 자신의 몬스터가 가진 파워를 높인다. 이는 몬스터가 갖는 희소성을 창출하고, 남은 카드들의 가치도 끌어 올린다. 이 부분은 부가가치가 있는 게임 플레이가 갖는 똑똑한 측면이다.

이 게임이 갖는 한 가지 흥미로운 특징은 플레이어들이 길드에 가입할 수 있다는 것인데, 길드는 플레이어들이 속한 특별한 팀으로서 게임을 하기 위해 서로 간 카드를 빌릴 수 있다. 길드에 속한 새로운 플레이어가 더 강력한 플레이어로부터 카드를 빌려 더 도전적인 전투에 참여하고 더 큰 상금을 탈 수 있기 때문에 이것은 멋진 특징이라 할만하다. 플레이어들은 또한 복권 판매에 들어가서 상을 탈 수도 있다.

스플린터랜드는 블록체인 소셜 게임을 한 단계 끌어올렸다. 2021년 게임 크리에이터들은 스플린트랜드 거버넌스 토큰의 도입을 발표하여 게임 자체를 커뮤니티 소유의 자산으로 바꾸어 놓았다.

유비소프트의 해시크래프트

마인크래프트는 2009년에 알파테스트 단계에 들어갔고 2011년에 공식적으로 출시되었다. 2020년 기준으로 2억 장이 팔리며 마인크래프트는 역대 가장 많이 팔린 비디오 게임이 되었다. 2018년, 유비소프트 Ubisoft 는 마인크래프트를 본뜬 블록체인 기반 게임인 해시크래프트 HashCraft 의 프로토타입을 선보였다.

플레이어들은 섬을 탐험하고 보물을 찾아다닌다. 그들은 다른 플레이어들과 팀을 이루거나 그들과 경쟁하고, 공동체를 만들고, 그들이 원하는 방식으로 환경을 조작할 수 있다. 하지만 유비소프트는 이 게임을 대중에게 공개할 계획이 아직 없다.

유비소프트에게 이 게임은 새로운 기술을 이용한 실험이었다. 이 회사는 세계에서 가장 큰 비디오게임 제조사 중 하나다. 일반에 공개할 의도가 없는 게임에 블록체인 기술을 실험하고 있다는 것은 탈중앙형 게임 플레이의 중요성을 입증하는 대목이다.

유비소프트는 장차 블록체인 기반 소셜 게임을 만들기로 결정할 수도 있을 것이다. 시간이 지나봐야 알 수 있다.

엔진

엔진 Enjin 은 이더리움 블록체인의 독특한 애플리케이션이다. 상호 연결된 블록체인 기반의 게임 생태계로 묘사되는 이 플랫폼은 정말 그 위에서 게임을 만들 수 있는 플랫폼이다. 게임 개발자들은 웹사이트와 커뮤니티를 만들고 서로 채팅하며 엔진 마켓플레이스에서 가상 아이템을 만들고 이를 호스팅할 수도 있다.

엔진 생태계의 뼈대는 ERC-20 토큰인 엔진코인이다. 10억 개 이상의 자산이 이 토큰으로 뒷받침된다.

이 네트워크는 2018년 6월에 론칭되었으며 플랫폼용으로 여러 소셜 게임들이 이미 만들어진 상태다.

게임 개발 플랫폼으로서 엔진의 독특한 측면 중 하나는 게임 개발자들이 코딩 없이 게임을 만들 수 있다는 점이다. 엔진의 SDK와 다른 게임 개발 도구들은 게임 제작자들이 그들의 창작물에 대한 통제권을 유지하도록 보장하면서 최대한의 창의성을 허용한다. 게임 내 자산은 철저히 분산되어 있고, 게임은 플레이어가 가치 있는 암호화폐를 획득할 수 있는 선진 경제를 가지고 있으며, 게임 제작자는 게임을 통해 공정하고 투명하게 수익화할 수 있으며, 가상 자산은 추적 가능하지만 해킹이 불가능하며, 현실세계 화폐로 뒷받침된다.

엔진은 게임의 미래를 대표하며, 그것은 말 그대로 소셜적일 것이다.

이오스 내 게임들

이오스는 소셜 게임을 탄생시킨 또 다른 블록체인이다. 스팀과 마찬가지로 이오스는 위임지분증명 합의 프로토콜을 사용한다. 위임지분증명은 작업증명이나 지분증명 블록체인보다 거래를 더 빨리 수행한다는 장점이 있다. 그러나 이해관계가 있는 모든 사람이 의사결정에 투표하기 보다는 이해당사자들이 결정을 내리기 위해 대표에게 위임하여 대신 투표를 진행하기 때문에 더 중앙 집중적이다.

블랭코스　블랭코스 Blankos 는 플레이어가 만들거나 구입할 수 있는 디지털 장난감이다. 플레이어는 NFT를 수집하면서 블록 파티에 참가할 수 있다.

엘레멘털 배틀스　엘레멘털 배틀스 Elemental Battles 는 이오스 블록체인에 있는 스플린터랜드와 유사한 게임이다.

이오스 나이츠　이오스 나이츠 EOS Knights 는 이오스 블록체인의 첫 모바일 기반 게임이다. 플레이어는 애완동물을 입양하고, 아이템을 만들고, 오픈 마켓에서 거래를 할 수 있다.

픽스이오스 예술가들은 픽스이오스 pixEOS 에서 디지털 예술품을 창작하고 홍보 및 토큰화된 소유권을 통해 디지털 예술로 돈을 벌 수 있다.

프로스펙터스 프로스펙터스 Prospectors 는 이오스 블록체인 상의 대규모 멀티플레이어 온라인 실시간 전략게임이다. 플레이어는 골드 프로스펙터 gold prospector 캐릭터를 구축하여 자신의 업무를 수행하기에 적합한 도구들을 갖춘다. 부를 획득함에 따라, 플레이어는 땅을 사고, 광산과 공장을 짓고, 제품을 만들고, 게임을 하는 다른 프로스펙터들과 사고팔고 거래할 수 있다.

샌드히어로 샌드히어로 Sand Hero 는 플레이어가 몬스터를 공격하고 아이템을 만들거나 병합하며, 자산을 사고팔 수 있는 이오스 기반의 MMORPG 게임이다.

업랜드 업랜드 Upland 는 플레이어가 실제 이웃을 기반으로 가상의 토지를 살 수 있는 모노폴리와 유사한 게임이다. 최근 개발자들은 토지 개발을 게임의 핵심 요소로 삼았고, 이것은 게임 플레이에 새로운 역동성을 더하고 있다. 업랜드는 향후 발전을 기대하는 플레이어들로 이루어진 강력한 커뮤니티를 갖고 있다. 나는 이오스 내 소셜 게임이 이제 막 시작된 거라고 생각한다.

트론 내 게임들

스팀이나 이오스처럼 트론도 위임지분증명 합의 프로토콜을 사용한다. 다음은 이 블록체인으로 이용할 수 있는 몇 개의 소셜 게임들이다.

블록로드 블록로드 Blocklords 는 플레이어가 영웅을 만들고 군대를 모아 세계를 정복하는 게임이다. 자원을 모으면서 플레이어는 게임에서 개인적인 사용을 위해 또는 다른 플레이어와 거래하기 위해 아이템을 위조할 수 있다. 그들은 또한 다른 플레이어들과 동맹을 맺을 수 있다.

에기스 월드 에기스 월드 Eggies World 는 2019년에 출시된 게임으로 플레이어들이 독특한 몬스터를 소유하고 게임플레이를 통해 트론 TRX 토큰을 획득한다. 플레이어가 랭킹이 오르면 새로운 몬스터에 접근할 수 있고 그만큼 토큰을 더 많이 벌 수 있다.

에픽 드래곤즈 에픽 드래곤즈 Epic Dragons 는 멀티유저 던전인 플레이어가 다양한 힘과 능력을 가진 세 가지 종류의 캐릭터 중 하나를 선택하는 게임이다. 플레이어는 드래곤을 죽이고 성공하면 트론 토큰을 획득한다.

트랩스 트랩스 Traps 는 트론 네트워크 상에서 만들어진 최초의 멀티플레이어 대 플레이어 게임이다. 플레이어는 다른 세포들을 먹는 세포를 플레이한다. 플레이어들은 그들이 먹는 다른 플레이어들로부터 트랩스 TRX 를 받는다.

트론킹덤   트론킹덤 TronKingdom 은 멀티플레이어 전략 게임으로 플레이어들은 다른 킹덤 통치자들을 물리치려는 킹덤 통치자들을 플레이한다.

갈라 내 게임들

갈라 GALA 내 게임들은 크립토 소셜 게임 생태계에 진입한 새로운 후발주자다. 해당 플랫폼은 이용자들이 게임을 만들고 게임을 하면서 토종 암호화폐인 갈라를 벌 수 있도록 장을 마련하고 있다. 이미 갈라는 여러 종류의 인기 있는 게임들을 출시한 상태다.

참가자들은 갈라 노드를 구매해서 추가적인 암호화폐와 NFT를 벌 수 있다. 더 많은 사람들이 노드를 살수록 가격은 올라간다.

그 밖의 다른 크립토 소셜 게임들

블록체인 기반 게임들이 모두 소셜 게임인 것은 아니다. 테트리스와 같은 비디오 게임과 다양한 페이스북 게임과 모바일게임처럼, 일부 게임들은 플레이어가 혼자서 또는 컴퓨터 프로그램과 플레이할 수 있도록 설계되어 있다. 소셜 게임은 사회적 교류를 촉진하는 게임이라는 독특한 특성을 가지고 있다.

하나의 블록체인에서 시작된 일부 게임들이 다른 블록체인으로 이동하면서 크로스체인 게임이 되기도 한다. 플레이어는 어느 블록체인에서든 플레이를 할 수 있으며 블록체인 간 상호 교류도 할 수 있다.

탈중앙화된 소셜 게임의 미래

나는 향후 탈중앙화된 소셜 게임 공간이 기하급수적으로 증가할 거라고 예상한다. 우리는 이런 현상의 시작점에 서 있을 뿐이다. 현재 스플린터랜드는 블록체인 상의 그 어떤 게임들보다 더 인기 있는 소셜 게임이다. 스팀에서 시작되었지만, 오늘날에는 하이브와 이더리움, 트론에서도 플레이할 수 있다. 또한 왁스 블록체인과 통합되었다. 향후 다른 블록 체인으로도 얼마든지 이동할 수 있다.

소셜 게임은 플레이어가 실제 수입을 얻기 위해 사용할 수 있는 자산들을 만드는 독특한 기능을 가지고 있다. 이 수입은 암호화폐 형태를 띠고 있지만, 종종 현실세계의 달러로도 환전할 수 있다. 소셜 게임의 이러한 측면은 많은 플레이어들에게 매력적이며 주류 게임 세계에서도 인기를 끌 수 있다. 앞으로 더 많은 인기 있는 주류 게임들이 블록체인 기술을 채택하므로 자사 게임을 블록체인 기술로 재설계하지 않고도 플레이어들에게 수익의 기회를 줄 수 있는 모습을 보게 될 것이다. 이러한 기능으로 주류 게임들은 단순히 게임 내 NFT를 제공하여 플레이어들이 이를 다양한 블록체인 상에서 사고팔며 거래할 수 있다.

소셜 게임은 새로운 개념은 아니지만, 앞으로 점점 더 좋아질 것이다.

오늘날 가장 인기 있는 블록체인 중 일부는 블록체인 소셜 게임을 기반으로 많은 이용자들을 끌어들였다. 스플린터랜드에서 엔진코인에 이르기까지 블록체인 기술은 P2P 머니 트랜잭션(송금)의 초기 응용을 넘어 P2P 소셜 인터랙션(교류)으로 옮겨갔다. 여기에는 게임도 포함된다. 소셜 게임 플레이어가 좋아하는 게임을 하면서 암호화폐를 벌 수 있다는 점이 추가된 혜택이다. 이 점은 온라인 게임을 완전히 새로운 단계로 끌어올렸고, 우리는 이 단계에서 이제 막 시작한 셈이다.

PART 09

크립토 소셜에서 기업은
어떻게 수익을 낼 수 있는가

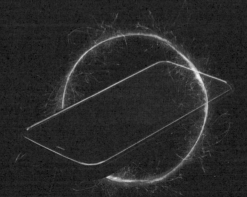

개인 이용자에게 자유는 기업의 자유를 의미하기도 한다. 하지만 사업과 경제적인 자유, 그리고 소비자 착취 사이에는 얇은 경계선만이 있다. 사실 페이스북과 트위터가 소비자들을 착취하기 위해 이용해왔던 방법 중 대표적인 분야는 역시 광고다. 플랫폼 자체가 기업들을 대신하여 데이터를 수집하는 도구로 이용되어 왔으며, 그것이 정작 데이터 당사자들인 소비자에게 아무런 권한을 주지 않은 채 플랫폼과 기업들이 이러한 관행을 계속 남용할 수 있게 해 주었다.

소비자들은 자신의 데이터와 신원을 통제할 수 있을 거라는 합리적인 기대감을 가지고 있다. 기업들은 또한 자사 제품과 서비스에 관심이 있을 지도 모를 소비자들을 대상으로 자신들의 콘텐츠를 제공함으로써 이익을 얻을 수 있다는 합리적인 기대를 가지고 있다. 이러한 상반되는 관심사는 과연 어디에서 만나게 될까?

블록체인 기술이 그 해답을 가지고 있을까? 크립토 소셜 미디어가 과연 기업들이 소비자를 착취하지 않고도 이익을 얻을 수 있도록 돕는 통로가 될 수 있을까? 이번 장에서는 이 질문에 대한 답을 찾아보도록 하자.

기업이
최근 소셜 미디어를
활용하는 방식

소셜 미디어 마케팅은 소셜 미디어가 등장하기 전까지는 불가능했던 인터넷 마케팅의 한 분야다. 당연한 얘기 같지만, 콘텐츠 마케팅에서 유료 마케팅에 이르기까지 인터넷 마케팅의 마케팅 측면은 그렇게 혁신적이지 않다. 마케팅의 기본 원칙은 수천 년 동안 변하지 않았다. 기업은 여전히 잠재고객에게 다가가 제품과 서비스를 판매하고 시장을 주도하기 위해 이 솔루션을 사용하고 있다. 달라진 거라곤 기업이 마케팅 전략을 실행하는 데 도움이 되는 기술이 구현되는 방식이다.

인터넷은 잠재고객에게 다가갈 수 있는 적어도 십여 개의 새로운 전략들을 만들어냈다. 소셜 미디어 마케팅은 그 중 하나일 뿐이다. 그리고 인터넷은 유비쿼터스의 특성을 갖고 있기 때문에 자신만의 클리셰를 가지고 있었다. 그 중 하나는 인터넷 마케팅 담당자들이 자주 반복하는 구호다. "오늘날 기업들이 살아남기를 원한다면 온라인에 존재해야만 한다."

여기서 온라인에 존재해야만 한다는 말은 일반적으로 웹사이트나 블로그 및 여러 소셜 미디어 계정을 의미한다. 그러나 기업은 이러한 도구들을 다양한 방식으로 사용한다.

예를 들어, 소셜 미디어 계정의 혼합은 우리가 다 예상할 수 있듯이 페이스북이라는 존재에서부터 넓고 얇게 퍼져 있는 더 넓은 범위에 이르기까지 실로 다양하다. 기업들이 소셜 미디어를 사용하는 또 다른 방법은 그들이 게시하는 콘텐츠의 특성이다. 그러나 이들의 가장 크고 중요한 차이점은 각 기업이 소셜 미디어 존재로부터 무엇을 얻기를 기대하는가에 있다. 그것은 브랜드 인지도에서부터 온라인 판매 채널을 육성하는 것에 이르기까지 다양하다.

일반적으로 기업은 고객이 나타나기 전까지 모습을 보이지 않는다. 이건 라디오에서 블록체인까지 모든 플랫폼이나 매체에 해당되는 얘기다. 디스플레이 광고가 초기 웹에서 유명했던 만큼, 기업들은 광고할 사람이 나타날 때까지 광고를 사지 않았다.

최초의 소셜 미디어 플랫폼이 출시되었을 때, 대부분의 기업들은 플랫폼에 눈길도 주지 않았다. 플랫폼 광고에 관심을 가진 사람들은 진정한 선구자들이었다. 씩스디그리스가 1997년에 출시되었을 때만 해도 인터넷 마케팅 개념은 그다지 잘 발달되지 않은 상태였다. 구글은 아직 출시되지도 않았고, 클릭 당 지불 pay-per-click 광고는 걸음마 단계에 머물러 있었다. 검색엔진 최적화라는 용어는 주로 키워드 관리에 관한 것이었다. 비디오 마케팅조차 없었다. 인터넷을 사용하는 대부분의 기업들은 그저 웹사이트를 만들고 원시적인 콘텐츠 마케팅 전략을 채택하여 온라인 디스플레이 광고에 돈을 쏟아부었다. 그게 다였다. 사실 최초의 클릭 가능한 디스플레이 배너 광고는 1994년에 이르러서야 웹에 등장했다.

1994년, 넷스케이프가 인기 있는 웹브라우저인 네비게이터를 출시했을 때 인터넷 사용자는 2천5백만 명에 불과했고 웹사이트는 3천 개가 채 되지 않았다. 그것으로도 향후 인터넷의 거대한 성장을 이끌 전환점이 될 수 있었다. 그리고 얼마 지나지 않아 '콘텐츠가 왕이다'라는 문장이 인터넷 콘텐츠 마케터들 사이에서 컬트적인 주문이 되었다.

콘텐츠 마케팅은 대중화된 것처럼 그렇게 새로운 개념이 아니다. 전문가들 사이에서는 과연 누가 최초의 콘텐츠 마케터였는지에 대해 의견이 분분하지만, 어떤 자료는 그가 존 디어 John Deere 였다고 말한다. 콘텐츠마케팅연구소 CMI 는 그보다 더 이전인 벤자민 프랭클린의 《가난한 리처드의 연감 Poor Richard's Almanac 》까지 거슬러 올라간다. 그렇게 따지자면 그보다 더 오래되었을 수도 있다. 어쩌면 상형문자와 비슷한 연대일 수도 있다.

한 가지 분명한 건 라디오와 텔레비전이 광고업계를 오랫동안 지배해온 이후 월드와이드웹이 본격적으로 상업화되었을 때 콘텐츠 마케팅에 대한 관심이 다시 일어났다는 사실이다. 초창기 형태로 콘텐츠 마케팅은 주로 이메일 메시지로 등장했고 일반 웹페이지의 html 브래킷 형태로 표시되었다. 그 이후 마케팅의 발달 과정은 인터넷 기술의 발전 과정을 그대로 따랐다.

넷플릭스가 DVD 대여서비스로 출범한 1997년 당시만 하더라도 웹사이트는 100만 개가 조금 넘었고 인터넷 이용자는 1억2천만 명에 달했다. 1년 후, 구글이 출범한 같은 해에 전체 웹사이트의 수는 두 배 이상 증가했다.

구글이 론칭하고 1년 뒤 페이팔이 사업을 전개했다는 사실이 의미하는 중요성은 아무리 강조해도 지나치지 않는다. 구글 때문에 검색엔진의 최적화라는 용어의 의미가 달라졌고, 페이팔 때문에 온라인상의 기업이 온라인으로 결제를 받을 수 있게 되었다. 전자상거래 이커머스가 만개한 것이다.

1997년까지 아마존과 이베이는 소비자들에게 물건을 팔면서 그야말로 갈퀴로 돈을 긁어모았지만, 그 당시 대부분의 온라인 사업은 B2B였다. 시스코는 자사 웹사이트에서 30억 달러 상당의 네트워킹 장비를 판매해서 온라인 커머스 분야의 선두주자로 올라섰다. 델은 조립형 PC 판매로 하루에 3백만 달러를 벌어들였다. 기업들은 그 해에 디스플레이 광고에 총 10억 달러를 썼다.

소비자들이 온라인에 진출해 있는 기업들을 찾는 데 도움을 주던 웹 포털사이트들도 덩달아 인기를 끌었다.

야후는 그 중에서 가장 인기 있던 웹디렉터리였다. 한편 많은 검색엔진들이 트래픽과 검색량을 놓고 치열한 경쟁을 펼쳤다. 여기에는 익사이트와 웹크롤러, 라이코스, 인포시크, 알타비스타, 잉크토미 등이 포함되어 있었다. 애스크지브스Ask Jeeves는 검색자들이 한 단어 또는 두 단어 검색 쿼리를 치는 대신 단순히 질문을 하도록 함으로써 검색 쿼리 결과를 전달하는 매우 독특한 방법을 통해 명성을 얻었다. 이 사이트는 1997년에 론칭되었다.

야후가 검색엔진과 달랐던 점은 검색엔진들이 나열할 웹페이지들을 찾아 웹의 이곳저곳을 기어 다니고 있는 동안 웹사이트 주인들은 웹사이트를 제출해야 했다는 것이다. 웹크롤러들에도 불구하고 야후는 당시 온라인에서 가장 인기 있는 웹사이트였다.

구글 이전까지만 해도 검색엔진 최적화라는 건 주로 웹사이트 콘텐츠를 키워드로 포장하고 경쟁사가 자신보다 포장을 더 잘 하지 않기를 바라는 것에 불과했다. 메타데이터의 사용도 두드러졌다. 구글은 백링크 카운트를 도입했고 시간이 지남에 따라 백링크 품질을 평가하는 과정을 다듬었으며 검색 결과에서 웹페이지가 어디에 위치해야 하는지 결정하는 수백 개의 다른 랭킹 요소를 도입했다. 거의 하룻밤 사이에 링크를 거는 작업이 전 세계 수천 명의 검색엔진 최적화 인력들에게는 구글의 검색 결과에 1위를 차지하기 위한 경쟁이 되고 말았다. 웹 검색자가 무엇을 찾는지는 상관없었다. 검색 결과는 웹페이지에 백링크backlink. 웹 리소스를 가리키는 다른 웹사이트 링크로 백링크의 양과 소스는 구글 알고리즘 내에서 해당 웹페이지가 얼마나 중요한지를 평가하는 요소에 속하기 때문에 검색엔진 최적화에 있어 매우 중요하다.를 만들 수 있는 최적화 담당자의 능력에 따라 특정 요일에 스팸들로 가득 차게 되었다.

결국 구글은 백링크가 여전히 중요하긴 하지만 검색 결과의 정보 품질을 판정하는 유일한 동인이 되지 않도록 자체 알고리즘을 몇 개 개선해야 했다.

구글과 검색엔진 최적화 인력 사이의 물고 물리는 관계는 오늘날까지 계속되고 있지만, 구글은 최근 정보 검색 관행이 너무 정교해져서 검색 결과를 놓고 경쟁하는 게 훨씬 더 어려워졌다. 이는 모든 검색자에 대한 검색 결과의 품질을 향상시키고 비즈니스의 경쟁 분야를 균등하게 하지만, 예산 제약으로 인해 중소기업은 대기업에 비해 여전히 경쟁에서 불리하다. 주어진 키워드 주제에 대한 상위 검색 결과를 유지하는 데는 수천 달러의 비용이 들 수 있기 때문이다.

이러한 사실은 중앙집중화의 이점과 단점 모두를 입증해준다. 한편으로 중앙집중화는 중앙의 관계자가 바람직하지 않은 게시물들을 제거하는데 효과적이라는 것을 말해주지만, 반대로 중앙집권화는 한 개인이나 주체를 다른 모든 사람들보다 우위에 두면서 어쩔 수 없이 불평등한 결과를 낳을 수밖에 없다. 어떤 사람들은 꼭 다른 누군가를 희생시키면서 사리사욕을 채운다.

인터넷이 발전함에 따라 더 많은 기업들이 온라인에 진출해야 할 필요성을 느꼈지만, 새천년이 되면서 닷컴버블이 터졌고, 모든 사람들은 새로운 기술에 돈을 쓰는 것만으로는 사업을 성장시키거나 문제를 해결할 수 없다는 사실을 깨달았다. 온라인 마케팅에 기울이는 노력을 중심으로 전략을 세우는 것이 중요해졌다.

2004년까지 인터넷은 거의 10억 명의 사용자와 5천1백만 개 이상의 웹사이트를 가지고 있었다. 미국인의 88%는 인터넷이 그들의 일상생활에서 중요한 역할을 한 다고 말했고, 그중 33%는 인터넷에서 일상용품을 구입했다. 그러나 페이스북이 출범한 해에 가장 인기 있었던 온라인 활동은 친구나 가족과 소통하는 일이었다.

물론, 대부분의 인터넷 사용자들은 아직 페이스북을 발견하지 못했다. 하지만 결국 그들은 페이스북을 발견하게 될 것이었다. 그리고 소셜 미디어는 대부분의 사람들이 살아가는 삶의 주요 부분이 될 것이었다.

기업은 군중이 가는 곳으로 간다. 광고를 이용하든, 콘텐츠 마케팅 전략을 사용하든, 아니면 단순히 설문조사에 참여하든, 기업은 항상 잠재고객이 있는 곳으로 가고 싶어 한다. 2013년 B2C 기업의 86%와 B2B 기업의 92%가 콘텐츠 마케팅 전략을 사용했다. 2021년으로 넘어가면서 페이스북과 트위터, 인스타그램은 전 세계 기업들을 위한 온라인 마케팅의 주요 채널이 되었다. 하지만 이 사업체들이 소셜 미디어에서 하는 일은 과연 무엇일까?

인기 소셜 미디어 관리 솔루션인 후트스위트 HootSuite 는 소셜 미디어가 기업을 위해 제공하는 25가지 이점을 확인했다. 나열된 혜택에는 브랜드 인지도, 사고 리더십, 웹사이트 트래픽, 리드 생성, 판매, 콘텐츠 홍보, 평판 관리, 위기 커뮤니케이션, 청중 참여, 대화 모니터링, 브랜드 정서 측정, 표적 광고 등이 포함된다.

기업은 여러 가지 방법으로 이러한 이점을 실현한다. 그 중에서 가장 인기 있는 것들은 다음과 같다.

콘텐츠 프로모션　기업의 브랜드 인지도를 높이고, 더 많은 리드를 창출하며, 웹사이트 트래픽을 증가시키는 확실한 방법 중 하나는 소셜 미디어를 통해 기업의 브랜드 콘텐츠를 홍보하는 것이다. 여기에는 일반적으로 블로그 콘텐츠가 포함되지만, 백서나 사례 연구, 특별 보고서, 설문조사 결과 및 웹사이트 콘텐츠와 같은 다른 콘텐츠 자산도 포함될 수 있다. 소셜 미디어 프로모션은 기업이 제작하는 콘텐츠를 홍보하여 기업과 고객을 위해 콘텐츠를 게시하는 이점을 높일 수 있다.

오리지널 콘텐츠 많은 기업이 자신이 탐색하는 소셜 미디어 채널을 위해 오리지널 콘텐츠를 제작한다.

광고 몇 가지 인기 있는 소셜 미디어 플랫폼을 통해 기업은 광고를 할 수 있다. 페이스북은 광고를 제공하고 사용자 중 16억 명이 페이스북을 통해 사업에 연결되어 있다고 주장한다. 트위터와 인스타그램, 핀터레스트, 링크드인, 스냅챗은 모두 그들의 플랫폼에서 비즈니스 광고를 제공한다.

그룹 여러 소셜 미디어 플랫폼에는 사용자가 가입하거나 시작할 수 있는 그룹이 있다. 그룹은 일반적으로 특정 주제에 집중된다. 예를 들어 링크드인 그룹은 로컬 비즈니스 마케팅에 대한 그룹일 수 있다. 기업은 국내의 다른 지역 또는 세계의 다른 지역 소기업들과 네트워크를 형성하고 지역 마케팅 전략을 공유하기 위해 그와 같은 그룹에 참여할 수 있다. 지역 비즈니스 마케팅을 전문으로 하는 기업이 있다면, 그들은 그러한 그룹에 가입하여 잠재고객인 사업주들과 네트워크를 형성하고 그러한 잠재고객들과 상호 교류함으로써 그들의 전문성을 보여줄 수 있다. 이러한 방식으로 비즈니스는 네트워킹을 수행하면서도 잠재고객을 대화에 끌어들이고 있다. 이러한 유형의 소셜 미디어 마케팅은 관객 참여를 레버리지로 활용한다.

대화 모니터링 기업에서 소셜 미디어를 사용하는 또 다른 방법은 특정 주제에 대한 대화를 모니터링하는 것이다. 그들은 주요 인플루언서들을 구독하거나 특정 해시태그를 따라 사람들이 그 주제에 대해 말하는 것을 따라갈 수 있다. 소셜 미디어에서 사람들이 말하는 것을 기반으로 콘텐츠에 대한 아이디어를 생성하는 좋은 방법이다. 대화 모니터링은 또한 새로운 제품과 서비스에 대한 아이디어를 생성하는 데 사용될 수 있다.

고객 서비스 일부 브랜드는 소셜 미디어의 기회를 활용하여 고객 서비스 문제를 처리한다. 예를 들어, 트위터의 고객이 브랜드를 비판하면, 그 브랜드를 가진 회사는 그 비판에 적절히 대응할 수 있다. 브랜드에 대한 평가들을 모니터링함으로써 기업은 이러한 사례를 알리고 해당 사례가 발생하는 소셜 미디어 채널에서 공개적으로 비판에 대응할 수 있다. 필요한 경우, 기업은 불만을 품은 고객에게 할인쿠폰을 지급하여 이러한 상황을 수정하거나 아니면 문제를 논의하고 향후 고객 상호작용, 제품 개선 또는 서비스를 개선하기 위해 해당 정보를 사용할 수 있다.

밀착형 판매 일부 기업은 특정 소셜 미디어 채널을 통해 제품을 구매하는 잠재고객에게 할인 또는 인센티브를 제공한다. 예를 들어, 한 기업이 디지털 제품을 판매한다면, 그들은 자사의 페이스북 페이지를 통해 그 제품들을 구입한 모든 고객들에게 특정 품목에 대해 10% 할인을 제공할 수 있다.

이러한 것들은 단지 몇 가지 아이디어일 뿐이다. 2021년, 현실세계에서 합법적인 거의 모든 사업적 관행은 온라인에서도 그대로 수행될 수 있다. 소셜 미디어는 많은 기업의 전반적인 마케팅 노력의 정기적인 부분이 되었다. 실제로 소셜 미디어 마케팅 전문가들이 직접 블로그에 가이드와 사용법을 게재해 소셜 미디어 마케팅 전략을 개선하는 방안을 논의하는 경우가 워낙 보편적이다.

탈중앙화가
기업용 소셜 미디어를
변화시킨 방식

사업체 운영에 탈중앙화가 주는 이점이 일부 분기에 걸쳐 과장되었다. 탈중앙화 자체가 너무 유행어가 되다 보니 어떤 사람들은 지구상의 모든 것을 탈중앙화하고 싶어 하는 것처럼 보이지만, 그것은 비현실적일 것이다. 분명한 이점에도 불구하고 탈중앙화에는 몇 가지 단점이 존재한다.

나는 기본적으로 탈중앙화를 찬성하는 입장이지만, 기업이 이 분야에 뛰어들기 전에 탈중앙화를 제대로 분석하는 게 필수적이라고 생각한다. 여기에는 몇 가지 이유가 있다.

첫째, 탈중앙화는 비용이 많이 든다. 탈중앙화를 작동시키는 데 드는 높은 비용 때문에 수익이 적은 중소기업의 구조를 단지 새로운 트렌드를 추종하기 위해 재정비하는 건 비현실적이다. 여기에 탈중앙화 조직에서는 여러 부서가 같은 목표를 향해 노력하기보다 결국 서로 경쟁하게 되는 결과를 발견할 수도 있다. 그것은 비효율성과 노동의 중복성, 그리고 인원 감축의 과정으로 이어질 수 있다. 그러한 작업 흐름이 기업에게 주는 도전은 의심할 여지없이 회사 수익에 영향을 미치고 나아가 수익을 잠식할 수도 있다. 이러한 이유들로 나는 사업에 이치에 맞지 않는 한, 대부분의 기업들이 탈중앙화 원칙을 중심으로 스스로를 재정비하도록 권장하지 않을 것이다.

그렇다고 해서 비즈니스가 탈중앙화의 이점을 누릴 수 없었던 건 아니다. 분산되어 있지 않고 절대로 탈중앙화될 수 없는 많은 기업들은 비즈니스 관련 프로세스에 탈중앙화된 도구들을 사용함으로써 분명 이득을 얻을 수 있다.

이러한 비즈니스 도구 중 하나는 탈중앙화된 소셜 미디어다.

탈중앙화에 뛰어들기 전에 먼저 탈중앙화 소셜 미디어를 사용함으로써 무엇을 얻고 싶은지 스스로에게 물어보라. 자신이 속한 비즈니스의 이점과 단점을 고려하고 업계의 방향과 해당 업계 내에서 우리 비즈니스가 가지고 있는 잠재력, 그리고 우리 고객과 직원들에 기초하여 합리적인 결정을 내려야 한다. 한 사업에 효과가 있다고 해서 모든 사업에 다 효과가 있는 건 아니기 때문이다.

그렇긴 하지만, 탈중앙화된 소셜 미디어는 비非크립토 비즈니스뿐만 아니라 암호화폐 공간 내에서 운영되는 사업에도 혜택을 줄 수 있다. 스플린터랜드의 비즈니스 모델이 본질적으로 탈중앙화되어 있다는 사실을 이해하면 스플린터랜드가 얼마나 수익성이 있는지 쉽게 알 수 있다. 크라켄과 제미니 등 중앙집중형 암호화폐 관련 사업들이 신규 고객에게 쉽게 다가가고, 많은 비크립토 관련 기업들이 페이스북과 트위터를 활용해 청중에게 다가가는 것과 같은 방식으로 크립토 소셜 미디어 플랫폼을 활용하면 소셜 미디어 마케팅 전략을 얼마나 쉽게 활용할 수 있는지도 금세 알 수 있다. 이 사업체들은 그들의 고객이 있는 곳에 어김없이 나타난다.

고려해야 할 또 다른 사항은 가입할 플랫폼 또는 프로토콜의 특성이다. 하이브와 코일 사이에는 큰 차이가 있다. 둘 중 하나를 사용할지, 아니면 다른 하나를 사용할지 또는 둘 다 사용할지는 비즈니스 목표와 도구를 사용하여 얻기를 바라는 목표에 따라 달라진다.

결국 그것은 자유와 비즈니스를 관리하는 방법에 대한 것이다. 암호화폐를 사용하지 않더라도 당신 회사의 고객 또는 잠재고객이 암호화폐를 사용하고 있는가? 그렇다면 고객을 찾을 수 있는 위치에 자신을 배치하는 것도 그리 나쁘지 않은 생각일 것이다. 당신이 공인회계사 CPA 인데 고객들로부터 암호화폐 관련 세금 질문이 많아졌다면, 당장 한두 개의 암호화폐 소셜 미디어 플랫폼에 가입해 해당 질문에 대한 답변을 올리는 방안을 고려해 볼 수도 있다.

또한 탈중앙화는 7장에 나열된 플랫폼과 프로토콜을 반드시 활용해야 한다는 뜻은 아니다. 오늘날 많은 기업들은 직원들이 회사의 대표로서 트위터 및 기타 소셜 미디어 계정을 설정하고 고객 및 잠재고객과 상호 교류할 수 있도록 허용하고 있다. 회사에 탈중앙화된 소셜 미디어 전략을 이미 구현했다면, 직원들이 하이브나 퍼블리시0X 및 마인즈에서 계정을 오픈하고 해당 플랫폼에 당신의 브랜드를 대표할 수 있도록 설정하는 건 그리 어려운 일이 아니다. 하지만 이는 고객이 해당 플랫폼에 있는 경우에만 의미가 있다.

스스로에게 물어봐야 할 또 다른 질문은 탈중앙화된 소셜 미디어 채널을 탐색하기로 결정했다면 과연 어느 정도까지 참여해야 할까 하는 문제다. 끝장을 보기 위해 하나에 완전 몰입하든지 여기저기 조금씩 손을 대든지 아니면 그 사이 어디쯤에서 전략을 세우든지 정해야 한다.

탈중앙화가 만능은 아니다. 탈중앙화를 특정 경우 또는 비즈니스에 적합한 매우 구체적인 방법으로 소셜 미디어 마케팅에 통합하는 것이 유익할 수 있다. 이때 고려해야 할 중요한 것은 그것이 하나의 옵션이라는 것이다. 한때 기업들이 페이스북이나 트위터, 인스타그램 등을 마케팅 전략에 통합할지 여부를 두고 고민해야 했던 것처럼, 모든 기업이 소셜 미디어 전략에 크립토 소셜 미디어를 통합할지 여부를 놓고 결정해야 하는 날이 곧 다가오고 있다. 그때가 지금 당신의 비즈니스에 해당될 수도 있다.

만약 그렇다면, 이제 어떤 플랫폼과 프로토콜을 사용할지를 결정해야 한다. 공간 내의 다양성을 고려해 볼 때, 당신이 크립토 소셜 전략으로부터 어떤 이익을 원하는지부터 명확하게 정의해야 할 것이다. 탈중앙화는 모든 유형의 기업이 광범위한 소셜 미디어 마케팅 혜택 중에서 하나를 선택할 수 있는 능력을 허락한다. 그러한 혜택들 중에는 다음과 같은 것들이 포함될 것이다.

- 장기적인 암호화폐 전략의 개발: 수익 및 투자
- 윤리적으로 경쟁사를 염탐하거나 시장을 조사하는 데 사용할 수 있는 익명 계정의 활용
- 더 빠른 결제 채널의 육성
- 국제 거래에 대한 물 흐르는 듯 자연스러운 국가 간 지불의 설정
- 정부 지원 통화로는 불가능한 방식의 소규모 거래 수행
- 향상된 보안 프로토콜을 통한 콘텐츠 및 브랜드 자산의 보호
- 게시된 플랫폼의 검열이나 반발에 대한 두려움 없이 고객 및 잠재고객과의 커뮤니케이션
- 현재와 미래의 관계를 레버리지한 재무와 마케팅 및 컴퓨팅 성능의 향상
- 그리고 더 많은 혜택들

기업을 위해 크립토 소셜이 줄 수 있는 위의 혜택들은 사실 시작에 불과하다. 기업은 이러한 이점을 모두 활용할 수 있고, 그 중 몇 가지만을 활용할 수도 있다.

결론적으로 크립토 소셜 미디어 마케팅이 당신의 비즈니스에 타당하다면, 그것은 당신이 새로운 고객들을 찾고, 새로운 방식으로 현재 고객들과 교류하며, 아직 가능하지 않은 방식으로 소셜 미디어 전략에서 재정적 이익을 얻을 수 있도록 하는 현재의 소셜 미디어 마케팅 전략에 날개를 달아줄 수 있다. 그리고 이렇게 말했는데도 탈중앙화를 응용할 수 있는 많은 방법들이 아직 생각나지 않았다는 핑계는 기업가에게 매우 무책임한 일이 될 것이다.

기업이 소비자 정보를
탈취하지 않고도
크립토 소셜 미디어를 활용하는 방식

사람들은 소셜 미디어 플랫폼과 이를 마케팅에 사용하는 브랜드들이 플랫폼 이용자들의 개인 정보를 악용하고 그들의 명시적인 허락 없이 그 데이터로부터 이익을 탈취하고 있다는 사실을 깨닫고 있다. 기업 변호사들이 작성한 기본 사용자 동의서가 데이터 사용의 모든 사례를 다루고 있을 거라는 주장은 더 이상 허용되지 않는다. 오늘날 고객 데이터는 전혀 안전하지 않으며, 이를 모두가 알고 있다.

이는 고객의 개인 정보에 진지하게 관심을 갖는 브랜드들에게는 기회를 의미한다. 이용자 데이터를 판매하거나 제3자와 공유하지 않겠다고 약속하는 것만으로는 충분치 않다. 브랜드들은 그들의 돈을 자신의 입이 있는 곳에 두어야 한다. 실용적인 차원에서 그건 당신이 이용자 데이터를 이용하는 것 자체를 불가능하게 만드는 도구를 사용한다는 걸 의미한다. 왜냐하면 우리는 모두 쥐구멍만한 사탕가게에 있는 아이들에게 백지수표를 건네면 어떤 일이 벌어질지 알고 있기 때문이다. 좋은 의도가 당신을 불행을 막지는 못한다!

그렇다고 해서 수레바퀴를 다시 창조할 이유는 없다. 자신만의 블록체인 기반 소셜 미디어 플랫폼을 구축하는 데는 비용이 많이 들기 때문이다. 그럴 만한 진짜 이유가 없는 한, 고객이 사용하고 있는 플랫폼을 활용하는 것이 훨씬 더 나은 전략이 될 것이다. 여기에는 몇 가지 이유가 있다.

우선 힘이 덜 들고 돈도 덜 들기 때문이다. 당신이 이미 암호화폐에 깊숙이 관여하지 않았다면 진입 단계부터 시작하라. 나중에 자체 플랫폼을 소유해야 할 필요가 있는 경우 이미 구축된 플랫폼에서 훨씬 더 쉽게 이전할 수 있다.

둘째, 투명성은 소셜 미디어상에서 매우 중요하다. 투명성은 어떤 소셜 미디어 플랫폼에서도 중요하지만, 크립토 소셜 미디어에서는 더욱 중요다. 왜냐하면 이러한 플랫폼을 찾는 고객들은 이런 투명성을 기대하고 그보다 못한 조치를 더 이상 용납하지 않기 때문이다.

플랫폼이 투명해질 수 없다면, 아무리 훌륭한 콘텐츠를 갖고 있더라도 성공하지 못할 것이다. 투명성의 중요성을 이해하지 못하는 브랜드에게는 성공으로 가는 프리패스는 없다. 사실상, 그것은 당신이 더 크고, 더 부유하고, 더 박식한 척하다가 꼬투리를 잡힐 수 없다는 것을 의미한다. 자신에게 솔직할 수 없다면, 다른 사람에게도 솔직하지 못할 것이다.

레거시 소셜 미디어에도 유효한 소셜 미디어 전략이 많은 것처럼, 크립토 소셜 미디어에 관해서 유효한 전략이 많다. 당신은 당신의 브랜드에 무엇이 효과 있는지 알아내야 한다.

더 깊이 파고들고 싶다면, 기업이 현재 크립토 소셜 미디어를 사용하는 몇 가지 방법을 소개하고자 한다.

오리지널 콘텐츠 제작

소셜 블로그는 크립토 소셜 플랫폼에서 인기가 있다. 브랜드들은 여러 가지 다른 형식으로 오리지널 콘텐츠를 게시하기 위해 크립토 소셜 미디어를 사용하고 있다. 하이브와 스팀잇은 블로거와 미디움 같은 전통적인 블로그 플랫폼과 유사하며, 쓰리스피크 3Speak 와 유나우는 비디오 블로그 플랫폼이다. 올미 All.me 는 핀터레스트와 같은 사진 공유 사이트다.

여기서 핵심은 유명해지고 싶은 브랜드 콘텐츠 유형을 만들고 트래픽을 웹사이트나 특정 랜딩페이지로 되돌릴 수 있는 플랫폼을 찾는 것이다. 오리지널 콘텐츠 제작을 기반으로 하는 소셜 미디어 전략과 마찬가지로, 당신은 자신의 콘텐츠가 독특하고 특별하며 청중들을 타깃으로 하기를 원한다. 일단 당신이 크립토 소셜 미디어 플랫폼에서 입지를 구축하면, 해당 입지를 브랜드화된 자산으로 변환시킬 수 있다.

크립토 소셜 미디어에서 오리지널 콘텐츠 제작에 대한 추가적인 이점은 청중이 콘텐츠와 상호 교류할 수 있고 이를 통해 금전적 보상을 받을 수 있다는 것이다.

코일의 경우, 청중이 자신의 웹 속성 프로퍼티 에서 당신의 콘텐츠를 읽고 참여하는 데 얼마나 많은 시간을 들이는지에 따라 브랜드가 암호화폐를 획득할 수 있도록 브랜드 자산을 수익화할 수 있다. 만약 당신이 유튜브나 트위치 채널을 가지고 있다면, 그것들을 수익화할 수도 있다. 트래픽 수가 많은 것에 익숙하다면, 이 한 번의 이동만으로도 상당한 수익을 거둘 수도 있다.

콘텐츠 프로모션

경우에 따라 당신이 브랜드화한 콘텐츠를 다른 플랫폼에서 홍보할 수도 있다. 그것도 괜찮다.

일부 크립토 소셜 미디어 이용자들은 마인즈 또는 다른 플랫폼에 티저를 게시하고, 그들의 블로그에 원래의 기사로 다시 링크를 단다. 나는 이 전략이 모든 채널에 오리지널 콘텐츠를 게시하는 것보다 덜 효과적이라고 생각하지만, 여러분이 단지 크립토 소셜의 입지를 구축하고 싶지만, 처음부터 관계를 맺거나 해당 플랫폼에서 새로운 콘텐츠를 만드는 데 너무 많은 시간을 보내고 싶지 않다면 이 전략은 시도해 볼만한 옵션이다.

콘텐츠 큐레이션

크립토 소셜 플랫폼에 등록한 일부 이용자는 오리지널 콘텐츠를 한 번도 게시하지 않는다. 그들은 그저 다른 사람들의 콘텐츠를 좋아하고, 그것을 공유하며, 밑에 코멘트를 달면서 암호화폐를 얻는다.

기업의 경우, 콘텐츠 큐레이터가 되면 이 전략을 브랜딩 전략으로 사용할 수 있다는 이점이 있다. 예를 들어, 당신이 여행사 직원이라면, 자신의 콘텐츠를 단 한 줄도 게시하지 않고 스팀잇과 하이브에서 브랜드화된 크립토 소셜 계정으로 모든 최고의 여행 기사를 간단하게 큐레이션할 수 있다. 이것이 당신이 암호화폐를 획득하고 잠재고객들에게 당신의 사업을 홍보하며 당신 자신을 브랜드화할 수 있게 해주는 100% 유효한 접근방식이다.

암호화폐 획득

크립토 소셜 미디어 이용자들에게 가장 큰 판매 포인트 중 하나는 이용자가 자신의 콘텐츠를 올리고 암호화폐를 획득할 수 있는 능력이다. 다만 사이트마다 규정이 다르고 암호화폐를 버는 방식도 다르다. 주어진 기간 동안 얼마나 벌 수 있을지는 여러 가지 요인이 복합적으로 작용하여 결정되는데, 그 중 일부는 플랫폼 퍼블리셔의 통제를 벗어난다. 해당 요인들은 다음과 같다.

- 퍼블리싱의 빈도
- 콘텐츠의 깊이와 가치
- 청중
- 청중의 참여 여부 및 각 콘텐츠가 얼마나 많은 참여를 얻는지의 여부
- 기업이 수익을 스테이킹하는지의 여부
- 기업이 콘텐츠를 퍼블리싱하기 전에 토큰을 구입하여 플랫폼에 투자하는지의 여부

기업이 블록체인 상에서 계정을 갖지 못한다는 말은 없다. 그것이 실현 가능한지 아닌지는 블록체인과 크립토 소셜 플랫폼에 달려 있다. 하이브 및 스팀 블록체인에서 사용자는 계정을 여러 개 가질 수도 있다. 이러한 계정은 개인 또는 기업의 소유일 수 있으며 익명일 수도 있다. 다른 플랫폼처럼 자신의 신원을 증명할 수 있는 프로토콜은 없다. 그런 경우에도 중소기업 오너라면 언제든지 개인 명의로 계정을 설정하고 이를 사용하여 얼마든지 기업용 브랜드 콘텐츠를 퍼블리싱할 수 있다.

각 플랫폼은 서로 다른 방식으로 비용을 지급한다. 하이브와 스팀잇의 경우, 7일간의 지불 기간이 있으며, 그 안에 개별 블록체인의 토종 암호화폐를 획득하게 된다. 퍼블리시0X를 사용하면 언제든지 지급을 요청할 수 있으며 연결된 지갑에서

지정된 시간에 수익을 받을 수 있다. 지금 당장 당신의 앰플AMPL 보상을 당신의 큐코인 지갑으로 보낼 수 있다. 팜을 이용하면 해당 코인을 지원하는 이더리움 온체인 지갑에만 지급을 요청할 수 있다.

각 플랫폼이 갖고 있는 정책을 살피고, 그들의 백서를 읽고, 각 플랫폼의 고유한 문화에 익숙해지는 것이 가장 좋다. 또한 암호화폐를 버는 게 당신의 주된 목표인지, 아니면 당신의 사업을 위해 다른 혜택을 원하는지도 함께 결정해야 한다. 만약 당신이 암호화폐를 벌 생각이 있다면, 해당 플랫폼이 어떻게 작동하는지 구체적으로 해당 암호화폐를 배우는 시간을 가져라.

교차 포스팅

당신이 한동안 인터넷에 콘텐츠를 게시해 왔다면 구글이 복제 콘텐츠를 처벌한다는 사실을 알고 있을 것이다. 크립토 소셜 미디어에서는 교차 포스팅 cross-posting 이 허용된다.

구글의 유명한 중복 콘텐츠 벌칙에 관해서는 신경 쓰지 마라. 구글은 중복된 콘텐츠에 불이익을 준 적이 없다. 구글은 여러 페이지의 동일한 콘텐츠를 색인화하지 않는다. 구글이 웹에서 중복 콘텐츠를 발견하면 검색엔진은 어느 부분을 색인화할지 결정해야 하는데, 이는 여러 가지 요소에 의해 결정된다. 그 중 한 가지 요소는 콘텐츠 게시자가 표준 URL을 지정할 수 있다는 것인데, 이는 구글에 중복된 URL을 우회하도록 요청하는 것과 같다. 일부 크립토 소셜 플랫폼에서는 게시하는 각 콘텐츠에 대해 표준 URL을 지정할 수 있으므로 이 작업이 쉬워진다.

많은 콘텐츠 퍼블리셔들과 마찬가지로 블록체인도 콘텐츠 스팸과 표절, 콘텐츠

도용 및 기타 월드와이드웹의 문제점들에 시달려 왔다. 이러한 악폐를 공격하면서 끔찍한 재앙에서부터 드라마틱한 성공에 이르기까지 다양한 결과들을 얻었다. 그러나 결론은 한결같다. 그건 당신 것이다. 당신이 그것을 소유하고 있으며 아무도 당신이 무엇을 할 수 있고 무엇을 할 수 없는지 말할 권한이 없다는 사실이다.

블록체인에 대한 진실은 각자가 옹호자와 비판자를 동시에 가지고 있다는 것이다. 어떤 이들은 이더리움을 좋아하는 반면 어떤 이들은 좋아하지 않는다. 2020년 스팀/하이브 하드포크는 해당 커뮤니티에 큰 균열을 일으켰다. 여러분은 완고한 하이브 지지자들과 스팀을 선호하는 사람들을 찾을 수 있을 것이다. 이 말은 콘텐츠 게시자에게 있어 블록체인을 사용하여 콘텐츠를 게시할 때 얻을 수 있는 모든 이점을 유지하면서 콘텐츠를 교차 게시하고 다양한 이용자에게 이를 제공할 수 있다는 뜻이 된다. 당신의 목표가 정당한 사업으로 암호화폐를 버는 것이라면, 동일한 콘텐츠를 한 플랫폼에서 다른 플랫폼으로 교차 포스팅해서 여러 종류의 암호화폐를 얻을 수 있다. 이것이야말로 탈중앙화가 갖는 이점 중 하나다.

대화 모니터링

모든 블록체인 활동이 다 게시와 관련된 것은 아니다. 트위터와 페이스북, 인스타그램에서 이용자들이 나누는 대화를 모니터링하는 것처럼, 만약 당신의 청중이 하이브, 토룸, 마스토돈에 있다면, 당신은 그들이 당신의 브랜드와 제품, 그리고 당신이 제공하는 시장에 대해 나누는 대화를 곁에서 모니터링할 수 있다.

브랜드 정서 측정

대화 모니터링과 함께 크립토 소셜 미디어를 사용하여 브랜드 정서를 측정할 수도 있다. 당신 브랜드가 암호화폐나 블록체인을 기반으로 사업을 벌이고 있다면, 크립토 소셜 미디어 플랫폼에 있는 사람들이 당신의 사업에 대해 이야기하고 있을 가능성이 높다. 거기에서 많은 일들이 일어나고 있다.

대부분의 브랜드가 크립토 소셜 미디어상에서 거론되는 이야기를 놓고 걱정하기에는 좀 앞선 감이 있지만, 그렇다고 그런 걱정을 시작하기에 시기상 너무 이른 건 아니다. 플랫폼이 페이스북과 트위터만큼 인기를 끌 때까지 기다린다면, 너무 늦을 수도 있다. 탈중앙화 웹이 등장했고, 더 탈중앙화될 가능성이 높다. 지금이야말로 브랜드 정서를 측정해야 할 때다.

만약 아무도 크립토 소셜 미디어에서 당신에 대해 얘기하지 않는다면, 스스로 대화를 시작하는 것도 매우 실용적이고 바람직한 전략이다. 그들이 당신에 대해 말하게 한 다음, 그들의 정서를 측정해보라.

커뮤니티 구축

지금은 크립토 소셜 커뮤니티를 건설할 때다. 몇몇 블록체인은 이미 플랫폼 이용자들이 그들만의 커뮤니티를 시작할 수 있는 수단을 가지고 있다. 하이브와 스팀잇 모두 이러한 기능을 제공한다. 마인즈에는 사용자가 참여하거나 시작할 수 있는 그룹이 있다. 그리고 모든 그룹이 암호화폐와 관련된 것은 아니다. 토룸에는 씨족 클랜이 있고, 회사를 위한 공간이 있다.

마인즈에서 그룹으로 형성된 주제들로는 운동과 피트니스, 철학, '자신의 길을 가는' 남성들의 그룹, 바이오해킹, 생존주의 운동, 페이스북에서 쫓겨난 사람들, 그리고 몇몇 암호화폐 프로젝트들이 있다. 이러한 주제 중에서 당신의 비즈니스와 맞는 게 있다면 해당 그룹에 가입하여 페이스북이나 링크드인 그룹에서와 같은 방식으로 비즈니스를 가볍게 프로모션해볼 수 있다. 만약 관심사에 맞는 그룹이 없다면 당신이 새로 하나 만들 수도 있다.

하이브에서는 여행, 금융, 화장, 미용, 음식, 사진, 예술과 음악, 피트니스, 천연약품, 비디오 제작, 애완동물, 영화, 육아, 자연 등을 위한 커뮤니티가 존재한다. 이러한 주제 중 하나와 관련된 비즈니스를 하고 있다면, 해당 커뮤니티에 가입하여 해당 주제에 대한 콘텐츠를 게시하여 기본적인 청중들을 확보할 수 있다. 다시 말하지만, 당신의 이익에 맞는 커뮤니티가 존재하지 않는다면 직접 커뮤니티를 만들 수 있다.

소셜 미디어의 큰 이점 중 하나는 공통의 관심사를 중심으로 커뮤니티를 형성할 수 있는 능력이다. 개인과 기업 모두 동일하다. 단지 암호화폐를 벌거나 다른 혜택을 받을 수 있다고 해서 커뮤니티를 구축할 수 없다는 말이 아니다. 크립토 소셜은 여전히 소셜적이다.

소비자 보상 프로그램 제공

크립토 소셜 미디어를 이용할 때 얻을 수 있는 한 가지 멋진 이점은 플랫폼에서 당신과 소통하고 교류한 고객에게 플랫폼 토종 암호화폐를 제공함으로써 독특한 고객 보상 프로그램을 제공할 수 있다는 것이다. 경품 콘테스트를 제공하거나, 다른 이용자와 게임을 하거나, 아니면 경품 행사를 주최할 수도 있다.

스팀잇에서 나는 소설 콘테스트를 후원함으로써 내 소설 출판사를 홍보했다. 특정 주제에 대한 스토리를 작성하도록 이용자들을 초청해 최고의 스토리를 수상자로 선정했다. 우승자에게는 상금이 주어지는데, 보통 스팀이나 스팀달러가 주어진다. 그 대회들은 당시 꽤 인기가 있었다.

다른 스팀잇 이용자들도 이와 비슷한 작업을 했다. 유머 콘테스트, 여행 관련 콘텐츠 대회, 피트니스 콘테스트 따위가 있었다.

보상 프로그램을 어디까지 가져갈 수 있는지 아무런 제한이 없다. 퍼블리시0X에서는 많은 암호화폐 브랜드들이 이용자가 작성한 최고의 콘텐츠에 대해 경품을 제공한다. 이런 행사는 매우 인기 있고, 사람들이 당신 브랜드에 대해 계속 이야기하게 만든다.

프로모션 전략의 브랜드화

기업들은 사람들이 자사 브랜드에 대해 이야기하고 관심을 갖도록 할 수 있는 다양한 홍보 전략들이 있다. 다시 한 번 스팀잇에 퍼블리싱하는 동안, 나는 특정 브랜드에 대해 비판적이더라도 논의할 수 있는 몇 가지 홍보 전략에 동참했다. 실제로 그들 중 몇몇은 비판적이었다. 하지만 그들은 내 콘텐츠에 업보트를 눌렀다. 이 게시물들 중 일부는 내가 가장 인기 있고 가장 높은 보수를 받는 것들 중 하나였다. 스팀잇에서는 계정의 스팀파워에 따라 업보트가 힘을 받는다. 브랜드, 그리고 브랜드와 상담한 온라인 프로모터는 스폰서 브랜드를 언급하는 콘텐츠에 업보트를 누를 수 있도록 수천 달러를 그들의 계정에 넣었다. 이를 통해 스팀잇 이용자는 해당 브랜드를 좋아하든 싫어하든 상관없이 그 브랜드를 언급하는 것만으로도 보상을 받을 수 있었다. 당시 이러한 프로모션을 진행한 업체는 오라클-디 Oracle-D 라는 탈중앙형 회사였는데, 그 후 회사는 유두 YooDoo 로 명칭을 바꾸었다.

이런 종류의 홍보 전략은 사람들이 당신의 브랜드에 대해 이야기하도록 유도하고, 별 비용을 들이지 않고도 필요한 언론 홍보를 받을 수 있는 좋은 방법이다. 브랜드가 암호화폐를 구입해 자신의 지갑을 채우기 때문에 회사는 원하기만 하면 언제든지 그 돈을 회수할 수 있다. 스팀잇에서 이용자의 계정에 더 많은 스팀파워가 있다면 이용자의 업보트가 더 가치가 있기 때문에, 이는 보상 분배의 목적으로 다른 이용자의 콘텐츠를 업보트하기 위한 것이다. 동일한 전략을 하이브에서도 사용할 수 있다.

브랜드를 중심으로 커뮤니티를 설정하는 경우, 하이브나 스팀잇 이용자가 해당 커뮤니티에 콘텐츠를 게시하고 모든 커뮤니티 구성원이 그 콘텐츠에 업보트를 누르도록 권장할 수 있다.

퍼블리시0X에서는 플랫폼과 파트너 관계를 맺고 해당 브랜드에 대한 최고의 콘텐츠를 작성하고 게시한 것에 대한 보상으로 콘텐츠 게시자에게 프로젝트의 토종 암호화폐를 제공할 수 있다. 또한 암호화폐 거래소 큐코인처럼 당신의 브랜드에 대한 블로그를 설정하고 이를 블로그에 게시할 수 있다. 자신의 브랜드에 대한 글을 쓰면 인센티브를 제공하는 데 이를 쓰면 된다.

예를 들어, 당신은 브랜드에 대한 최고의 콘텐츠를 작성한 이용자에게 100% 팁을 제공할 수도 있다.

사실상 모든 크립토 소셜 미디어 플랫폼은 브랜드나 비즈니스를 홍보하는 데 이러한 방식으로 사용될 수 있다. 필요한 것은 약간의 창의성과 관심을 끄는 마케팅

캠페인을 기획할 수 있는 능력이다. 많은 경우에, 브랜드들은 적은 투자로 더 많은 노출을 노릴 수 있다.

대체불가토큰

대체불가토큰, NFT Non-Fungible Token 는 브랜드와 개인이 한 번 게시되고 여러 번 판매된 콘텐츠를 통해 수익을 올릴 수 있는 독특한 기회를 만들고 있다.

아티스트들은 예술작품을 만들어 그것을 제한된 양으로 팔 수 있으며, 예술작품의 주인이 바뀔 때마다 아티스트에게 로열티가 지불된다. 만약 첫 구매자가 이 작품을 100달러에 받고 1년 후 1,000달러에 재판매한다면, 아티스트는 그 거래가 이루어질 때 로열티를 받게 될 것이다. 만약 그 작품이 5년 후에 5천 달러에 다시 팔린다면, 아티스트는 또 다른 로열티를 받게 될 것이다.

이것은 기업들에게도 특별한 기회가 된다. 미래에 발생할 가능성이 있는 로열티 비율과 맞바꾸어 아티스트를 후원하는 것은 어떨까? 또는 여러분의 브랜드를 대표하는 무언가를 제작하기 위해 아티스트를 고용하고, 그 아티스트에 대한 향후 모든 판매에 대해 로열티 분할을 지급하라. 일부 브랜드는 이미 자사 제품군을 NFT로 전환하기 시작했다.

가장 좋은 방법은 제품을 스스로 만드는 것이다. 그런 다음, 해당 제품의 NFT를 만든다. 이 경우, NFT는 실제 제품의 파생상품이 된다. 예를 들어, 자동차의 NFT를 소유하고 있는 사람이 있다면, 그들은 실제 자동차를 소유하는 건 아니다. 그들은 자동차를 대표하는 토큰을 소유하고 있을 뿐이다. NFT의 경우, 그것은 독특한 토큰이고 그것과 같은 다른 토큰으로는 교환할 수 없다. 이는 토큰의 가치를 높이고 자동차가 주인이 바뀔 때마다 NFT의 판매로 수익을 올릴 수 있게 한다.

기업이 하나의 마케팅 작품을 만들어 사업을 지속적으로 홍보하고 수익을 올릴 수 있는 잠재력은 놀라울 따름이다. 과거에는 기업이 라디오 광고 시간대를 구입했다면, 그것은 비용이었고 광고가 실릴 때마다 사업비용이 들었다. 텔레비전도 마찬가지다. 인쇄 광고는 그 자체가 비용이었다. 대신 NFT를 사용하면 비용을 수익으로 전환할 수 있다.

———————————— SUMMARY ————————————

크립토 소셜 미디어가 주류가 되는 날은 크리에이티브 기업들이 정할 것이다. 이미 크립토 소셜 플랫폼을 가지고 있는 사업체들이 한 발 앞서 나가고 있다. 그것이 꼭 암호화폐를 버는 것에 대한 프로젝트일 필요는 없다. 기업 입장에서는 브랜드를 중심으로 커뮤니티를 구축하거나 탈중앙화된 퍼블리싱을 통해 새로운 독자에게 다가갈 수 있는 가능성 자체가 장점이다.

〈소셜 미디어 이그재미너〉는 소셜 미디어 마케팅 전략의 여덟 가지 필수 요소들을 나열했다. 크립토 소셜 커뮤니티에서도 이 요소들은 변하지 않을 것이다. 약간이라도 변하는 게 있다면 그건 기업이 그들의 노력으로 얻는 이익이다. 그리고 크립토 소셜 커뮤니티는 기존의 소셜 미디어가 건드리지 못하는 청중에게 다가갈 수 있는 몇 가지 더 많은 방법들을 제공할 것이다.

기업을 위한 소셜 미디어 마케팅의 미래는 크립토 소셜적이다. 그것은 많은 사업체들에게 유일한 통로는 아닐 수 있지만, 대부분의 사업체들에게는 또 다른 옵션이 될 것이다.

PART 10

크립토 소셜 미디어의 미래

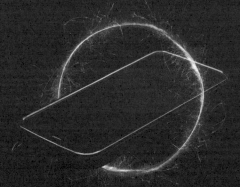

개인 이용자에게 자유는 기업의 자유를 의미하기도 한다. 하지만 사업과 경제적인 자유, 그리고 소비자 착취 사이에는 얇은 경계선만이 있다. 사실 페이스북과 트위터가 소비자들을 착취하기 위해 이용해왔던 방법 중 대표적인 분야는 역시 광고다. 플랫폼 자체가 기업들을 대신하여 데이터를 수집하는 도구로 이용되어 왔으며, 그것이 정작 데이터 당사자들인 소비자에게 아무런 권한을 주지 않은 채 플랫폼과 기업들이 이러한 관행을 계속 남용할 수 있게 해 주었다.

소비자들은 자신의 데이터와 신원을 통제할 수 있을 거라는 합리적인 기대감을 가지고 있다. 기업들은 또한 자사 제품과 서비스에 관심이 있을 지도 모를 소비자들을 대상으로 자신들의 콘텐츠를 제공함으로써 이익을 얻을 수 있다는 합리적인 기대를 가지고 있다. 이러한 상반되는 관심사는 과연 어디에서 만나게 될까?

블록체인 기술이 그 해답을 가지고 있을까? 크립토 소셜 미디어가 과연 기업들이 소비자를 착취하지 않고도 이익을 얻을 수 있도록 돕는 통로가 될 수 있을까? 이번 장에서는 이 질문에 대한 답을 찾아보도록 하자.

기업이
최근 소셜 미디어를
활용하는 방식

소셜 미디어는 과연 유용할까? 인생에서 정말 중요한 것들로부터 사람들을 멀어지게 하는 시간 낭비 말고 소셜 미디어가 하는 유용한 기능은 무엇이 있을까? 만에 하나 유용한 기능이 있다면 크립토 소셜 미디어는 어떤 점에서 다를까? 아니, 다르기는 한 걸까?

지금 당장 크립토 소셜 미디어 개발자들이 자기 제품의 기능이라고 생각하는 점이 무엇인지 판단해야 한다면, 나는 그들 대부분이 암호화폐를 꼽을 거라고 말하고 싶다. 즉 스팀잇과 마인즈, 루프, 퍼블리시0X, 토룸 등 현재 운영 중인 대부분의 블록체인 기반 소셜 미디어를 만든 제작자들은 암호화폐를 주조하고 사고팔며, 거래하고 나누는 것을 그들 제품의 진정한 가치로 여긴다. 반면 다른 사람들은 다른 이유로 소셜 미디어를 사용한다. 다른 형태의 소셜 미디어는 다른 이점을 제공하기 마련이다. 많은 경우에, 소셜 미디어 이용자들은 설립자들이 상상한 것과는 전혀 다른 플랫폼 사용법에 대한 아이디어를 가지고 있다.

어떤 사람들은 소셜 미디어를 자신의 정치적 견해를 표현하는 플랫폼으로 사용한다. 도널드 트럼프 전 대통령은 잭 도시가 대통령의 근질근질한 손가락에 질려버릴 때까지 트위터를 개인적인 발언대發言坮로 사용했다. 많은 연예인들은 팬들과 연락하기 위해 플랫폼을 사용한다. 사실 트위터는 예술가들과 연예인들이 전에는 결코 가능하지 않았던 방식으로 팬들과 직접적인 관계를 맺는 훌륭한 방법이 되었다. 아티스트와 팬들에게는 분명 이익이다.

기업은 광고를 고객과 연결하기 위해 페이스북을 사용한다. 페이스북 페이지는 기업이나 다양한 종류의 예술가, 그리고 특정 주제에 관심이 있는 개인들에게 유용하다. 페이스북 그룹들 또한 나름의 쓸모를 갖고 있다. 어떤 사람들은 수천 마일이나 떨어져 있는 가족과 친구들과 연락을 주고받기 위해 페이스북을 사용한다. 한 달에 한 번꼴로 걸려오는 전화를 넘어 손자 손녀들이 커가는 모습을 따라가며 볼 수 있고, 이모와 삼촌, 먼 사촌이나 형제자매들이 요즘에 무슨 생각을 하는지 들여다볼 수도 있다. 그것은 또한 종종 공통의 관심사를 중심으로 새로운 우정을 만들 수 있고, 오랜 친구들이 한 주 동안 일어난 여러 접점들을 나눌 수 있도록 한다. 이건 모두에게 혜택이라고 할 수 있다.

트위터는 비슷해 보이지만 다른 목적을 가지고 있다. 개인과 기업은 대화를 시작하고 참여하기 위해 트위터를 사용한다. 그런 점에서 트위터는 일부 브랜드에서 자사를 홍보하고 고객과의 참여를 유도하는 데 있어 매우 강력한 매개체가 되어왔다. 인스타그램과 핀터레스트는 강력한 시각적 매체다. 유튜브는 교육 콘텐츠와 엔터테인먼트 등의 용도로 P2P 영상 공유를 촉진한다. 이 역시 개인과 기업 모두에게 유용하다. 텍스트 기반의 마이크로 콘텐츠에서 시청각 프레젠테이션에 이르기까지, 소셜 미디어는 대부분의 사람들이 즐기는 삶의 규칙적인 부분이 되었다. 1,000명을 대상으로 조사를 실시하고 사용 방법이 서로 다 다르다면, 여러분과 내가 미처 생각하지 못했던 방법을 찾을 수 있을 것이고, 그래서 이것이 트위터가 그렇게 강력한 매체인 이유다. 트위터는 유연성 있게 만들어졌다.

반면, 트위터에 몇 가지 단점도 있다. 개인 데이터 보안, 사기, 해킹 및 계정 탈취가 있었으며, 플랫폼 자체가 이용자 데이터에서 이익을 얻지만 그 이익을 정작 콘텐츠의 가장 큰 부분을 창출해낸 이용자들과 공유하지는 않는다는 점은 단점으로 지적된다.

우리 앞에 놓인 질문은 다음과 같다. 크립토 소셜 미디어는 기존 소셜 미디어가 제공하는 기능 이상의 기능을 제공하고 있을까? 그렇다면 그 기능은 단지 암호화폐와 관련된 기능일까? 게다가 그것은 이 책에서 확인된 소셜 미디어와 관련된 몇 가지 문제점들을 해결하고 있을까? 이는 중요한 질문들이다. 이러한 플랫폼의 가치는 개인 및 기업이 어떻게 답변하는가에 따라 결정된다. 소셜 미디어의 미래는 탈중앙화되어 있을까? 수천 명의 블록체인 개발자와 크립토 소셜 미디어 이용자들이 희망을 걸고 있지만, 그 희망은 현실성이 있는 것일까, 아니면 한낱 몽상에 지나지 않는 것일까?

크립토 소셜의
여정

2017년, 미래학자 버나드 마 Bernard Marr 는 블록체인 기술이 개발된 때가 인터넷이 존재하던 1997년이었고 같은 해 씩스디그리스가 출범하고 구글이 출범하기 1년 전이었다고 말했다. 오늘날 거의 100여 개의 크립토 소셜 미디어 플랫폼이 개발 중이거나 활발하게 운영되고 있다. 그보다 더 많은 플랫폼들이 쓰러졌다. 2017년에는 고작 한줌에 지나지 않았다.

설계의 측면에서 볼 때, 스팀잇이 출시된 지 5년이 지난 오늘날 개발되고 있는 사이트들이 시장에 처음 나온 사이트들보다 훨씬 더 매력적이다. 또 다른 발전 방식은 전문화 분야에서 이루어졌다. 크로스체인 기술인 인터레저는 코일 웹사이트 수익화 프로토콜을 가능하게 했다. LBRY/오디시는 비디오 콘텐츠에 특화되어 있다. 스팀잇과 하이브는 주로 블로그 플랫폼이다. 이처럼 전문화의 증가는 레거시 소셜 미디어 플랫폼의 첫 번째 물결에서 그랬던 것처럼 시간이 지남에 따라 새로운 형태의 크립토 소셜 미디어를 낳게 되어 있다.

버나드 마의 말이 맞는다면, 블록체인을 개발하는 데 걸린 첫 9년의 시간은 월드와이드웹을 개발하는 데 걸린 첫 7년, 그리고 인터넷을 개발하는 데 걸린 첫 14년과 같은 양의 시간에 이루어졌다. 만약 크립토 소셜의 경로도 이들과 같다면, 우리는 곧 블록체인 버블이 터지는 것을 직시할 수 있을 것이다.

반면 우리는 닷컴 버블이 터진 직후의 인터넷과 같이, 기업이 폭발하기 직전에 있을 수 있다. 2002년, 프렌드스터와 링크드인이 론칭했고, 2003년에는 마이스페이스, 2004년에는 페이스북, 2005년에는 유튜브가 론칭했다. 우리가 그 보폭에 맞추기 전에 거품이 꺼질지 모르겠지만, 한 가지 사실은 분명하다. 크립토 소셜은 아직 발달 초기 단계에 있다는 사실이다. 크립토 소셜 미디어는 과연 어느 방향으로 갈까?

크립토 소셜의 틈새는 어디에

LBRY/오디시는 몇몇 유명한 비디오 채널들을 잘 꾸려가고 있다. 보이스는 NFT 플랫폼으로 리브랜딩했다. 마스토돈은 연합전선을 취하고 있다. 코일은 웹사이트 소유자가 자신의 온페이지 콘텐츠를 수익화할 수 있도록 하는 프로토콜이다. 퍼블리시0X는 블로그 브랜드로서나 콘텐츠 공모전 스폰서로서나 블록체인 브랜드와 암호화폐 프로젝트를 유치하는 데 좋은 성과를 거뒀다. 토룸은 한 번도 가지 않은 영역에 소셜 미디어를 가져가겠다고 약속한다. 현재 비즈니스 이용자를 끌어들이려는 크립토 소셜 플랫폼은 많지 않다. 대부분은 소셜 블로그의 좁은 범주에 들어가는 것에 만족하고 있는 것처럼 보인다.

기업들은 소셜 미디어에 있어 개인 이용자들과 다른 측면에 관심이 있다. 그들은 소셜 미디어를 통해 잠재고객에게 접근하기를 원한다. 그러한 이유로 많은 기업들은 플랫폼이 재미와 게임을 위해 그곳에 머물러 있는 개인 이용자들이 충분히 많아질 때까지 모습을 나타내지 않을 것이다. 일반적으로 작가나 예술가, 장인과 같은 다양한 종류의 개인 크리에이터들이 먼저 등장하고, 개인 이용자들이 두 번째 물결과 세 번째 물결로 등장하며, 플랫폼 도구들을 가장 효과적으로 사용하는 법을 사업체들에게 가르쳐 준다. 소규모 크리에이터나 민첩한 크리에이터는 혁신을 통해 위험을 감수할 수 있는 반면, 대기업은 도전을 감행하기 전에 모든 노력을 재봐야 한다.

크립토 소셜 미디어는 그들의 창작물에 대한 더 많은 통제력을 가지고, 기술을 통해 이익을 얻고, 자신의 관심사를 중심으로 커뮤니티를 형성하기 위해 그곳에 머물러 있는 콘텐츠 크리에이터들로 가득하다. 그러므로 플랫폼에는 열정적으로 원하는 것을 하는 크리에이터들이 반영되어 있다. 그 이상으로 성장하기 위해서는 사고방식의 변화가 필요하다.

첫째, 만약 전적으로 암호화폐에 초점을 맞춘다면, 소셜 미디어로부터 다른 이익을 찾는 개인, 즉 기업들에게는 거의 매력이 없을 것이다. 둘째, 데이터를 보호하는 데 별로 관심이 없는 대기업에게 개인 이용자 데이터를 제공하는 것에 대한 반감은 이해할 수 있다. 하지만 개인 프라이버시를 침해하지 않는 방식으로 소비자가 브랜드와 상호 작용하도록 돕는 크립토 소셜 커뮤니티에 대한 관심은 거의 없다. 이 점에 있어 일부 플랫폼은 다른 플랫폼들보다 잘하고 있지만, 거기에도 분명 틈새가 있다.

창의적인 기업가와 숙련된 거래자 모두 소셜 미디어를 사용할 수는 있지만, 서로 다른 목적을 가지고 있을 것이 분명하다. 몇몇 크립토 소셜 플랫폼들이 크리에이터들을 끌어들이는데 능숙하지만, 그들은 그간 음식 사진이나 여행기를 게시하는 것 이외의 다른 이유로 플랫폼에 몰려드는 콘텐츠 소비자들, 즉 소셜 미디어 이용자들을 끌어들이는 데는 그다지 성공적이지 못했다. 아마도 그들은 콘텐츠를 읽고, 영상을 보고, 다른 미디어를 소비하기 위해 토큰을 벌겠다는 아이디어를 가진 콘텐츠 소비자들에게 판매할 필요가 있을 것이다.

크립토 소셜 미디어 이용자들도 토큰을 얻는 것에 대한 생각이 다르다. 어떤 이용자들은 암호화폐를 장기 보유하는가 하면, 다른 이용자들은 바로 현금으로 인출하기를 원한다. 다른 사람들은 단기적인 이익을 위해 토큰을 거래하기를 원할지도 모른다.

또 다른 고려사항은 자유와 프라이버시, 그리고 탈중앙화가 야기하는 것처럼 보이는 부정적인 요소들을 어떻게 할 것인가 하는 문제다. 저작권 침해에 대해 크립토 소셜 미디어 플랫폼은 어떤 조치를 내려야 할까? 아동 포르노 제작자들에게는 또 어떤 철퇴가 내려져야 할까?

플랫폼에서 콘텐츠를 제거할 수 없을 때, 지적재산권 소유자는 다른 곳에 자신의 콘텐츠가 게시되는 오용과 절도로부터 어떻게 스스로를 보호할 수 있을까? 지금까지 크립토 소셜 미디어 플랫폼은 이 문제를 효과적으로 해결하지 못했다. 콘텐츠 크리에이터를 보호하는 것은 누구의 책임일까? 역사적으로 중앙집중화의 이점이었던 문제를 탈중앙화는 처리할 준비가 되어 있을까? 이것은 반드시 해결하고 넘어가야 할 문제다.

탈중앙화는 분명 장점이 있지만, 모든 문제에 대한 만병통치약은 아니다. 미래의 플랫폼과 프로토콜을 구축하는 개발자와 기업가는 "자신의 콘텐츠를 위해 암호화폐를 벌자."라는 구호를 따라 외치는 것을 넘어 모든 맥락에서 소셜 미디어 이용자들이 안고 있는 실제 문제를 해결하는 데 헌신해야 한다. 그렇지 않는다면, 탈중앙화 역시 역사의 뒤안길로 밀려나고 말 것이다.

크립토 소셜 미디어가
하게 될 역할

크립토 소셜 미디어에 대한 역할이 있다. 비록 암호화폐도 한몫하겠지만, 나는 그게 암호화폐에 대한 것만이라고는 생각하지 않는다. 내가 보기에 앞에 두 개의 길이 놓여 있다.

첫 번째 길은 파괴의 길이다. 잠재적인 보상은 엄청나지만, 그 길은 많은 저항을 만나게 되는 어려운 길이.

두 번째 길은 이보다 덜 매력적이지만 장기적인 생존을 제공한다. 현재의 소셜 미디어를 교란하고 대체하려는 시도보다는 크립토 소셜 미디어가 기존의 미디어에 보완적인 역할을 할 수 있다. 이 길은 현재 많은 플랫폼들이 가고 있는 길이며 소셜 미디어 내에서 전문화된 틈새시장을 서비스하는 것 이상을 필요로 하지 않는다. 보상은 더 적고 작지만, 첫 번째 길보다 저항은 적다.

이 두 길 중에서 어느 것이든 괜찮다. 스팀잇은 파괴적인 열정으로 문을 박차고 나갔지만, 어려운 시기를 거치며 흐지부지됐고 비슷한 의제를 가진 별개의 블록체인으로 갈라지고 말았다. 그런 식의 포크는 아무런 생산성이 없다. 그건 본질적으로 공동체의 분열이었다. 마치 아이들이 그들의 부모가 누구인지에 대한 명확한 이해 없이 매주 왔다 갔다 하는 이혼처럼 말이다. 스팀잇과 거의 같은 시기에 론칭한 마인즈는 페이스북의 대안이라고 주장함으로써 저항이 최소한인 길을 걸었다.

블록체인 산업은 너무 단편적이어서 어느 길이 최선인지에 대한 집단적 결정이 있을 수 없다. 플랫폼이든 프로토콜이든 각 크립토 소셜 미디어 사이트는 스스로 책임을 져야 한다. 당신은 페이스북과 트위터로 업계의 제왕이 되고 싶은가, 아니면 현재 서비스되지 않은 틈새시장을 메우기 위해 노력하고 싶은가? 물론 두 번째 길을 따라가면 차질이 생길 수 있다. 아니면 그것은 어쨌든 일어났을 소셜 미디어의 진화를 재촉할지도 모른다.

페이스북이 암호화폐를 실험하고 트위터가 비트코인을 가지고 노는 상황에서, 그들이 스스로 변했을지, 아니면 현재의 크립토 소셜 미디어 플랫폼이 그들에게 변화하도록 동기를 부여했는지 말하기는 어렵다. 어쩌면 둘 다일 수도 있다.

크립토 소셜 미디어 플랫폼의 첫 번째 물결은 더 나은 무언가를 위한 토대를 마련했다. 개인 데이터를 보호할 수 있고, 사용자에게 개인 아이디와 개인 자산에 대한 더 많은 통제권을 제공하며, 자신의 콘텐츠를 통해 이익을 얻을 수 있는 기회가 모두 마련되었다. 문제는 우리가 함께 이 순간을 붙잡을 것인가 하는 것이다.

소셜 미디어가 지향하는 곳

소셜 미디어는 변하고 있다. 탈중앙화는 장점이 많지만 동시에 단점도 잊어선 안 된다.

해커들이 파고들 수 있는 빈틈이 하나라도 없다면, 사회를 안전하게 지키는 게 일인 법 집행요원에게는 접촉점이 하나도 없는 셈이다. 그렇다고 탈중앙화가 나쁜 것도 아니고, 명분을 버려야 한다는 것도 아니다. 하지만 이것이 법 집행이라는 타당한 임무에 대한 도전이 된다는 사실을 지적하는 게 중요하다.

한편으로 탈중앙화는 그러한 기관의 권력 남용을 막는다. 반면 범죄가 일어났을 때, 탈중앙화는 범죄자들이 익명성 뒤에 숨을 수 있게 해주며, 법을 준수하는 시민들을 위해 마련된 프라이버시를 역이용하게 해주며, 법을 어기는 것에 대한 책임을 회피할 수 있게 해줄 수 있다. 이건 개발자들이 해결할 문제가 아니다. 법 집행이 풀어야 할 문제인데, 나는 연방정부와 주정부, 지방정부가 충분히 영리하고 능력도 갖추고 동기부여도 잘 되어 있기 때문에 이러한 도전을 극복할 수 있을 거라고 확신한다. 우리처럼 그들도 적응할 것이다.

암호화폐를 소유한 사람들이라면 잘못된 지갑 주소로 돈을 보내거나 귀중한 화폐를 잃어버리는 실수를 저지른 적이 있다. 이것은 기술에 내재된 위험이고, 불변성과 강화된 보안이라는 작은 패키지에 싸여 있는 위험이다.

거래가 변경되거나 변경될 수 없다는 사실은 만약 당신이 당사자 간에 일어난 일에 대한 명확한 기록을 원한다면 좋은 일이다. 반면에 실수는 돌이킬 수 없다. 이 사실은 보조적인 암호화폐 관련 상품에 대한 독특한 기회를 제공한다. 나는 암호화폐 관련 보험 산업이 실수로 인한 손실로부터 이용자들을 보호하기 위해 발전하고 있다는 사실을 알고 있다.

크립토 소셜 시민들이 그들의 정체성을 더 잘 통제할 때, 그들이 정체성을 바꾸거나 가명을 채택할 수 있도록 하는 어떤 조치가 시행될까? 현재 이러한 변화를 촉진하는 법적 채널이 있다. 당신 아이디가 비대칭 암호화를 통해 보호되고 암호화 금고 안에 잠겨 있을 때 당신이 아이디를 쉽게 변경할 수 있게 될까?

좋은 쪽으로 보자면, 나는 소셜 미디어의 미래가 플랫폼보다는 프로토콜에 관한 것이라고 생각한다. 플랫폼은 대개 중앙기관의 제어를 받거나 중앙집중식 기술 위에 설치된다. 물론 기본적인 기술은 배포될 수 있지만, 그 배포도 거의 항상 중앙집중식 기관의 통제를 받거나 그 기관의 권한 아래에 있다. 반면 프로토콜은 누구의 통제나 권한에 속하지 않으며, 따라서 탈중앙화의 가치를 더욱 순수하게 구현한다. 프로토콜은 또한 그러한 당국이 범죄자들을 쫓기 위해 주체와 협력할 수 없기 때문에 법 집행에 커다란 도전이 된다. 당국은 범죄자들이 쓰는 것과 같은 도구를 사용해야 하고 그것을 더 잘해야 한다. 그나마 좋은 점은 당국은 보통 장기적으로 볼 때 그것을 더 잘한다는 것이다.

소셜 미디어를 중앙집중식 플랫폼에서 벗어나 프로토콜의 탈중앙화를 지향함으로써 마인즈, 스팀잇, 퍼블리시0X, 마스토돈, 코일뿐만 아니라 페이스북, 트위터, 스냅챗, 인스타그램, 핀터레스트에게 들어갈 수 있는 여지가 생길 것이다. 이러한 프로토콜을 채택하지 않는 소셜 미디어 플랫폼은 장차 사라질 가능성이 농후하다. 여기에는 크립토 소셜 플랫폼이 포함되는데, 이들 중 많은 플랫폼이 탈중앙화되어 있다고 주장하지만 실지로는 그렇지 않다.

프로토콜은 트위터가 자체 암호화폐를 만들 필요 없이 플랫폼을 통해 비즈니스를 수행하는 데 필요한 암호화폐를 설치할 수 있도록 허용할 것이다. 그런 다음 해당 프로토콜을 채택해서 얻을 수 있는 이익을 이용자에게 분배할 수 있다. 이용자들은 이미 베이직어텐션토큰과 비트코인으로 서로에게 팁을 줄 수 있다.

어떤 플랫폼은 비트코인을 선택할 수도 있고, 또 다른 플랫폼은 이더리움이나 리플, 도지코인, BAT 또는 대시를 선택할 수도 있는 것처럼, 모든 소셜 미디어 플랫폼이 하나의 프로토콜을 채택하는 인터넷은 모든 이용자에게 자신이 올린 콘텐츠로 수익을 거둘 수 있고 자신의 신원을 통제하며 20세기에나 통했던 구닥다리 금전 프로토콜에 의존할 필요 없이 세계 암호경제에 참여할 수 있는 권한을 주게 될 것이다. 더욱이 이용자들은 플랫폼이 자신들의 발언을 검열하는 것을 두려워할 필요가 없다. 왜냐하면, 그러한 암호화 경제에서 만약 당신이 해당 플랫폼의 암호화폐를 보유한다면, 당신이 그 플랫폼과 맺은 사회계약은 플랫폼상의 모든 이용자에게 프로토콜이 주는 모든 권리를 넘길 것이기 때문이다. 한 사람이 프로토콜에 의해 부여되는 권리를 잃을 수 있는 유일한 방법은 불법을 저지르는 것뿐이다. 이 경우 사법제도가 문제를 담당하게 될 것이다.

이 외에도 탈중앙화가 개인과 커뮤니티에 힘을 실어주는 방법들은 많다. DAO라 부르는 분산형 자율조직, 분산형 자율기업 그리고 이와 유사한 주체는 여러 플랫폼들에 걸쳐 운영될 수 있으며, 여러 프로토콜을 통해 개인과 기업이 서로 신뢰할 필요 없이 익명으로 상호의 이익을 위해 계약을 체결할 수 있다. 와이오밍 주는 주州 경계 내에서 DAO를 합법화하는 법을 통과시켰고 적어도 하나의 DAO가 이 기회를 십분 이용했다.

그렇다고 해서 전통적인 법인과 유한책임회사 LLC, 유한책임제휴회사 LLP 그리고 허구적 인물이 사라지는 건 아니다. 현실 세계에서는 그러한 실체들이 항상 제자리를 가질 것이다. 그러나 인터넷 전용 업체들, 블록체인 업체들, 그리고 디지털 방식으로 운영되는 오프라인 업체들은 서로 다른 약정을 가질 수 있다.

NFT는 소셜 미디어 작동 방식을 바꿀 수 있는 가능성을 가진 또 다른 최신 개발품이다.

센트는 #Valuables라고 불리는 자체 NFT 프로토콜을 가진 소셜 미디어 플랫폼으로 트위터의 콘텐츠 제작자들이 자신들의 트윗을 팔 수 있게 허용한다. 플랫폼 이용자는 다른 이용자의 트윗을 구매하겠다는 제안을 할 수 있다. 일단 구매자와 판매자가 가격에 동의하면, 구매자는 그 트윗을 나중에 재판매할 수 있는 디지털 자산으로 소유하게 된다. 구매자가 트윗을 다시 판매하면 원래 트윗 작성자는 로열티를 받는다. 독특한 콘텐츠를 가진 트위터 이용자들은 다른 트위터 이용자들이 귀중한 예술작품처럼 트윗을 사고팔면서 플랫폼 자체를 영구 로열티를 지급하는 수동적 수익 도구로 바꿀 수 있다. 이것은 소셜 미디어를 완전히 새로운 수준으로 끌어올린다.

사진작가가 사진 트윗을 판매하고 비디오작가가 영상을 고유한 디지털 자산으로 판매하는 경우를 상상해 보라. 센트가 커뮤니티 회원들에게 트윗을 판매하는 것을 허락한다면, 왜 유튜브 비디오나 페이스북 게시물은 팔지 않겠는가? 왜 인스타그램 메시지나 스냅챗의 스냅은 팔지 않겠는가? 왜 블로그 게시물과 웹페이지는 팔지 않겠는가? 얼마든지 모두가 판매 대상이 될 수 있다.

사실상 언스퍼블 도메인은 NFT이기도 한 웹사이트를 제공한다. 그리고 미디움급 콘텐츠 퍼블리싱 플랫폼으로 출발한 크립토 소셜 미디어 사이트인 보이스가 최초로 베타버전을 출시한 지 1년 만에 자사 플랫폼을 NFT 플랫폼으로 탈바꿈했다. 이러한 개념을 한 단계 발전시켜 보자. 그러한 NFT는 원래 콘텐츠 제작자가 자신의 콘텐츠나 웹사이트가 판매될 때마다 지속적인 로열티를 받으면서 수동적인 수익을 얻을 수 있도록 재판매가 가능하다. 게다가 보이스는 NFT 콘텐츠와 상호 교류하는 사람들이 그 콘텐츠를 팔아서 수익을 벌어들일 수 있도록 한다. 이러한 개념은 소셜 미디어의 본질을 바꾸거나 아니면 완전히 실패하거나 둘 중 하나가 될 것이다.

전에도 말했듯이, 돈은 소셜적이다. 비즈니스도 소셜적이다. 인터넷 역시 소셜적이다. 현재의 소셜 미디어 플랫폼은 국경 없는 도시 안에 만들어진 벽으로 둘러싸인 정원의 바다에 지나지 않는다. 암호화폐는 그런 상황을 바꾼다.

암호화폐에 대한 가장 흥미로운 점 중 하나는 각자가 이미 그 주변에 커뮤니티를 구축했다는 사실이다. 비트코인이 그런 커뮤니티를 처음으로 구축했다. 본래 블록체인이 포크되면서 해당 커뮤니티의 일부가 만들어졌고 또 다른 커뮤니티도 만들어졌다. 이더리움은 개발자와 끈질긴 마니아들로 구성된 자체 커뮤니티를 가지고 있다. 2020년과 2021년 일론 머스크가 트위터에서 공개 러브콜을 보내면서 도지코인을 중심으로 관심이 급증했다. 암호화폐는 본질적으로 소셜적이다. 마치 돈처럼 말이다.

그것은 소셜 미디어의 정의를 바꾼다. 커뮤니티에 참여하기 위해 플랫폼을 가질 필요는 없다. 기업은 토큰화를 통해 고객을 끌어들일 수 있다. 개인은 탈중앙화된 도구를 사용하여 자신의 자산과 정체성을 스스로 보호할 수 있다. 그리고 우리가 최근에 많이 들었던 메타버스는 우리가 본 그 어떤 것과도 다른 소셜적 상호작용의 또 다른 분야가 될 것이다. 메타버스는 블록체인과 암호화폐 기술을 통합하게 될 것이다. 우리는 지금 인터넷을 탈중앙화된 근원으로 되돌리기 위해 이를 막 재구성하려는 참이다.

크립토 소셜 미디어가 도래했지만, 그것은 공약을 지킬 수 있을 때에만 살아남게 될 것이다. 현 시점에서 장기적으로 그렇게 할 수 있을지는 단정하기 어렵지만, 수천 명의 다른 암호화폐 마니아들처럼 나 역시 그렇게 되기를 바라마지 않는다.

달을 목표로: 소셜 미디어를 교란시키는 데 필요한 것

2020년, 페이스북과 트위터 등 소셜 미디어 플랫폼이 보수와 대안우파 정치집단을 퇴출시키자 많은 이용자들이 팔러 Parler 나 미위 MeWe 등으로 망명했다. 소셜 네트워크 플랫폼인 팔러의 CEO 존 매츠 John Matze 는 2020년 대선 이후 자사 플랫폼이 450만 명의 이용자를 확보했다고 밝혔다. 미위 역시 2019년 6월에 500만 명의 사용자를 돌파했고, 팔러는 2020년 11월에 1,000만 명 이상의 이용자를 보유하게 됐다고 주장했다. 둘 다 페이스북의 일일 활성이용자 27억에는 턱도 없이 미치지 못하는 수준이지만, 마인즈의 사용자 100만 명 2017년, 300만 이용자 은 전멸시켜버리는 수준이다.

이 세 플랫폼은 비슷한 제안들을 가지고 있지만, 그 중에서 마인즈가 가장 먼저 출시되었다. 마인즈는 스스로를 '자유 발언 플랫폼'이라고 부르며 이용자들이 당신의 소셜 미디어를 도로 찾을 것을 촉구하고 나섰다. 팔러의 홈페이지 카피에는 "당신의 견해 때문에 플랫폼에서 퇴출될 것을 두려워하지 말고 자유롭게 말하고 공개적으로 자신을 표현하라."라고 쓰여 있다. 미위의 태그라인은 '광고, 스파이웨어, BS 일절 없음'이다.

마인즈와 달리 팔러와 미위가 페이스북의 그릇된 정보를 겨냥해 많은 페이스북 이용자들을 끌어들일 수 있었던 이유는 무엇일까? 그건 주로 페이스북의 탈주자들 사이의 입소문 WOM 광고와 관련이 있었지만, 마인즈만큼은 그 순간을 이용하여 불만을 품은 페이스북 이용자들을 자신의 플랫폼으로 끌어들이는 데 실패했다. 아마도 마인즈는 천적만큼이나 벽으로 둘러싸인 정원일 것이다.

문제는 어느 웹사이트가 보수적인 극우 성향의 청중들에게 더 적합한가 하는 것이 아니며, 어떤 플랫폼이 그 청중들에게 더 나은 서비스를 제공하는가 하는 것도 아니다. 내 생각에 청중들은 이 세 가지 중 어느 것에든 익숙할 것 같다. 하지만 마인즈는 확실히 크립토 소셜 미디어 플랫폼이다. 마인즈는 홈페이지의 '작동

방식' 섹션에서 잠재적인 회원들에게 "당신이 매일 기여한 부분에 대한 토큰을 얻고 그것으로 당신의 채널을 업그레이드하고, 더 많은 사람들이 볼 수 있도록 당신의 콘텐츠를 향상시키고, 다른 크리에이터들을 지원할 수 있다."고 말한다. 나는 얼마나 많은 극우 페이스북 망명자들이 토큰이 대체 무엇인지 알고나 있는지 궁금하지 않을 수 없다. 아니면 그들이 토큰이 뭔지 신경이나 쓸까?

페이스북의 콘텐츠 정책 때문에 어부지리로 수백만 명의 이용자를 얻었음에도 불구하고, 팔러와 미위는 페이스북이 이용자에게 제공하는 혜택 패키지에 대항할 수 있을 만큼 진정한 경쟁자로 자리매김하지 못했다. 하지만 누군가는 그 플랫폼들이 그럴 필요가 없다고 주장할 수도 있다. 어쩌면 6개의 극우 소셜 미디어 플랫폼에게 어느 정도 여지가 있겠다 싶다.

윔킨Wimkin은 2020년 8월에 출시된 또 다른 페이스북 대안 플랫폼이다. 2021년 1월 기준으로 이 플랫폼은 30만 명의 이용자를 보유하고 있다고 주장했다. 해당 웹사이트는 그것이 '100% 검열되지 않은 소셜 미디어'라고 주장한다.

2021년 1월 6일, 트럼프 지지자들이 국회의사당을 습격한 사건 이후, 애플은 윔킨을 앱스토어에서 정지시켰다. 며칠 후, 구글플레이도 같은 조치를 내렸다. 윔킨의 설립자이자 CEO인 제이슨 셰파드Jason Sheppard는 윔킨의 이용자 기반이 국회의사당 난입 사건 이후 도리어 20% 증가했다고 주장했다.

소셜 네트워크 플랫폼 팔러 역시 동일한 이유로 두 앱스토어에서 자체적인 퇴출에 직면했다.

이러한 중단 조치는 소셜 미디어 플랫폼에 있는 문제의 컨텐츠가 안고 있는 성격뿐만 아니라, 소셜 미디어가 무언가 잘못되어 가고 있다는 분명한 신호다. 플랫폼에 있는 콘텐츠를 검증하고 정리하는 건 누구의 책임일까? 언론의 자유란 폭력적인 활동가들에게 무소불휘의 자유를 주는 마법의 열쇠 같은 걸까? 플랫폼 자체가 폭력을 위협하는 이용자를 정지시킬 수 있는 도덕적 권리를 가지고 있는 걸까? 불변의 블록체인에 게시된 콘텐츠는 애초에 제거할 수 없으며, 탈중앙화라는 것이 누구도 그런 나쁜 행위자를 제거할 능력이 없다는 걸 의미한다면, 게다가 그들이 익명성 뒤에 숨어 있다면, 사법당국은 그들을 어떻게 추적해 사법처리할 수 있을까? 이것들은 답해야 할 중요한 질문들이며 만약 탈중앙화 소셜 미디어가 이 난제를 해결할 수 있다면, 그것은 이 분야를 지배하는 빅테크의 철권통치에 주요 균열을 낼 수 있는 계기가 될 수 있다.

2021년 5월 14일, 세퍼드는 윔킨이 암호화폐를 받는 '최초의 소셜 미디어 플랫폼'임을 알리는 이메일을 이용자들에게 보냈다. 난 그가 스팀잇이나 마인즈, 하이브에 대해 들어본 적이 없다고 생각한다.

암호화폐가 서서히 주류로 진입하고 있다. 비트코인은 인기와 가치가 계속 상승하고 있다. 기관투자자들의 암호화폐에 대한 관심도 덩달아 높아지고 있다. 테슬라가 비트코인에 15억 달러를 투자한 것은 업계에 큰 이정표다. 암호화폐를 결제로 받아들이는 기업이 늘고 있고, 그래야 하는지에 대한 논의도 활발히 이어지고 있다. 이것들은 모두 크립토 소셜 미디어가 그것을 직시할 기회를 가지고 있다는 신호들이다.

암호화폐는 이미 파행적이었지만, 현재 크립토 소셜 미디어는 여전히 끈질긴 생명력을 갖춘 암호화폐 마니아들에게 콘텐츠를 홍보하는 놀이터다.

인기 면에서 페이스북을 추월하려는 소셜 미디어 플랫폼은 그게 무엇이든 간에 그 자체의 벽을 넘어 인간 본성의 핵심에 도달해야 한다. 왜 사람들은 커뮤니티에 몰려들까? 플랫폼은 그 질문에 스스로 답해야 한다. 그리고 이용자들이 콘텐츠로부터 암호화폐를 획득할 수 있는 기회 말고도 원하는 다른 것을 제공해야 하는데, 이는 오로지 소셜 미디어 이용자의 한 계층에게만 소구력을 갖는다.

크립토 소셜 미디어는 우물안개구리가 될 여력이 없다. 페이스북이 암호화폐를 갖고, 트위터가 탈중앙화되고, 나머지 레거시 플랫폼들이 암호화폐 열차에 올라타고 가려 할 때, 혼란의 기회는 이미 지나갔을 것이다. 그때까지 왜 이용자들은 하이브나 마인즈, 토룸에 가입하기 위해 굳이 레거시 플랫폼들을 버려야 하는가?

결론

2021년 5월, 인터넷 컴퓨터 프로토콜 ICP 이라는 중앙집중식 프로토콜이 출시되자 시가총액 상위 10위권에 진입하면서 450억 달러의 가치 평가로 치솟았다. 해당 모기업 웹사이트이자 비영리단체인 디피니티재단 DFINITY Foundation 에서 개발자들은 "스마트 컨트랙트에서 독점적인, 토큰화된 대중 시장 소셜 미디어 서비스를 구축하라."고 권장한다. 이미 디스트릭트, 링크드업틱톡의 대안인 칸칸 등을 포함한 소수의 소셜 미디어 응용 프로그램들이 제작되고 있다.

폴카닷은 1년 앞서 출시돼 시가총액 기준 10대 암호화폐 대열에 빠르게 진입했다. 웹3재단이 개발한 폴카닷은 블록체인을 상호간 자유롭게 운용할 수 있도록 만드는 것을 목표로 하고 있다. 서브소셜 Subsocial 은 누구나 탈중앙형 소셜 네트워크를 구축할 수 있도록 폴카닷상에 구축된 네트워킹 프로토콜이다.

이것들은 인터넷을 진화의 다음 단계로 이끌기 위해 필요한 애플리케이션들이다. 그 진화가 일어날 때, 우리가 '소셜 미디어'라고 부르는 건 불필요해질 것이다. 왜냐하면 사생활과 검열, 그리고 한 인간의 정체성을 통제하는 ICP에 대한 우려가 있더라도 인터넷 자체가 본질적으로 소셜적이기 때문이다.

미래는 플랫폼이 아니라 프로토콜에 속해 있다. 그러나 크립토 소셜 미디어를 모두가 받아들이는 문제는 안팎으로 여러 곳에 전선戰線이 형성되어 있다.

첫째, 보통 인터넷 이용자는 탈중앙화를 이해하지 못하며 다수가 이해하고 싶지도 않을 수 있다. 그들에게 그건 아무 의미 없는 유행어일 뿐이다. 그래서 보통 인터넷 이용자들에게 인터넷의 기본 구조와 초기 개발자들이 어떻게 작동하도록 의도했는지 교육하는 일은 힘든 일이다. 블록체인 개발자들은 그들의 프로토콜을 이용하는 모든 사람들이 그것이 어떻게 작동하는지 이해해야 한다고 굳이 생각할 필요는 없다. 이용자들은 단지 그것이 작동하는 것을 보고 싶어 한다. 만약 그들이 크립토 소셜 미디어가 제공하는 것으로부터 이익을 얻을 수 있다면, 그들은 그것을 기꺼이 사용할 것이다.

둘째, 오늘날 인터넷의 파워 브로커인 빅테크와 이를 뒷받침하는 금융사들은 싸우지 않고는 굴복하지 않을 것이다. 만약 그들이 탈중앙화를 통해 이익을 얻을 수 있다면, 그들은 그렇게 하려고 할 것이다. 만약 그들이 이익을 얻을 수 없다면, 그들은 방해주의자로 돌아설 것이다. 크립토 소셜 미디어 개발자들은 탈중앙화 모델에 반하는 모든 아이디어와 전쟁을 벌이지 않고도 경쟁과 반대를 헤쳐 나갈 수 있는 방법을 모색해야 한다. 웹3.0에서는 중앙화와 탈중앙화 모두에게 어느 정도 여지가 있다. 만약 탈중앙화가 단지 소문대로라면, 그것은 지금까지 오픈소스가 독점적인 세계에서 잘 해왔던 것처럼 번창할 것이다.

마스토돈과 디아스포라, 에테르와 같은 탈중앙화 프로토콜이 증명했듯이 탈중앙화에는 블록체인이 굳이 필요하지 않다. 그러나 탈중앙화된 장부에 구축되면 탈중앙화가 더욱 강화된다.

다수가 탈중앙화를 선택하는 데 방해가 되는 또 다른 장애물은 중앙은행이 발행하려는 디지털 통화에 대한 관심이 증가하고 있다는 점이다. 일본은행은 최근 자체적인 CBDC로 실험을 시작했다. 자메이카와 멕시코도 CBDC를 출범시키겠다는 의사를 밝혔다. 미국 연방준비제도이사회는 백서를 발표하고 CBDC에 대한 공청회 기간을 발표했다. 중앙은행들이 현재의 실물화폐 단위를 대체할 통화 프로토콜을 자체 개발하면 비트코인과 이더리움 같은 민간 화폐 프로토콜에 영향을 미칠 것으로 보인다. 항상 둘 중에서 중앙집중화된 제도나 방식을 더 좋아하고 신뢰하는 사람들이 있기 마련이다. 바뀌지 않는 판을 바꾸려고 발버둥 칠 필요는 없다.

다수가 탈중앙화를 수용하는 것에 대한 또 다른 위협은 내부에 있다. 많은 크립토 소셜 개발자들은 의제를 가지고 있다. 일부는 무정부자본가들인데, 그들은 플랫폼을 가능한 한 자유지상주의로 유지하기 위해 필사적으로 싸울 것이고, 이는 그들에게 금전적으로 이익이 되기도 한다. 그러나 탈중앙화의 주요 논점 중 하나는 자기 자신의 콘텐츠에 대한 표현과 통제의 자유다. 이것이 모두가 지배적인 정치사상을 채택하든지 아니면 죽어야 한다고 믿는 사람들에게 건전한 관용정신이 작용해야 하는 부분이다. 자유의 혜택이란 우리 모두가 그 혜택을 누리기 위해 서로가 반드시 동의할 필요는 없다는 것이다.

다른 개발자들은 다른 의제를 가지고 있다. 일부 사람들은 '혐오 발언'에 대해 무관용적인 접근을 하지만, 그들이 말하는 혐오 발언은 그들의 울트라 자유주의적 이데올로기에 동의하지 않는 모든 것을 의미한다. 나는 자유로운 연대와 표현의 자유를 신봉하지만, 플랫폼의 공개 정도와 대중적으로 접근 가능한 프로토콜에 관한 한, 당신의 의견에 동의하지 않는 이들이 당신이 누리는 것과 동일한 공공재의 혜택을 누리기 어렵게 만드는 건 도리어 역효과를 낳는다고 믿는다. 다시 말하지만, 건강한 관용이 표준이 되어야 한다.

파괴적인 기술에는 자본이 필요하다. 크립토 소셜 커뮤니티가 소셜 미디어를 붕괴시키려면 투자자를 유치해야한다. 그러나 그러한 투자자들은 탈중앙화의 철학을 이해하고 과거 기술 투자와는 다른 사고방식으로 크립토 소셜 개발에 접근할 필요가 있다. 이건 페이스북이나 트위터가 아니다.

크립토 소셜 개발자가 답해야 하는 질문은 다음과 같다. 실제 수익을 올릴 수 있는 부업들이 너무 많은데 왜 이용자들이 암호와 콘텐츠 거래에 관심을 가져야 하는가? 다시 말해서, 사용자들은 왜 하이브에 가입하기 위해 판테온과 미디움을 떠나야 하는가?

암호화폐가 돈인지 아닌지는 크립토 소셜 커뮤니티가 결정해야 한다. 두 마리 토끼를 다 잡을 수는 없다. 만약 돈이라면 세금이 부과될 것이다. 만약 가치를 갖는다면 최소한 디지털 자산으로 분류될 것이며 역시 세금이 부과될 것이다. 이용자들에게 "콘텐츠를 올리면 암호화폐를 벌 수 있다."라고 약속하면서 암호화폐가 과세대상이 아니라고 주장하거나 적어도 세법을 회피하려고 한다면 이는 비윤리적이고 비논리적인 짓이 될 것이다. 암호화폐가 무엇인지 정의하고 정부가 이를 법제화하는 방법을 찾도록 하자. 만약 당신이 정치에 참여할 수 있는 나라에 살고 있다면, 적절한 경로를 통해 여러분의 바람을 표현하라. "코드는 법이다."라는 명제는 여러분의 손가락 끝에서는 효과가 있을 수 있지만, 공공정책이 되진 못한다.

기술의 본질은 변하지만, 인간의 본질은 변하지 않는다. 인류가 항상 다루어 온 사회적 이슈들이 블록체인 커뮤니티에서도 고개를 들 것이다. 개발자들 앞에 놓인 과제는 그 이슈들을 어떻게 처리하느냐 하는 것이다. 코드가 모든 문제를 해결하지는 못할 것이다. 어느 시점에서 크립토 소셜 커뮤니티도 인종차별과 폭력의 위협, 콘텐츠와 신원 도용 등과 같은 현실사회의 문제들을 어떻게 처리할 것인가를 놓고 고민할 필요가 있을 것이다. 미래의 플랫폼과 프로토콜은 해결해야 할 고유한 과제를 떠안게 될 것이다. 탈중앙화에 대한 맹신만으로는 이러한 문제를 해결할 수 없다.

내가 독자들에게 생각할 거리를 던져줬기를 바란다. 어떤 기술도 완벽하지 않지만, 훌륭한 기술은 삶을 향상시킨다. 우리가 기술에 너무 많이 의존하여 역사상 가장 강력한 컴퓨팅 시스템인 인간의 뇌를 대체할 때 위험이 찾아올 것이다.

우리는 크립토 소셜 미디어가 성공했다는 사실을 어떻게 알 수 있을까? 페이스북과 트위터가 콘텐츠 창출을 통해 적어도 백만장자를 배출한 플랫폼으로 대체될 때일까? 아니면 레거시 플랫폼이 크립토 소셜 커뮤니티로 변환하는 프로토콜을 채택할 때일까? 이게 우리가 굳이 정의해야 할 문제일까?

나에게 답이 있다고 주장하지는 않겠지만, 질문들을 던지는 건 중요하다고 생각한다. 언젠가 나는 미몽에서 깨어나 그 질문들에 대한 해답을 모두 얻었고, 여러분 또한 크립토 소셜 미디어가 더 이상 새로운 게 아니라는 사실을 깨닫기 바란다. 나는 모든 사람이 있는 그대로 존중받고, 자신의 콘텐츠를 통해 이익을 얻을 수 있는 수단을 갖고, 자신의 정체성과 자산을 스스로 통제할 수 있는 세상에서 살고 싶다. 그리고 당신도 그랬으면 좋겠다.

가치 인터넷 시대가 온다, 크립토 소셜

초판 1쇄 인쇄일 2022년 8월 12일 • 초판 1쇄 발행일 2022년 8월 17일
지은이 앨런 테일러 • 옮긴이 백숭기
펴낸곳 도서출판 예문 • 펴낸이 이주현
등록번호 제307-2009-48호 • 등록일 1995년 3월 22일 • 전화 02-765-2306
팩스 02-765-9306 • 홈페이지 www.yemun.co.kr
주소 서울시 강북구 도봉로37길28, 3층

ISBN 978-89-5659-455-2 03320